國家社科基金重大項目（10&ZD104）

上海師範大學古籍整理研究所編
項目首席專家、主編　戴建國
主編　朱易安　傅璇琮　周常林

国家出版基金项目
NATIONAL PUBLICATION FOUNDATION

全宋筆記

第九編 一

大象出版社

序

傅璇琮

上海師範大學古籍研究所於二十世紀九十年代後期就開始創議編纂《全宋筆記》，並將這一設想與專家們磋商、交流，立即得到文史學界的認同與支持，學者們不僅對這一計劃提出不少寶貴的建議，有些還積極參與具體的點校工作。此後，這一項目又得到教育部高校古籍整理研究工作委員會的大力支持和幫助。這樣，這套《全宋筆記》就作為上海師大古籍研究所的重點科研選題，在校内外共同合作的基礎上，積極進行。歷經數年寒暑，現在第一編書稿，即從宋初的《北夢瑣言》起，至北宋中期的《月河所聞集》，約近五十種，已編定付印，即將面世。由此起步，編委會與大象出版社密切配合，按預定計劃，每年分編出版，争取在五六年内將現已大致確定的約五百種宋人筆記全部整理完成，齊全出書。

中國古代筆記的整理出版，二十世紀五十年代起，就受到出版界的關心和支持。上海古籍出版社前身，即上世紀五六十年代的古典文學出版社（中華書局上海編輯所），就出版過好幾種唐宋筆記，如《隋唐嘉話》、《大唐新語》、《唐國史補》、《唐摭言》、《雲麓漫鈔》、《南部新書》等，同時還印有《明清筆記叢刊》。北京中華書局則於同一時期編印有

《元明史料筆記叢刊》、《清代史料筆記叢刊》、《近代史料筆記叢刊》。近二十年來，筆記的出版則更多，上海古籍出版社在已有基礎上，更計劃編印「歷代筆記小説大觀」，上起漢魏，下迄清末，按漢魏六朝、唐五代、宋元、明清，分批出版。中華書局則除已有的元明、清代、近代外，又增設《唐宋史料筆記叢刊》，已出有四十餘種。其他出版社也陸續有單本筆記問世，如文學性強、頗有閲讀興味的晚明小品文性質的筆記《陶菴夢憶》、《西湖夢尋》等，已有好幾家出版社出版。

以上情況，應當説促使人們對這方面的文獻整理有進一步通盤的考慮，即擴大範圍，加强計劃性，注意對某一朝代、某一歷史時期的筆記著作進行系統、完整的輯集。這也就是《全宋筆記》的編纂設想得到學界與出版界首肯的基本原因。現在，除了這套《全宋筆記》外，學術界又有提出編《全唐五代筆記》，以與《全唐五代詩》、《全唐五代詞》、《全唐五代小説》配合（見《古籍整理出版情況簡報》二〇〇二年第三期《唐人筆記亟待整理》）。現在《全唐五代筆記》已由原湘潭師範學院（現合并於湖南科技大學）中文系承擔，正在啟動中。可以期望，辽金元、明、清各朝筆記總集的編纂，當也能引起相應的關注。

這應當説是二十一世紀古籍整理研究的一個新界。以宋代文獻來説，總集方面已出版的，先後有《全宋詞》、《全宋詩》、《全宋文》，《全宋筆記》整理完成，則宋代文學的文獻資料，基本上就能呈現出一個完整的概貌（當然還可考慮輯集宋元話本小説）。由《全宋筆記》啟動，引起其他歷史時期筆記總集的整理、出版，其意義當不僅限於文獻整理，應當説，這將會引起對筆記這一傳統門類作現代科學含義的總體探索。過去很長時期，與詩、文、詞、小説、戲曲等相比，筆記的研究是相對薄弱的，現在我們應當把筆記的系統研究提到日程上來。當前的筆記研究，可以考慮的，一是將筆記的分類如何從傳統框架走向現代規範化的梳理，二是如何建立科學體系，加強學科意識，把筆記作為相對獨立的門類文體進行學科性的探究。

「筆記」一詞，倒是很早就出現的，南朝蕭梁時劉勰《文心雕龍》在《才略》篇中，論建安時期作家時，説陳琳、阮瑀「以符檄擅聲」，徐幹「以賦論標美」，劉楨情高，應瑒學優，然後説：「路粹、楊修，頗懷筆記之工；丁儀、邯鄲，亦含論述之美。」此處的筆記、論述，是與詩賦等韻文對稱的散文文體，雖然與後來唐宋時期的筆記，概念不同，但劉勰未將筆記與小説相連，是頗有識見的。因為在中國傳統目錄分類中，從來就不將筆記作為一個獨立門類來處理，而在具體論述中，又往往將筆記歸屬於小説，有時則統稱為筆記小説。如明代胡應麟《少室山房筆叢》卷二十九丙部，將小説分為六類，前兩類是志怪、傳奇，後四種為雜錄（《世説新語》、《唐語林》等）、叢談（《容齋隨筆》、《夢溪筆談》等）、辨訂（《鼠璞》、《鷄肋編》等）、箴規（《家訓》、《世範》等）。這後四種所舉的書名，實際上即是現代意義的筆記。又如明顧元慶所輯《顧氏文房小説》，就收有唐劉餗《隋唐嘉話》、宋龔頤正《芥隱筆記》等；同是明人的商璿，其小説類叢書《稗海》，即收有宋人筆記四十八種，及宋人詩話二種。民國時期進步書局輯印的《筆記小説大觀》，更收有不少唐宋筆記。

宋洪邁《容齋隨筆》，其卷首自序謂：「予老去習懶，讀書不多，意之所之，隨即記錄，因其後先，無復詮次，故目之曰隨筆。」這就是説，筆記乃讀書所得，見聞所及，隨筆雜錄，不分先後，文筆自由，不拘形式。至於筆記的内容，唐李肇《國史補》在其短序中則有較確切的概述：「紀事實，探物理，辨疑惑，示勸戒，采風俗，助談笑。」首次以「筆記」命名的北宋宋祁《宋景文筆記》，其書分三卷，上卷稱釋俗，中卷稱考訂，下卷稱雜説，全書大多為考訂名物音訓，評論古人言行，雜采文章史事。這些都應當説是符合我們現代意義的筆記内涵的。但筆記的分類歸屬，在古代書目著録中，卻極為紛雜。

中國古代目錄著作，自《隋書·經籍志》確定以經史子集為四大部類，至清《四庫全書總目》，歷一千四百年，經過不斷調整，已正式固定，成為典範。當然，現在編制古籍書目，從傳統習慣來説，是可以繼續使用這四部分類法的，但我們現在對古代文化與典籍文獻的研究，則應從現代科學分類的概念出發，而不能受四部分類的限制。如四部之首的經部，其《詩經》類，應屬於文學研究；《易經》類，應屬於哲學研究；《書經》類，應屬於歷史學研究；《小學》類，應屬於語言文字學研究。因此我們現在把筆記研究作為一門學科，就應擺脱傳統的框架。

前面説過，古代目録書中從未將筆記列為專類，但仍録有不少筆記書，不過對筆記的分類，並未有固定、明確的準則，有時甚至將同一書分列於兩個部類。如唐劉餗《大唐新語》，《新唐書·藝文志》，將其一屬於史部雜傳記類（《新唐書》卷五十八），一屬於子部小説家類（《新唐書》卷五十九）。清朝官修的《四庫全書總目》，則更為繁雜，如我們這次收入第一編的兩種筆記，《洛陽搢紳舊聞記》與《五國故事》，都系雜記五代舊事，不過一是記洛陽，一是記四川及江南，體裁相同，而《四庫全書總目》卻將前者列入子部小説家類，後者列入史部載記類。怪不得南宋文獻目録學家鄭樵早就説過：「古今編書，所不能分者五，一曰傳記，二曰雜家，三曰小説，四曰雜史，五曰故事，凡此五類之書，足相紊亂。」（《通志·校讎略》）

這裏還可舉一些例子，以備今後對筆記分類作歷史的考察。以唐宋筆記來説，《四庫全書總目》將裴廷裕《東觀奏記》、余知古《渚宫舊事》、王栐《燕翼詒謀録》等列為史部雜史類，范成大《吴船録》、陸游《入蜀記》列為史部傳記類，龍衮《江南野史》、鄭文寶《江表志》、周羽翀《三楚新録》列為史部載記類，龔明之《中吴紀聞》、周去非《嶺外代答》、周密《武林舊事》列為史部地理類。子部則更不易辨别，如《東觀餘論》、《靖康湘素雜記》、《能改齋漫録》、《容齋隨筆》、《野客叢書》等，列為子部雜家類雜考，《封氏聞見記》、《石林燕語》等，列為子部雜家類雜説，而與《封氏聞見記》、《東坡志林》、《容齋隨筆》體裁相同的《唐國史補》、《涑水記聞》、《東齋記事》、《唐語林》等卻又另列入子部小説家類。《四庫全書總目》在《中吳紀聞》提要中曾明確提及，此書「仿范純仁《東齋紀事》、蘇軾《志林》之體」，而實際上此三書，卻分屬三類，即分列於史部載記類、子部雜家類、子部小説家類。如果我們按傳統目錄框架來取捨筆記，恐怕就很難措手。就是説，我們現在研究古代筆記，不能拋開傳統目錄著作，但不能受這些框架限制。這次《全宋筆記》所輯五百種筆記，其涵蓋的門類是相當廣的，這也促使人們意識到文獻整理與研究有機結合的必要。

關於筆記的研究，應當説，現在還是起步階段，有不少問題，還需作認真探討，如中國古代筆記的淵源和分類，筆記與其他文體的關係，其自身的歷史發展階段，它所包含的史料價值和文化意義，等等。至於宋代筆記，也已開始受到人們的注意。過去有的論著曾把魏晉至明清的筆記分為三大類，即小説故事類、歷史瑣聞類、考據辨證類（參見劉葉秋《歷代筆記概述》，中華書局，一九八〇年六月）。當然，按學科來説，還可再加細分，但這三大類大致的框架是可以成立的。比較起來，宋人筆記，小説的成份有所減少，歷史瑣聞與考據辨證相對加重，這也是宋代筆記的時代特色與歷史成就。限於篇幅，這裏不可能對宋代筆記作全面的介紹與評論。我這裏有一個建議，即待此書全部完成後，可以再作兩件事，一是將所收五百種筆記的點校説明，再加補充、訂正，匯為一編，這實際上是繼清修《四庫全書總目提要》以後，另有一個新編的《宋人筆記總目提要》，以使今天的研究者能了解和掌握宋代筆記的全貌；二是結合筆記文獻的特點，對整理工作經驗作一系統的總結，如底本的選擇，校讎的趨向，本事考證的取捨，傳統目録分類的探討，等等，並在此基礎上，就文史結合的角度對筆記（不限於宋代）的史料價值和文化涵義作較深的理論探討。

應當説，宋人筆記的價值與意義，是很值得研究的，有些恐怕我們現在還未有充分的認識。如北宋的《夢溪筆談》，其中記載畢昇發明活字印刷，其在中國印刷史上的史料價值已廣為人所知，而外國學者李約瑟博士在其所著《中國科學技術史》中，更對《夢溪筆談》有關自然科學方面的記載，檢出二百多條，並認為涉及數學、天文學、氣象學、地質和礦物學、物理學、灌溉和水利工程學、農藝學、醫藥和製藥學等（第一卷第六章，見科學出版社一九七五年一月中譯本）。這種從現代科學觀念來探索這部筆記的史料價值，對我們是頗可借鑒的。又如南宋末周密所作《武林舊事》，《四庫總目提要》確認並肯定「是書記宋南渡都城雜事」，「目睹耳聞，最為真確」，但我們現在還可以從廣闊的社會背景對書中所記的「雜事」作一次文化考察：如卷六《諸色伎藝人》記録有四百八十位民間藝人姓名，同卷《諸色酒名》記有五十四種酒名，同卷《糕》條記當時臨安（杭州）民間富有特色的食品糖糕、蜜糕、粟糕等十九種，同卷《書會》記録臨安市内六個書會成員姓名或綽號，卷一〇《官本雜劇段數》記錄南宋當時官本雜劇劇本二百八十部，這些都是官方正史或作家專集都未曾記有的。如像考古工作那樣，我們可以從中挖掘出過去未曾發現或未予重視的文物資源。又如我們研究宋代詩文，也可以從筆記中查獲不少材料，現在新編的《全宋詩》、《全宋文》，其中相當多的作品就是從宋代筆記中考索出來的，《四庫總目提要》在談及《武林舊事》時就特別提到：「南宋人遺篇佚句，頗賴以存。」

又如宋代科舉，在整個中國科舉史上有其特殊地位，其登科人數是歷朝最多的。幾年前我與浙江大學古籍研究所學者龔延明、祖慧等合作，編撰《宋登科記考》，曾多次從宋人筆記中檢尋出極有用的材料。如洪邁《容齋隨筆》卷一三《金花帖子》條，謂北宋真宗咸平元年孫僅榜五十人，其中提及「自第一至十四人，唯第九名劉爗為河南人，餘皆貫開封」。此劉爗為其他史籍未載，據此可補咸平元年登科錄。又如宋李燾《續資治通鑑長編》卷二四，記太宗太平興國八年三月乙酉：「斬孟州進士張兩。」而《容齋隨筆》卷一三《下第再試》條，也記述宋太宗怒斬「孟州進士張兩光」，據此可補《長編》之缺字。又北宋太宗朝開始，唱名賜進士第後，皇帝特賜進士御詩，這是宋科舉試的一次創例，而王辟之《澠水燕談錄》卷六《貢舉》條明確記為：「賜詩自興國二年呂蒙正榜始。」又如《宋史》卷四四〇《文苑傳》載柳開應舉，只簡云「開寶六年舉進士」一句，而葉夢得《石林燕語》則詳記柳開此次應舉，最初為「被黜下第」，後為宋太祖「特賜及第」，可見不是一般性的應試及第，此可補正史之不足。又如仁宗嘉祐二年（一〇五七）科試，宋《咸淳臨安志》卷六一《國朝進士表》及清修《福建通志》均載是科登第者有葉温叟，但僅簡記其姓名，而葉夢得《避暑錄話》卷下則有具體記載，記其與蘇軾同年登第及此後與蘇軾的交往（參見傅璇琮、龔延明合撰《〈宋登科記考〉劄記》，載《新宋學》第一輯，上海辭書出版社二〇〇一年十二月）。

這裏還應一提的是，近十餘年來出版的幾部中國文學史著作，在論及宋代文學時，已把筆記作為宋代散文的一種文體，稱「宋代散文中還出現了獨具一格的筆記文，這種文體長短不拘，輕鬆活潑，是古代文體解放的重點標志」，特別是南宋時期，如陸游《老學菴筆記》《入蜀記》、范成大《吳船錄》，以及吳曾《能改齋漫錄》、王明清《揮麈錄》、羅大經《鶴林玉露》等，都列入文學史論述的範圍，認為在宋代文學史上應佔一席之地（參見袁行霈主編《中國文學史》第五編，高等教育出版社，一九九九年八月； 孫望、常國武主編《宋代文學史》下册第一章，人民文學出版社，一九九六年九月）。不少古典文學論著已提出宋代筆記已是晚明小品的先驅。另外，宋代詩話的體裁也受筆記的影響，不少筆記就有評詩記事之作，如《四庫全書總目》列為子部雜家類的陳郁《藏一話腴》，《提要》稱其「多記南北宋雜事，間及詩話」； 現在也有把《藏一話腴》列為宋詩話的。這樣，古典文學界已把筆記作為文學類的一種文體，與詩、文、詞、曲及詩文評并列，這確有益於拓展筆記研究的視野。

關於編纂中的具體問題，本書的《編纂説明》，已有述及，這裏不再贅述。本書所收的面較寬，把符合於筆記體裁的著作盡可能收輯起來，以省卻讀者的翻檢之勞，但有些專題書，如詩話、語録，以及譜録類的茶經、畫譜等，其形式雖近於筆記，實質為專書性質，為收録標準規範起見，仍不予收録。至於收録的時代斷限，凡由五代入宋，而其成書在宋建國以後的，則輯入。如列於本書首部的《北夢瑣言》，著者孫光憲，長期仕宦於五代後期荆南高季興，後隨高氏入宋。《四庫總目提要》據其書名「北夢」，以為比喻荆州，就定此書「仕高氏時作」。其實根據當今研究，其最終成書，在入宋以後。又如周密，為南宋人，而其《武林舊事》作於宋亡入元以後，但其書主要仍記故都臨安舊事，故與其所著《齊東野語》、《癸辛雜識》均收入本書。可見，整理工作中時代斷限問題必須與考證、研究相結合。

作為一代筆記的匯集，其整理原則，應是一求全，二求正。求全，前已約述，在這方面，全確是有其優勢的。如中華書局的《唐宋史料筆記叢刊》，至今已印有四十餘種，但與這部《全宋筆記》相比，如本書第一編，自宋初《北夢瑣言》至北宋中期司馬光《涑水記聞》，收有三十多種，而同一時段，中華書局出版的僅有五種，其匯集的長處就自然顯示出來。至於求正，則要求文字、標點方面，力求無誤，提供一種信實的版本。宋人筆記，涉及不少史事，其中也有記事之訛及評議之誤，如果有人作專書整理，可以下工夫進行考訂、校正，這對研究者極有用，如周勛初《唐語林校證》、劉永翔《清波雜志校註》，都極見功力。但匯集不可能如此作，這是總集匯集編纂的通例。這裏要提的是，筆記由於記事雜，且所記多為口語俗事，因此文字的訂正與句斷的準確，難度較大，這方面有時比詩文總集的編纂更難。已出版的筆記，其中文字與標點訛誤，經人指摘、批評的，相當多。李一氓先生於上一世紀八十年代擔任古籍整理出版規劃小組組長時，曾囑咐小組辦公室將古籍整理（包括標點、校勘、註釋、今譯）的批評性文章，匯編成《古籍點校疑誤匯錄》，由中華書局陸續出版。從已出版的六册中，有關筆記點校失誤的書評就很多，而且大部分是關於宋代筆記的。由此也可見出本書整理點校工作的艱辛。

這裏我想再提兩事。一是多年從事古籍整理研究的資深編審陳新先生，受大象出版社的兼聘，對本書認真通讀，嚴謹審閱。陳新先生長期在人民文學出版社編輯部工作，八十年代後期起，作為《全宋詩》的主編之一，又好幾年參與《全宋詩》的編纂，極有閱稿、審訂的經驗。二是大象出版社得悉《全宋筆記》的編纂信息，就立即與上海師範大學古籍研究所聯繫，他們從文化積累與學術建設的大計出發，毅然承擔這一艱巨的出版任務，再次顯示其多出文化精品、傳揚中華文明的抱負和氣概，確令人敬佩。我想借此向大象出版社領導及其他有關同志深致謝忱。

二〇〇三年五月

編纂説明

宋人筆記是宋代文獻的重要組成部分，數量龐大。據初步統計，現存宋人筆記約有五百餘種，内容幾乎涉及宋代社會的各個領域，具有較高的史料和文化價值。

目前學術界和出版界已對一批主要的宋代史籍和詩文進行了整理，出版有《全宋文》、《全宋詩》、《全宋詞》。新中國成立以來，尤其是二十世紀八十年代後，學術界和出版界日漸重視對宋人筆記的整理工作，如中華書局編輯出版的《唐宋史料筆記叢刊》、上海古籍出版社的《宋元筆記叢書》等。但迄今為止，尚無一部系統整理過的收羅齊全的宋人筆記總匯。因此，對現存所有宋人筆記進行系統整理，編輯出版一部《全宋筆記》，是一項很有價值的學術活動。《全宋筆記》整理出版後，連同《全宋文》、《全宋詩》等，宋代經整理的文獻資料基本上能呈現出一個完整的概貌，這對於發掘和發揮這批文獻的價值，方便學術研究，保存祖國文化遺産，弘揚祖國優秀文化，無疑有着積極意義。

上海師範大學古籍整理研究所在程應鏐等老一輩學者的率領下，曾經整理出版過《宋史》、《續資治通鑒長編》、《文獻通考》等大型宋代史籍。多年來在宋代古籍整理方面積纍了一定的資料和經驗。上世紀八十年代後期，在全國高等院校古籍整理研究工作委員會支持下，我們曾開展過用計算機對宋人筆記進行系統檢索的科研嘗試工作。經過多次討論和論證，我們將工作重點放在了宋人筆記整理方向上。我們選了二十種宋人筆記進行試點，以《宋人筆記集成》為名申請立項，獲得全國高校古籍整理研究工作委員會的資助。在整理此二十種宋人筆記基礎上，我們將整理範圍進一步擴大到所有現存宋人筆記，製定了全面承擔《全宋筆記》校點整理的工作計劃，對現存五百種宋人筆記進行系統整理，計劃分十編出版，每編收録五十種左右宋人筆記。我們打算用五六年時間完成這項富有意義的工作。

我們的工作從一開始就得到了全國高校古籍整理研究工作委員會的指導和大力支持。我們的計劃和試點工作也得到了上海師範大學人文學院領導的關心和肯定。國内外許多專家學者給予了熱心的支持和幫助，向我們提出了不少指導性的建議。上海圖書館、復旦大學圖書館、華東師大圖書館、上海師大圖書館等單位為我們的工作提供了極大方便。此外，我們的整理工作還借鑒利用了不少學者的成果。大象出版社在日益市場化的出版形勢下，從整理國故，傳承文化遺産出發，毅然挑起了出版《全宋筆記》的重擔，解決了我們的後顧之憂。在此，我們謹向來自各方面的支持和關心表示誠摯的謝意。

關於本書的編纂體例，特作如下説明：

有關「筆記」的涵義，學界看法不一，我們取以下之説：筆記乃隨筆記事而非刻意著作之文。本書所收者，以宋人著述的筆記專集為限，未成專集的，散見的單條筆記不在整理之列。筆記叙事雖或有所側重，然其内部並無嚴密體系，各條記事互不相關，表現了其信筆劄録，叙事紛雜的特性。故凡題材專一，體系結構緊密的專集，雖亦有逐條叙事者，則已非隨筆之屬，如專門的詩話、語録、譜録類的茶經、畫譜、名臣言行録、官箴等，不在收録之列。

宋人已有把當世筆記分類彙編成册者，如《類苑》之類。後人亦有《宋稗類鈔》、《宋人軼事彙編》等，此種書籍亦不收録，但可從中輯佚，以補現存版本之缺。

本書所收筆記以宋朝人所撰為限，與宋朝同時的辽、西夏、金等少數民族政權所屬作者之筆記不收。本書收録斷限，凡五代入宋以後有筆記者，則連帶收其入宋前的筆記。宋亡以前有筆記者，連帶收其入元後的筆記。

本書按作者世次分編出版，原書不存而由他書輯得者，則編入末編。

本書編次，原則上以作者生年先後為準；不知生年的，則參以科舉及第之年；未曾登第的，參以入仕之年；以上皆無考者，則以卒年為準；佚名或無生卒爵里可考者，依筆記反映的與作者同時人的生活年代依次排列。然完全依作者的世次排列，會導致每册書篇幅大小不一。故按出版要求，對作者的排序作適當調整，以求得每册書篇幅相對均等。

每部筆記均由整理者撰寫一篇有學術價值的點校説明，内容包括作者小傳（凡正史有傳者，則略言之）、成書經過、内容評價、版本情況及源流、所用底本及校勘概況等等。

本書的編纂宗旨在於為學術界提供一套收羅齊全，便於查找和使用的宋人筆記資料。故全書不作繁瑣校勘，以是非校為主。筆劃小誤顯係誤刻、誤抄者，徑改之，不出校。其他錯訛，據版本或他書校正，並附簡明校勘記。所用工作底本以常見的通行本為主，以有價值的本子參校。

本書采用繁體字豎排，新式標點。原書有標目者，仍沿其舊；無標目者，不再擬定。段落文字過長者，據内容酌情分段。各書視具體情況編制目錄，列於書首。如屬殘佚之書，則廣加搜羅逸文，盡可能從類書或他書中輯佚，補錄於書末，並注明出處。

古籍整理工作是一項嚴肅而慎重的學術事業，任重而道遠。希望我們的工作能對學界有所補益。同時，我們也真誠地企盼學界同仁和讀者對我們工作中的錯誤和不足之處提出寶貴意見。

上海師範大學古籍整理研究所

二〇〇三年八月

目録

⊙佚名撰

釋常談

唐玲整理

點校説明

《釋常談》三卷，撰者不詳。陳振孫《直齋書録解題》：「《續釋常談》二十卷，秘書丞龔頤正養正撰。昔有《釋常談》一書，不著名氏，家藏亦缺此書，今故以續稱。凡常言俗語皆注其所出。」龔頤正爲南宋著名學者，嘗官任秘書丞，預修孝宗、光宗實録。著有《芥隱筆記》等。據陳書可知，《釋常談》作者當在龔頤正之前，或爲北宋人。

關於書名，自序稱：「採古經之祕義，掇前史之奥詞，僅以成編，隨目注解，總得二百事，名曰《釋常談》。」然今所見僅一百二十六條，《四庫總目》謂：「殆後人病其冗濫，有所刊除歟？」對於是書内容，館臣則引明謝肇淛《文海披沙》所云，兼以己意，大加貶斥，謂：「其中援引蕪陋，極有可笑。至以鵝爲右軍，箸爲趙達，盲爲小冠子夏，瘦爲智囊，醉爲倒載，覓食爲彈鋏，五遷爲盤庚，子死爲喪明，聾爲黈纊，皆謬誤不經，似村學究所爲。……展卷皆是，尚不止肇淛之所摘。而災梨禍棗，流傳五六百年，亦事之不可理詰者矣。」以今觀之，是書雖有誤録人名、誤引出處等瑕疵，然正如胡文焕重刻時所云：「是書發經史之隱奥，博今古之見聞，即吾儒行且賴之。至若面墻之士、市井之夫，寧不大有裨哉！」

此次整理以《百川學海》本爲底本，校以萬曆二十一年胡文焕刻本。

序

世有輕裘公子、長鋏少年，策玉轡於春朝，風流可愛；酌金壺於月夜，逸樂無偕。洎乎陪佳客之談諧，與儒士之言論，理涉隱諭，不究津涯，幾至面牆，真可痛惜。遂乃採古經之祕義，掇前史之奥詞，僅以成編，隨目注解，摠得二百事，名曰《釋常談》。庶有飾於蕪詞，固不愧於博學。其或繼玉塵尾者，無倦習諸云爾。

卷之上

投筆

從文入武，謂之投筆。漢班超字仲升，家貧，傭書以自給。乃擲筆於地，曰：「大丈夫當效張騫、傅介子，立功於異域，以取封侯萬里之外，安能久事筆硯乎！」時大將軍耿康用超爲行軍司馬，討西域有功，封爲定遠侯。

甲第

好宅謂之甲第。甲者，首也。《漢書》：平恩侯許伯入新宅，蓋寬饒訪之。入門，仰視而歎曰：「富貴無常，如此甲第，所閱甚多，忽即易主。」

醇醪

好酒謂之醇醪。《吴書》：程據常以氣凌周瑜【一】，瑜未嘗有愠色，承奉愈謹。程據常自慙，遂投分於瑜，曰：「與公瑾公瑾，周瑜字也。爲友，如飲醇醪，不覺自醉。」

校勘記

【一】程據常以氣凌周瑜　「程據常」，《三國志》裴注作「程普」。

穰侯

見事遲，謂之穰侯。《史記》：范睢自魏隨秦使王稽入秦，在路逢秦相穰侯。睢不欲見之，乃匿於王稽車中。穰侯問王稽曰：「莫載魏人來否？無益於事，虚亂人國耳。」稽曰無人，遂去。范睢謂王稽曰：「適來偷見穰侯耳，此人見事遲，向來所問，疑車中有人，忘却搜索。」睢乃下車，藏於草中。穰侯行十里，果迴，使人搜車中，不獲而去。睢至秦，果代穰侯爲秦相。

右軍

鵝謂之右軍。《晉書》：王羲之爲右將軍，善書。時山陰道士獻鵝，求寫經。得鵝，欣然爲寫。入會稽，孤姥有一鵝善鳴，右軍求之未得，遂命駕與親知同詣觀之。姥不察其意，遂烹鵝以待右軍。右軍知，歎惜彌日。

小冠子夏

患目者謂之小冠子夏。《漢書》：杜欽、杜鄴俱有大名於世【二】，兩人皆字子夏。欽眇一目，被人呼之「盲子夏」。欽惡以盲字爲號，自作一小冠戴之，時皆呼爲「小冠子夏」。

【二】杜欽杜鄴俱有大名於世　「世」字原脱，據胡本補。

喋喋

多語話謂之喋喋。漢文帝幸上林苑虎圈，問上林尉虎圈中事，尉一詞不措。有嗇夫代奏對，言語無窮，應答不滯。帝乃命與嗇夫官，張釋之諫曰：「不可！嗇夫利口捷給，陛下若與之官，即使天下之人唯事口舌喋喋而已。」帝遂納諫。故《周易》云：「吉人之詞寡，躁人之詞多。」

泰山

丈人謂之泰山。玄宗開元十三年，封禪于泰山，張説爲封禪使。説女壻鄭鎰本是九品官。舊例：封禪後，自三公已下皆轉遷一階一級，惟鄭鎰是封禪使女壻，驟遷至五品，兼賜緋服，因大酺次。玄宗見鎰官位騰跳，怪而問之，鎰無詞以對。優人黄幡綽奏曰：「此乃泰山之力也。」因此以丈人爲泰山。

渭陽

舅謂之渭陽【三】。《左傳》云：秦康公之母【四】，即晉獻公之女也。康公送晉獻公之子文公至渭陽，曰：「見我舅氏，如母存焉。」凡山以南面爲陽，水以北面爲陽。是康公送舅至渭

【三】舅謂之渭陽　「舅」上，胡本有「母」字。

【四】秦康公之母　「秦」，原作「魯」，據《毛詩注疏·秦風·渭陽》改。

水之北，因曰渭陽也。

宅相

外甥謂之宅相。魏舒字陽元，少孤，爲外家甯氏所養。甯氏起宅，相者曰：「此宅合出貴甥。」魏舒聞之曰：「吾爲外家成此宅相也。」舒後位至晉卿，果如宅相者之言。因呼外甥爲宅相。

玉潤

女壻謂之玉潤。晉樂廣字彦輔，衆皆呼爲「冰清女壻」。衛玠字叔寶，世號爲「玉人」。故時爲之語曰：「婦翁冰清，女壻玉潤。」

東牀

女壻謂之東牀。晉太尉郄鑒，遣門生求女壻於王導家，導命來使遍觀之。王氏子弟咸自矜持，唯一人於東牀坦腹而卧，旁若無人。郄太尉聞之，曰：「東牀坦腹者，佳壻也。」訪問，乃是羲之，遂以女妻焉。

有尺布斗粟之事

兄弟不睦謂之有尺布斗粟之事。漢文帝時，淮南王長卿，文帝弟也，謀不軌。文帝不忍戮，謫於蜀，在道不食而死。時人謡言曰：「一尺布，尚可縫。一斗粟，尚可舂。兄弟二人不相容。」帝聞之，追悔不及。

參商

兄弟不和、夫婦不睦，皆謂之參商也。《左傳》曰：昔高辛氏有二子，長曰閼伯，次曰實沉，居于曠林，皆不相善，日尋干戈，以相征討。后帝不臧，遷閼伯于商丘，主辰星；商人以辰星爲商星也。遷實沉于大夏，主晉星。唐人以晉星爲參星。故謂之參商。商丘地大夏，則今在未，晉陽縣是也【五】。

張蓋

戴席帽謂之張蓋。《春秋後語》曰：商君問趙良曰：「吾相秦，何如五羖大夫？」良曰：「五羖大夫相秦也，勞不坐乘，暑不張蓋。及其薨也，童子不謌謡，舂者不相杵，君不如也。」

【五】商丘地大夏則今在未晉陽縣是也　按：此句疑有錯簡。

傾蓋

卸帽謂之傾蓋。《家語》曰：孔子之郯，遇程子於途，傾蓋而語終日，甚悦。顧謂子路曰：「取束帛以贈先生。」傾蓋，駐車者也。

愛忘其醜

人有相善不顧其過，謂之愛忘其醜。《吕氏春秋》曰：陳有醜人名敦洽，龙眉權顙，廣眼垂肩，脣薄鼻昂，皮膚皴黑。陳侯悦之，外使治國，内使制身。後楚兵所圍，發言拙僻，楚遂大怒，促兵伐陳，三月而滅。人有言曰：「敦洽貌陋足以駭人，語拙足以喪國。」陳侯可謂愛忘其醜。

水竇

溝渠謂之水竇。《左傳》曰：蓽門圭竇之人，而皆凌其上。又曰：禮義著人情之竇，大可通流也。

素領

項後白髮，謂之素領。漢馮唐白首爲郎官，素髮垂領。

銅臭

將錢買官，謂之銅臭。後漢崔烈有重名，靈帝時，入錢五百萬，拜司徒，烈名譽遂減。乃問其子鈞曰：「外人議我以爲如何【六】？」鈞對曰：「人盡嫌大夫銅臭。」烈怒，舉杖擊之，鈞服武弁而走。烈曰：「撾不受而走，豈爲孝乎？」鈞曰：「舜事瞽叟，小杖則受，大杖則走。」烈慙而止。今以富者，亦曰銅臭也。

躍馬肉食

乘肥馬、食珍味，謂之躍馬肉食。《史記》：秦國蔡澤問善相者唐舉曰：「聞君相李兑，百日内持國柄，有諸乎？」舉曰：「有之。」「請相予如何？」唐舉視之，曰：「君揭鼻戾唇，魋顔蹙頞。吾聞聖人不相，殆先生乎【七】？」蔡澤知唐舉戲之。乃曰：「君更得四十三年矣。」蔡澤笑曰：「吾躍馬肉食，更得四十三年亦足矣。」後果代應侯爲秦相。

【六】外人議我以爲如何　「如何」，胡本作「何如」。

【七】殆先生乎　「殆」原作「待」，據胡本改。

元昆

長兄謂之元昆。《周易》曰：「元者，善之長也。亨者，嘉之會也。」元則長也。故《論語》曰：「人不間於其父母昆弟之言。」注云：「昆則兄也。」非長兄不得呼元昆也。

義方之訓

教子弟謂之義方之訓。《左傳》曰：石碏云：「臣聞：愛子教之以義方也。」

絺綌

葛衫謂之絺綌。《論語》曰：「當暑，袗絺綌【八】，必表而出之。」注曰：「單著葛衫而出，非禮也。」必表者，須著上蓋也。

挾纊

著綿衣謂之挾纊。《史記》：楚與齊戰，楚既衆，時值初寒，楚王撫慰將士，甘言勉之。三軍皆如挾纊，不覺寒也。

【八】袗絺綌　「袗」原作「縝」；「綌」原作「綋」，據《論語》改。

倒載

沉醉謂之倒載。晉山簡字季倫，爲荆州牧，每出，酣暢而歸。人歌曰：「山翁往何處？來往高陽池。日夕倒載歸，酩酊無所知。」

加籩

增添飯味，謂之加籩。《左傳》曰：鄭伯享楚子，加籩豆六品矣。

狐假虎威

託威權者謂之狐假虎威【九】。《春秋後語》曰：楚莊王問江乙曰：「寡人自以昭奚邺爲相，諸國不敢犯境，豈非賢相之力乎？」江乙對曰：「王曾聞狐假虎威乎？」王曰：「何謂也【一〇】？」對曰：「有虎捕得一狐，欲噉之。狐曰：『爾勿食我，天帝使我爲百獸之長爾。若食我，是違天帝之命，必不祥矣。爾不信【一一】，當隨我行。』百獸見之，無不奔怕。虎不知百獸畏己，將謂畏狐，遂不敢食。今大王有甲馬五千、强兵十萬，諸國畏大王之威，不敢犯境，非畏昭奚邺也。」王曰：「寡人知矣。」

【九】託威權者　「權」，胡本作「勢」。

【一〇】何謂也　「謂」，原作「爲」，據胡本改。

【一一】爾不信　「爾」下，胡本有「若」字。

周郎

士流會音樂謂之周郎。《吴志》：周瑜字公瑾，妙於音律，每有筵宴，所奏音樂小有誤失，瑜必舉目瞪視。時人曰：「曲有誤，周郎顧。」初，孫權兄名策，與周瑜同征夏侯，獲喬公二女，策與瑜各納一人。策謂瑜曰：「喬氏雖至流離，得吾二人採納，可謂佳壻矣。」吴國因此呼瑜爲周郎也。

蚌鷸相持

兩人相掜拾謂之蚌鷸相持。《史記》：趙欲伐燕，蘇秦爲燕説趙王，曰：「臣今來時，水中見一蚌出，曝其腹，有鷸鳥啄其肉，而蚌合其觜。蚌曰：『今日不出，明日不出，必見死。』蚌鷸相持之際，有漁父見，併而擒之。今燕趙相持，爲弊甚衆，臣恐强秦有漁父之功，願大王熟計之。」趙王乃止。

排闥

推門入謂之排闥。《漢書》曰：樊噲，沛人也，以屠酤爲業。後從高祖征伐，有功。高祖既定天下，嘗卧疾於禁中，不欲見人，詔閽者不令放群臣入。噲乃排闥直入，見高祖，流涕曰：「陛下與臣等起於豐沛，其何壯也！今天下已定，又何憊也？」帝乃笑而起。

鼓盆

喪妻謂之鼓盆。莊周妻亡，惠子往弔。莊周不哭，乃鼓盆而歌。人問其故，莊周曰：「哭且無益，自損而已。」

負荆

人有過，將謝罪，謂之負荆。《史記》：秦昭王與趙王會于澠池。秦王謂趙王曰：「寡人聞王善絲桐，願聞之。」趙王乃爲鼓琴。秦王遂命史官書之。趙將藺相如進秦王前曰：「寡君聞王善擊缶，請擊之。」秦王不允。相如按劒於前，曰：「五步之内，制在一夫，大王豈可恃衆乎？」抽劒怒目，欲刺秦王。秦王驚怕，乃爲擊缶。相如亦命史官書之。會散，各歸本國，趙王以相如爲將軍。廉頗嫉之，曰：「我有攻城野戰之勳，相如徒有口舌之勞，豈可位居吾上？若逢見，必當辱之。」相如聞之，出入道路，迴車遮之。相如下諸吏曰：「某等各辭親而仕君者，慕君之高也。今廉頗與君同列，而君畏之如此，某等雖不肖，各請歸農。」相如曰：「吾尚不怕秦王，豈怕廉頗乎？秦所以不敢加兵於趙者，難吾二人【一二】。今若二虎相鬭，勢不俱生。吾豈可棄國之急，而行私忿乎？」廉頗聞之，乃

【一二】難吾二人　「人」下，胡本有「在」字。

負荆詣相如門【一三】，謝曰：「頗言寡淺，輕侮君子。將軍弘雅，乃至於斯。」遂與相如爲刎頸之交。

巨卿之信

與人相約，應時而至，謂之巨卿之信。後漢范式字巨卿，與張元伯爲友。春別京師，暮秋爲期。元伯至九月十五日，殺雞炊黍以待之。母曰：「相去千里，何以審的？」元伯曰：「巨卿信士，必不愆期。」言訖，巨卿果至。

鄧艾之疾

口吃謂之鄧艾之疾。魏將鄧艾患吃，晉文帝戲艾曰：「每稱艾艾，不知有幾艾？」艾答曰：「假如孔子云『鳳兮鳳兮』，亦只有一鳳耳。」

文過飾非

有過不改，但説詞理，謂之文過飾非。《論語》曰：小人之過也必文。又魯哀公問孔子曰：「弟子孰爲好學？」孔子對曰：「有顏回者好學，不遷怒、不貳過。」即是不文過飾非也。或云：顏有過不至兩度【一四】，然《論語》内「二」字絶多，唯「不貳過」字别，何也？

【一三】乃負荆詣相如門　「詣」，胡本作「之」。

【一四】顏有過　「顏」下，胡本有「子」字。

「貳」者，副也。且《周易》云：「顔氏之子，其庶幾乎？有不善未嘗不知，知之未嘗復行。」

大宛

馬謂之大宛。《漢書》：李廣利爲貳師將軍【一五】，領兵伐大宛國，得汗血馬，武帝遂作《天馬歌》。因號馬爲大宛也。

芻粟

馬料謂之芻粟。後漢第五倫爲會稽太守，躬自斬芻爛粟以飼馬。

【一五】李廣利爲貳師將軍「利」字原缺，據《漢書》補。

卷之中

彈鋏

譏諷主人覓食物謂之彈鋏。《史記》：馮驩在孟嘗君門下爲客，每給蔬飯，驩乃倚柱彈鋏而歌曰：「長鋏兮歸去來，食無魚。」孟嘗君知之，乃依上客給以魚肉【一】。後果有市義、三穴之功，以報孟嘗君。

傭書

受雇寫文字謂之傭書。《吴志》：闞澤字德潤，會稽人。好學居貧，爲人傭書以自給。抄寫纔畢，已誦在口。後位至侍中。

蒲鞭之恥【二】

罪重而懲輕者，謂之蒲鞭之恥。《漢書》：劉寬字文饒，爲南陽太守，吏有過，以蒲鞭決責，示其恥也。

校勘記

【一】乃依上客給以魚肉　「以」，胡本作「與」。

【二】蒲鞭之恥　按：劉寬爲東漢末人，此條當出自《後漢書》。

開東閤

接待賓客，謂之開東閤。漢公孫弘起客舍，謂之東閤，招迎賢士。後爲丞相，封平津侯。

東道

接待賓客，謂之東道。《史記》：秦欲破鄭。鄭國君謂秦王曰：「若能捨鄭，願爲東道之主，有賓客往來，可以救接其不達者也。」

楊朱之泣

泣於途路【三】，謂之楊朱之泣。《淮南子》曰：楊朱見歧路而泣之，曰：「何以南，何以北。」高誘曰：「嗟其別易而會難也。」

七步之才

文章敏捷，謂之七步之才。陳思王名子建，魏文帝親弟也。有大才【四】，文帝嫉之。令作詩，限七步内須成。子建詩曰：「煑豆燃豆萁，豆在釜中泣。本是同根生，相煎何

【三】泣於途路　「途路」，胡本作「路途」。

【四】有大才　「大」，胡本作「天」。

太急！」

八斗之才

文章多謂之八斗之才。謝靈運嘗曰：「天下才有一石，曹子建獨占八斗，我得一斗，天下共分一斗。」

膠柱鼓瑟

不見機而守舊規者，謂之膠柱鼓瑟。《史記》：趙有名將趙奢，能用兵。奢既死，趙王憐之，使其子括將兵拒秦。藺相如諫曰：「大王以其父之能而用其子者，如膠柱鼓瑟耳。括之用兵，不及父者遠矣，必敗大王之事。」王不聽，爲秦將白起坑趙軍者四十萬。

鬱壘

桃符謂之鬱壘。干寶《續搜神記》及應劭《風俗通》云：東海之中度朔山，山有盤桃，屈曲三千里。枝間東北有二鬼，一名鬱壘，一名神荼，萬鬼皆怕之。今歲首立桃符於門，畫此之形，以辟鬼也。

弊帷之歎

馬死謂之弊帷之歎。《禮記》曰：「弊帷不棄，爲埋馬也；弊蓋不棄，爲埋狗也。」

雪東門之恥

堅心報怨謂之雪東門之恥。越王勾踐不納范蠡之諫，興兵伐吴，果大敗於吴之東門。越王以餘兵五千退保會稽，遂苦身勞思，置膽於坐卧之所，出入嘗之，不忘其苦。後果獲吴軍，以雪東門之恥。

折券

毁除文契謂之折券。齊相孟嘗君受封邑於薛，薛，地名。召門客往薛徵租。時有下客馮驩請行。驩至薛，召欠租者悉至，合其券券，今契也。既同，詐稱孟嘗君令放欠租，盡焚其券。既歸，孟嘗君訝其速，問其故，驩曰：「爲君折券，市義而歸，何訝速也。」後孟嘗君失意罷歸，薛之父老皆郊迎，壺漿塞路，乃馮驩之致也。

分謗

救人行非事謂之分謗。昔韓獻子將欲斬人，郄獻子往救之，至則已斬訖。郄獻子徇之，曰：「吾爲韓君分謗也。」

棄繻之志

人有決意求官者，謂之棄繻之志。《史記》：終軍字子雲，西遊入關，關吏曰：「若還，當合符繻。」軍曰：「大丈夫西遊，終不徒還。」遂棄繻而度關。後爲謁者，持節出關。關吏見之曰：「此前棄繻生也。」

伐柯

媒人謂之伐柯。《詩》曰：「析薪如之何，匪斧不克。娶妻如之何，匪媒不得。」

王濟之僻

諳馬性謂之王濟之僻。晉王濟乘馬度水，馬不肯度，濟曰：「必是惜錦連乹【五】。」今之紫襜是也。令解去之，馬乃過水。杜預謂晉帝曰：「王濟有馬僻，和嶠有錢僻。」帝問

【五】必是惜錦連乹　「連乹」，胡本作「障泥」。

曰：「卿有何僻？」對曰：「臣有《左傳》僻【六】。」

潤屋

家富謂之潤屋。曾子曰：「德潤於身，富潤於屋。」

修容

重梳裹謂之修容。漢馬黎字叔平，爲人矜嚴，好修容儀，動作可觀。

鬒髮皓齒

女人髮黑齒白謂之鬒髮皓齒。漢武帝幸平陽公主宅，見歌者鬒髮皓齒，悦而問之。主曰：「姓衛，字子夫。」帝遂納之。即令升車，從帝入宫。後册爲皇后。

鮮粧帊服

婦人施粉黛花鈿，著好衣裳，謂之鮮粧帊服。《李夫人别傳》曰：夫人久病，武帝親往問之。夫人面牆而卧，都不迴顧，默然不語，帝垂泣而去。延年已下責夫人曰：「帝既再三顧問，合轉面一見帝，囑託骨肉，何乃略不迴顧？」夫人曰：「我以色事帝，今且色衰

【六】對曰臣有左傳僻　「對曰」二字原缺，據胡本補。

愛移，人情自古如此。今卧疾日久，形狀枯悴，若將衰貌見之，又何益於骨肉乎？我今不迴顧者【七】，我若不起此疾，帝必追思我鮮粧帕服之時，是深囑託也。」

么麽

身小謂之么麽。《春秋後語》曰：齊相孟嘗君入秦，秦王留之，不放歸本國。君乃逃去，至函谷關，關猶未開。秦法候雞鳴，關方開。孟嘗君有門客詐作雞鳴，關乃開，遂得出關。徑往趙，趙之人聞孟嘗君至，觀者如堵。及見，乃曰：「向來聞孟嘗君之名，將謂是魁梧之士，此乃么麽丈夫耳。」孟嘗君聞之大怒，手刃三十餘人，遂歸本國。《史記》作「眇小丈夫」。

持兩端

事有未決，臨時看勢，謂之持兩端。《史記》：魏信陵君之姊，嫁趙平原君爲夫人。秦發兵圍平原君，平原君遂遣使告信陵君，令求魏王救之。王曰：「欲救趙，又恐秦國强大；不救，又與趙有骨肉之情。」遂遣晉鄙領兵五千，於趙交境屯駐，名爲救趙，寔持兩端。平原聞之大怒，遣使責信陵【八】。信陵乃用抱關之士侯嬴計，竊虎符，領屠者朱亥同往晉鄙軍前【九】，令朱亥袖三十斤鐵槌，槌殺晉鄙。信陵矯詔，自領軍救趙，遂得解圍。

【七】我今不迴顧者　「我今」，胡本作「今我」。

【八】遣使責信陵　「信陵」下，胡本有「君」字，下同。

【九】領屠者朱亥同往晉鄙軍前　「領」，胡本作「令」字。

色莊

面嚴毅謂之色莊。《論語》曰：「君子色莊者乎【一〇】？」

屣步

不乘鞍馬，謂之屣步。屣，鞋也。蔡邕雅重王粲，屣步迎之。

匕筯

匙筯謂之匕筯。《蜀志》：先主劉備從曹操歸許昌，操因從容次，謂先主曰：「天下英雄，唯使君與操耳。本初之徒，不足數也。」先主食次，不覺匕筯墮地。蓋怕曹操此語，恐相害也。

握髮吐餐

不倦賓客謂之握髮吐餐。《史記》：周公輔政七年，其子伯禽驕慢。公誡之曰：「吾是文王之子、武王之弟、成王之叔，於天下可謂貴矣。猶一沐三握髮、一食三吐餐以接賓客，恐遭人怨、恐遺天下賢士。汝慎勿驕慢於四方！」

【一〇】君子色莊者乎　「子」下《論語》有「者乎」二字。

挂冠

休官謂之挂冠。西漢逢萌字子康【一一】，見王莽篡逆，乃曰：「不去，禍將及身。」遂解冠，挂於城東門而去。

陶朱公

能持生致富貴者，謂之陶朱公。昔范蠡爲越臣，助越王滅吴有功，遂拜蠡爲上相。蠡曰：「大名之下，難可久居。」乃乘扁舟，泛五湖，自號「鴟夷子」。耕於海畔，父子持生，置產千萬。齊王聞之，乃拜爲相。蠡歎曰：「居家即置千金【一二】，拜官位至卿相，此乃布衣之極矣。久受尊榮，恐後不祥。」解相印，盡散家財，與知友懷其寶貨行。止于陶，陶即陶縣。以爲此地是天下中交易有無之通路【一三】，於是自號「陶朱公」。復父子耕蓄，候時轉物。居無何，又生計巨萬。

商君

爲法自死者謂之商君。《史記》：秦孝公懸牓通衢，招四方賢士共理秦國。有衛人公孫鞅，因宦者景監得見孝公。説以霸道，孝公大悦，遂立嚴條。秦國法令大行，人盡勇

【一一】西漢逢萌字子康　「逢」，原作「馮」，據《後漢書》改。

【一二】居家即置千金　「置」，胡本作「致」。

【一三】以爲此地是天下中交易有無之通路　「下」，胡本作「中」。

於公戰而怯於私鬭，遂封鞅於商洛，號爲商君。後孝公太子犯法，不可施刑，遂黥其太子傅公子虔。秦之大臣皆以法令不便，盡怨商君。數年之後，孝公崩，惠王立，舉國欲害商君。商君怕，乃逃去。至函谷關，關吏不知是商君，遂止之，曰：「商君之法，無符驗者坐之。」商君乃嘆曰：「爲法自弊，一至於此。」

智囊

患癭者謂之智囊。《史記》：秦樗里子癭而多智，時人號爲智囊。又杜預亦有癭也。

寘堇

下毒藥謂之寘堇。《史記》：晉獻公後納驪姬爲后。姬譖其前太子申生於公，曰：「妾夢申生之母從公求食。」公遂令申生往其陵祭之。祭迴，姬潛寘堇於酒食中。申生欲上公所祭酒食，姬曰：「妾聞食從外來，先須試之。」公以酒酹地，地墳；以肉飼犬，犬死。公怒，遂殺申生。

膏肓

病重不可醫，謂之膏肓。晉景公染疾，醫療不損，乃遣使入秦，召盧醫。盧醫未至，而景公夢二童子相謂曰：「秦醫若至，我等必傷也。」一童子曰：「我居膏下，子居肓上，其奈我何！」及醫至，謂公曰：「此病在膏肓之中，藥餌不能到，針灸不能及，非臣不能醫也。」景公曰：「真良醫，果如夢中之言。」

遏惡揚善

掩人之惡、揚人之善，謂之遏惡揚善。《論語》曰：「君子成人之美、不成人之惡。小人反是也。」

弧矢

弓箭謂之弧矢。《易》曰：「弦木爲弧，剡木爲矢。弧矢之利，以威天下。」

姜維之膽

人大膽，謂之姜維之膽。《蜀志》：姜維字伯約，膽大如斗。

强項

不伏跪拜謂之强項。《後漢書》云：董宣字少平，爲洛陽令。湖陽公主家僮白日殺人【一四】，宣領佐吏於洛陽門待之。須臾，公主出，家僮亦侍衛而行。宣遂令佐吏擒而殺之，公主大怒。還宮，訴於光武。光武欲殺宣，宣曰：「陛下令公主縱奴殺良人，何以理國？」遂以頭觸殿階，血流被面。帝令小黄門引宣謝公主，宣拒之。帝令捺其頭低，宣竟不伏。遂封宣爲强項侯。

便便之腹

人肚大【一五】，謂之便便之腹。後漢邊韶字孝先，肚大，以教授爲業。弟子嘲之曰：「邊孝先，腹便便。懶讀書，但晝眠。」孝先聞而答之曰：「邊爲姓，孝先字。腹便便，五經笥。但晝眠，思經義。夢與周公言論，寐與孔子通理。弟子嘲師，出何典記？」

手談

著棋謂之手談。《遇真傳》云：昔有樵人入終南山採薪，忽見一石室中有二老人棋。樵人迷路，問棋者曰：「此是何處？」棋者不應，樵者拱立移時，候畢局，又問之。老人曰：「向來吾方手談，不暇對汝。」乃指樵人出路。樵人得出，遂告於居人。居人驚異，乃領樵人入山尋訪，攀蘿引蔓，無處不到，已失其所。

【一四】湖陽公主家僮白日殺人　「湖」原作「胡」，據《後漢書》改。

【一五】人肚大　「肚」，胡本作「腹」，下同。

步履蹣跚

患脚謂之步履蹣跚。春秋時，平原君趙勝有愛妾，登樓見一跛躄者於樓下蹣跚而行，妾見之大笑。躄者詣其門，謂平原曰：「某不幸有足疾，君家美人笑某，請君斬其頭。」平原君許之，而終不斬。門下諸客聞之，稍稍而去。有一客謂君曰：「君許躄者斬美人，而終不斬，是君無信也。」平原君遂斬其妾以謝之。諸客再至【一六】。

櫝楚

杖謂之櫝楚。《禮記》曰：「櫝、楚二物，收其威也。」

塞上翁失馬

禍福相隨謂之塞上翁失馬。《淮南子》云：塞上翁有好道者，家有走馬入胡地，鄰人皆歎其失馬，翁曰：「未必爲禍。」居數日，其馬引胡虜駿馬同歸，鄰人又皆賀之，翁曰：「未必爲福。」既得駿馬，翁之子墮馬折臂，鄰人又來借問，翁曰：「未必爲禍。」居一年，胡虜大下，丁壯者皆控弦而戰，翁之子以臂折得免。

【一六】諸客再至　「諸」上，胡本有「由是」二字。

卷之下

投轄

留客飲宴謂之投轄。昔陳遵飲酒，賓客滿座，盡取客之車轄投於井中。

罍恥

飲酒次，酒盡謂之罍恥。《禮記》曰：「瓶之罄矣，罍之恥矣【一】。」罍即酒搏。

無投杼之疑

清慎之士被人讒毀謂之無投杼之疑。魯人有與曾參同姓名者殺人，而參母方織。有人來告其母曰：「曾參殺人。」母曰：「參必不殺人。」俄頃，又有人來告其母曰：「曾參殺人。」母亦不信。如此三度，其母乃驚疑投杼，出門而望。復有人來，其母問之，答曰：「殺人者，非母之子也。」

校勘記

【一】瓶之罄矣罍之恥矣　按：此句當出《詩經》。「罍之恥矣」，《詩經》作「維罍之恥」。

登徒子

男子好色謂之登徒子。宋玉曰：「登徒子真好色者也。婦人有蓬頭垢面、彎耳露齒者，皆淫之。」

不速之客

凡筵宴有不屈命而自來者，謂之不速之客。《周易》曰：「包有魚，不利于客。」「有不速客三人來，敬之終吉。」

憔悴

人有失意瘦惡謂之憔悴。《春秋》云：屈原事楚懷王爲三閭大夫，爲佞臣靳尚所讒，王乃流放之。原遂遊於江潭，行吟潭畔，形容憔悴。有漁父見而問之，曰：「子非三閭大夫與，何以至此？」原曰：「舉世皆濁，唯我獨清；衆人皆醉，唯我獨醒。是以見放。」漁父曰：「聖人不凝滯於物，故能與世推移。舉世皆濁，何不淈其泥而揚其波？衆人皆醉，何不餔其糟而啜其醨？」原曰：「吾聞新沐者必拭其冠；新浴者必振其衣。孰能以身察察，受物之汶汶者乎？寧赴湘流，葬江魚之腹【二】！」遂投汨羅而死。楚人以原五

【二】葬江魚之腹　「腹」下，胡本有「中」字。

月五日死，以竹筒貯米投水中祭之。後有人逢之於長沙，自稱是三閭大夫。每蒙楚人筒粽見祭，常爲蛟龍所奪，但以五色絲縛之，蛟龍所畏，無能奪也。

陸雲之癖

愛笑謂之陸雲之癖。晉陸機見司空張華，華曰：「賢弟何不來？」機曰：「舍弟有笑疾，不敢不先陳之。」張華鬚偏，遂以錦囊盛之。雲見，果大笑，華終不怪。又嘗縗絰上船，水中見己之影，大笑落水，幾至于死。

無鹽

女人醜陋謂之無鹽。齊有醜女號無鹽，臼頭深目【三】、垤胸墜腰、肥項少髮、皮膚如漆。年四十，嫁不售，乃自干於齊宣王，王留於漸臺，左右見之，皆掩口而笑。時宣王至漸臺，無鹽撫膺曰：「殆哉、殆哉！」如此者四。宣王怪而問之，奏曰：「大王西有秦、衛之患，南有强楚之讎，外有二國之難，內有奸臣之衆，衆賢不附，王嗣未立，此一怠也；漸臺巍峨，飾以金玉，萬民疲極，此二怠也；賢者匿於山林，讒者進於左右，此三怠也；躭酒淫湎，以夜繼晝，女樂倡優，縱逸無度，此四怠也。」宣王乃停漸臺、廢女樂、退讒佞、進忠直。遂册無鹽爲后，自此齊國號爲中興。

【三】臼頭深目　「臼」，胡本作「凹」。

擢髮之罪

罪犯深者謂之擢髮之罪。魏大夫須賈譖范雎於魏王，王使人歐雎，折齒拉肋，致於厠中。雎求守厠者免死，後遂改姓名稱張禄，入秦爲相。須賈充使至秦，范雎責於賈，賈對曰：「某有湯鑊之誅，請屏於胡貊之地。」雎問曰：「汝罪有幾何？」賈曰：「擢某之髮，不足贖其罪【四】。」

伐善

凡人自衒其能謂之伐善。《論語》曰：「願無伐善，無施勞。」

盤庚

五遷謂之盤庚。《尚書·盤庚》云：「殷帝五遷其國。」

杖頭

百錢謂之杖頭。晉阮脩字宣子，嘗以百錢掛杖頭，至酒家獨飲，酣暢而歸。

【四】不足贖其罪　「足」下，胡本有「以」字。

上巳日

三月三日謂之上巳日。《漢書》禮儀：至三月三日，士流祓禊、飲酒於東流。自魏但以三月三日，不計上巳日。

落帽之辰

重陽謂之落帽之辰。晉孟嘉爲桓温參軍，温甚重之。重陽會飲於龍山，嘉後至，忽風起，吹帽落，而嘉不覺，温誡左右勿言，以觀其舉止也【五】。

喪明之慼

子死謂之喪明之慼。《禮記》曰：子夏死其子，而喪其明，曾子弔而問曰：「吾嘗與汝事夫子於洙泗之間，退而老於西河之上，使西河之民疑汝於夫子，汝罪一也； 喪汝親，使人未有聞焉，汝罪二也； 汝子死而自喪其明，汝罪三也。」子夏投其杖而拜之曰：「吾過也。」

【五】以觀其舉止也　「其」字原缺，據胡本補。

倨傲

見人輕慢謂之倨傲。漢酈食其食音易，其音箕。謁高祖，高祖方使二婢洗足次，令引食其入。食其既入見高祖，乃長揖而不拜，問高祖曰：「大王欲助秦乎，爲破秦乎？若擬破秦，豈可倨傲見長者耶！」

微瑕

人有小過謂之微瑕。《史記》曰：趙得卞和之璧【六】，秦王聞之，使人至趙【七】，請以十五城换之。趙王欲不與，畏秦强盛；與之，又恐不得十五城。遂與群臣選擇有氣度者爲送璧使，有閹官繆賢舉藺相如可爲使。相如既受命，齎璧入秦，獻於秦王。秦王得璧之後，唯與宫嬪傳玩，全無酬城之意。相如乃詐云璧有微瑕，請指示大王。於是相如曰：「趙獲卞和之璧，大王特發使，許以十五城易之，趙王不敢拒命，遣臣齎璧至此。大王受璧之後，曾無割城之意。」相如遂睥睨柱礎，曰：「大王若乃見逼，臣請頭璧俱碎！」秦王恐損至寶，遂令且歸館驛。相如乃密遣使者懷璧歸趙，後乃自請鼎鑊之誅，秦王恐絶二國之好，亦不加罪。

【六】趙得卞和之璧　「趙」下，胡本有「王」字。

【七】使人至趙　「趙」字原缺，據胡本補。

亹亹

事有相續謂之亹亹。亹亹者，莫善乎蓍龜，故天生神物，聖人則之。亹亹，即是相續不絶也。

以己方人

人自所好，而指與他人同者，謂之以己方人，謂以己身比方他人也。《論語》云：「子貢方人。子曰：『賜也賢乎哉【八】？夫我則不暇。』」今人多云以己方人也。

絶纓

夜飲次，忽燭滅，謂之絶纓。楚莊王與群臣夜飲次，燭滅，有一人起，牽美人衣。美人告王曰：「有人牽妾衣，已絶得其纓矣。」王曰：「飲人以酒，而責人以禮，吾不爲也。」遂令左右盡絶其纓，然後繼燭。及楚王與晉戰，晉軍圍楚數里，楚將有一人登鋒冒刃，用命交戰，遂解晉圍。楚王疑而問之，對曰：「臣是昔者絶纓士也。」

【八】賜也賢乎哉　「也」字原缺，據《論語》補。

哀王孫

見貧士與錢及食，謂之哀王孫。《漢書》：韓信，淮陰人也。少將家貧【九】，嘗至下邳釣魚，有漂母哀之，將歸家致食，因止信數十日。信謂漂母曰：「異日必願酬答【一〇】。」母曰：「吾哀王孫而進食，豈望爾報也【一一】！」

掃門

凡欲求事先施功力，謂之掃門。《漢書》：魏勃欲見齊相曹參，無人相導。勃每日早來，平明即往參之門掃淨街路。參怪而潛問之，乃魏勃也，引而問之，答曰：「願見丞相，於是爲之通達。」參遂納之，擢爲舍人。

俯拾地芥

能修志業，苦求身事，謂之如俯拾地芥。《漢書》：夏侯勝字長公，常云：「男子所患，不明一經，經術既明，取朱紫如俯拾地芥。」

【九】少將家貧　「少」下，胡本有「年」字。
【一〇】異日必願酬答　「酬」，胡本作「報」。
【一一】豈望爾報也　「也」，胡本作「乎」。

歸遺細君

從外將物歸與妻，謂之歸遺細君。細君，即妻也。漢武帝因伏日賜東方朔肉，太官不在，朔乃自抽所佩劒割肉將歸。太官遂録奏帝，帝令朔自責，朔曰：「拔劒割肉一何壯也，割之不多又何廉也，歸遺細君又何義也！」帝笑曰：「卿自責乃自獎也。」

達於未萌

知未來事謂之達於未萌。《春秋後語》云：趙武靈王欲衣胡服，公子成以不便奏之。王問服之義，公子成對曰：「愚者昧於成事，智者達於未萌。」遂不納公子成之言【一二】，即日胡服。

何日脂轄

問人何日遠行謂之何日脂轄。《詩》曰：「巾車脂轄，行在何日【一三】？」

有鴻鵠之志

人雖居貧而志大者，謂之有鴻鵠之志。《史記》：陳勝字涉，少時家貧，爲人傭耕，忽

【一二】遂不納公子成之言　「言」，胡本作「書」。

【一三】巾車脂轄行在何日　按：今本《詩經》無此二句。前句出自《左傳·哀公三年》。

謂同耕者曰：「他日富貴，不忘汝等。」同耕者笑曰：「貧寒如此，焉有富貴？」勝曰：「鸞雀豈知鴻鵠之志哉！」後果先起於劉、項，舉大軍爲楚王。

挂劍之義

心許人物而不更移者【一四】，謂之挂劍之義。《史記》：吴季札，吴王最小子也。王使札聘於晉，帶寶劍以自衛。北過徐君，念札之劍，雖不形言，札心已測，札以遠使未達，心私許之。及札迴，徐君已死，乃以劍挂墓樹而去。

忠信獲罪

爲事盡忠反招疑忌者，謂之忠信獲罪。《史記》：蘇秦自齊歸燕，國人毁之於燕王，曰：「蘇秦左右賣國，反覆之臣也。」王遂棄而不用。蘇秦謂燕王曰：「王聞有忠信獲罪者乎？」王曰：「何也？」秦曰：「昔有人遠官者，妻通於外人，及夫還，其妻致毒藥於酒中，使其妾進之。妾曰：『酒有毒，言之，則罪於主母；不言，又傷於主父。』是以佯仆覆酒於地，主父不察，乃笞其妾。」王於是稍悟。

【一四】心許人物而不更移者　「更」，胡本作「變」。

燕爾

新婚者謂之燕爾。《詩》曰：「燕爾新婚。燕，去聲。」

于飛

夫妻同行謂之于飛。《詩》曰：「鳳凰于飛。」

自掇其咎

公然爲非，自致其禍，謂之自掇其咎。《周易》曰：「不克訟，歸逋竄也。自下訟上，患至掇也。」

趙達

筯謂之趙達。趙達，吴國人也，善將一筯而筭，無不徵應，吴國興亡之事，並中其筭。又嘗過故人之家，故人曰：「慚無酒肉相待。」達乃將一筯再三縱横擲之，謂故人曰：「君牀頭有一器酒，北壁上懸一猪脚，何無酒肉之有？」故人笑曰：「知君善術，故相試耳。」乃出酒肉以延之。

失餁

飲食過熟，謂之失餁。《論語》曰：「臭惡不食，失餁不食。」

風流醖藉

人有温柔雅律，謂之風流醖藉。薛廣德如此【一五】。

六出

雪謂之六出。草木諸花，皆有五出，唯雪花有六出。

二毛

髮半白謂之二毛。昔潘安仁年三十二歲，鬢已二毛。

馳騖

驅馳求名利謂之馳騖。

【一五】薛廣德如此　「薛」，原作「書」，據《漢書·薛廣德傳》改。

風馬牛

人事不相干、不相接，謂之風馬牛。

黈纊

聵謂之黈纊。天子以綿擁其耳，不聽人過。

圓規方矩

指教謂之圓規方矩。

聵瞽

不嚮好事謂之聵瞽。

敗於垂成

凡事欲成却不成，謂之敗於垂成。

靡惡不爲

不善之事並曾爲之，謂之靡惡不爲。

自媒

自稱己善謂之自媒。

厚誣

枉人爲非謂之厚誣。《史記》：「吾雖小人，不可厚誣君子！」

◉韓　拙撰

山水純全集

儲玲玲　整理

點校説明

《山水純全集》，又名《山水純全論》，韓拙撰。韓拙，字純全，號琴堂，晚署全翁。南陽（今屬河南南陽）人。其生平資料匱乏，以集首有宣和辛丑（一一二一）年作者自序，又據集末夷門張懷後序，稱作者「自紹聖間擔簦之都下進藝，爲都尉王晉卿所慨，薦于今聖藩邸。繼而上登寶位，授翰林書藝局祗候，累遷爲直長畫待詔，今以授忠訓郎」云云，蓋拙爲哲宗、徽宗時人，其善畫山水窠石。

全書持論多主規矩，切實詳明，逸情遠致，超然於筆墨之外者，殊未之及。爲院體畫理論代表。其在宋郭熙畫論主張透視觀察景物「三遠」之基础上，又提出「有山根邊岸，水波亘望而遥，謂之闊遠；有野霞暝漠，野水隔而彷佛不見者，謂之迷遠；景物至絶而微茫縹渺者，謂之幽遠」，爲「六遠」之説。另外畫論對山川多方位的景象，水色、雲霧四時的變化也有具體的描述。作爲畫論，本書尤宜初學者所用。

作者自序作於宣和辛丑年，序稱全書十篇，查諸版均缺《論三古之畫過與不及》，獨《説郛》本存。故本次點校以《説郛》（商務印書館）本爲底本，以明詹景鳳《王氏書畫苑・畫苑補益》、《四庫全書》（文淵閣）作校本。

序

夫畫者，肇自伏羲氏畫卦象之後，以通天地之德，以類萬物之情。嗣于黄帝時，有史皇、蒼頡生焉。史皇狀魚、龍、龜、鳥之迹，蒼頡因而爲字，相繼更始而圖畫典籍萌矣。書本畫也，畫先而書次之。《傳》曰：書者，成造化，助人倫，窮神變，測幽微，與六籍同功【一】，四時並運。法于天然，非由述作。其書畫同體而未分，故知文能序其事，不能載其狀，有書無以見其形，有畫不能見其言，存形莫善於畫，載言莫善於書，故知書畫異名，其揆一也。古云：畫者聖也。蓋以窮天地之至奥，顯日月之不照，揮纖毫之筆則萬類由心，展方寸之能則千里在掌。豈不爲筆補造化者哉？自古逮今，名賢上士雅好之者，畫也，然精于繪事者多矣。愚世業儒，繁名薄宦，賦性疏野，惟志所適，切慕于畫，求前賢之模範，究古人之糟粕，自幼嗜好，留心于此，至今白首，尚且孳孳無倦。惟患學之淺短，自爲成癖爾，乃夙賦其性邪。唐右丞王維，文章冠世，畫絶古今，嘗自題云：「當世謬詞客，前身應畫師。」誠哉是言也。且夫畫山水之術，其格清淡，其理幽奥，至于千變萬化，四時景物，風雲氣候，悉資筆墨而窮極幽妙者，若非博學廣論，焉得精通妙用歟？故有寡學之士，兀兀之徒，忽略此道者多矣。其學問廣博之流，惟恐淺陋疏略也。彼孜孜汲汲與利名

校勘記

【一】與六籍同功　「籍」原作「合」，據《王氏書畫苑·畫苑補遺》本（以下簡稱書畫補本）改。

交戰者，與吾道殊途耳，此安足與言之哉！　愚習山水人物已爲歲久，所得山水之趣，粗以爲法，誠不敢爲卓絶之論。雖言無麗藻，亦使好學之士頓然開悟，分爲十論，各隨品目，以附于後。宣和辛丑歲季夏八日，琴堂韓拙全翁序。

卷第一

論山

凡畫山言丈尺寸分者，王右丞之法則也。山者有主客、尊卑之序，陰陽、逆順之儀。其山布置各有形，體，亦各有名。習乎山水之士，好學之流，切要知之也。主者，乃衆山中高而大者是也，有雄氣而敦厚，旁有輔峯叢圍者，嶽也。大者尊也，小者卑也。大小岡阜，朝接于主者，順也。不知此者，逆也。客者，其山不相干而過也。分陰陽者，用墨取濃淡也。凹深爲陰，凸面爲陽。山有高低大小之序，以近次遠，至于廣極者也。洪谷子云：尖者曰峯，平者曰陵，圓者曰巒，相連者曰嶺，有穴曰岫，峻壁曰岩，岩下有穴曰岩穴也。山大而高曰嵩，山小而孤曰岑。鋭山者高嶠而纖峻也【一】，卑而小尖者扈也。山小而孤，衆山歸叢者名曰羅圍也。言襲陟者，山三重也。兩山相重者謂之再成映也。一山爲岆，小山曰岌，大山曰峘。岌謂高而過也。言屬山者，相連屬也。言嶧山者，連而絡繹也。俗曰絡繹者，羣山連續而過也。言獨者，孤而只一山是也。山岡者，其山長而有脊也。翠微者，近山傍坡也。言山頂，冢者，山顛也。岩者，有洞穴是也。有水曰洞，無水曰府。言山

校勘記

【一】鋭山者高嶠而纖峻也　原作「鋭山曰嶠高嶠而纖者嶠也」，據書畫補本、《四庫全書》（文淵閣）本（以下簡稱四庫本）改。

堂者，山形如堂室也。言障者，山形如幃帳也。小山别大山，别者鮮不相連也。言絶徑者，連山斷絶也。言崖者，左右有崖夾山是也。言巖者，多小石也，多大石者礐。平石者盤石也。多艸木者謂之岵，無艸木者謂之垓。石載土謂之崔嵬，石上有土也。土載石謂之砠，土上有石也。言阜者土山也，小堆曰阜。平原曰坡，坡高曰隴。岡嶺相連掩映林泉，漸分遠近也。言谷者通人曰谷，不通人曰壑。窮瀆者無所通而與水注者川也。兩山夾水曰澗，陵夾水曰溪。溪者，蹊也。有水也，宜畫盤曲掩映斷續伏而後見也。山亦有四方體貌，景物各異。東山敦厚而廣博，景質而木多。西山川峽而峭拔，高聳而險峻。南山低小而水多，江湖景秀而華麗。北山闊墁而多阜，林木氣重而水窄。東山宜畫村落耕鉏，旅店山居，游宦行旅之類。西山宜畫關城、棧道羅綱，高閣觀宇之類。北山宜用盤車駱駝，樵人背負之類。南山宜畫江鄉魚市，水村山郭之類，但加之稻田漁樂，無用駱駝也，亦不用盤車也。要知南北之風土不同耳，故深宜分别。山有四時之色：春山豔冶，夏山蒼翠，秋山明淨，冬山慘淡，此四時之氣象也。郭氏云：山有三遠：自山下而仰山上，背後有淡山者謂之高遠；自前山而窺後山者謂之深遠；自近山至遠山謂之平遠。愚又論三遠者：有山根邊岸水波亘望而遥，謂之闊遠；有野霞暝漠，野水隔而彷佛不見者，謂之迷遠；景物至絶而微茫縹緲者，謂之幽遠。以上山之名狀，當備畫文理詩意用之，兼候博古君子之問。若問而無以對，此無知之士也，不可不知。或詩句中有此山名，雖有其名而不知其山之體狀者，安可措手而製之？　凡畫全景山者，重疊覆壓，咫尺重深，以近次遠，或以下層疊分布相輔，以卑次尊，各有順序；　又不可太實，仍要嵐霧鎖映，林木遮藏，不可露體如人無衣，乃窮山也。且山者以林木爲衣裳，以艸木爲毛髮，以烟霞爲神采，以景物爲妝飾，以水源爲血脈，以嵐霧爲氣象。畫若不求古法，不寫真山，惟務俗變采合虛浮，妄自爲超古越今。心以目蔽，變是爲非，此乃懵然不知山水格要之士也，難可與言之。嗟乎！　今人是少非多，忘古拘今【二】，方爲名利之誘奪，博古好學者鮮矣。倘或有得其堂奧者，誠可與論也。彼笑古傲今，侮慢宿學之士，曷足以言此哉。

論水

凡水其多山，水中可用具載之。

夫水有緩急淺深，此爲大體也。山上有水曰沉，沉謂出於高陵。山下有水曰淀，徒練切，謂其文容緩。山澗有水曰瀨。音口。湍而漱石者謂之湧泉。山石間有水滭潑而仰沸者，謂之噴泉。言瀑布者，顛崖峻壁之間，一水飛出，如練千尺懸灑于萬仞之下，有驚濤怒浪，湧瀼騰沸，噴濺漂流，雖黿鼉魚鱉，皆不能容也。言濺瀑者，山間積水欲流而石隔罅中，猛下其片浪如滾，有石迎激，方圓曲折，交流會合。用筆輕重，自分淺深，盈滿而散漫也。言淙者，激流攢衝，鳴湍疊瀨，噴若雷風，四面叢流謂之淙也。言泝水者，不用分開，一片注下，與瀑布頗異，亦宜分別。夫海水者，風波浩蕩，巨浪翻卷，山水中少用也。有兩邊峭壁萬

【二】忘古拘今　「拘」原作「狗」，據書畫補本、四庫本改。

仞，不可通途，中有湍急漂流如箭，舟船不可停者，硤水耳，無急于此也。言江湖者，洞庭之廣大也。言水源者，平出之流水也。其水混混不絶，故孟子所謂「源泉混混【三】，不舍晝夜」者是也。惟溪水者，山水中用之多矣。宜盤曲掩映，斷續伏而復見，以遠至近，仍宜用烟霞隱鎖爲佳。王右丞云：「路欲斷而不斷，水欲流而不流。」此之謂歟。夫沙磧者，水心通流，水流兩邊，急而有聲，中有灘也。夫石磧者，輔岸絶流，水流兩邊，迴還有紋，中有石也。言壑者，有岸而無水也。然水有四時之色，隨四時之氣。春水微碧，夏水微緑，秋水微清，冬水微慘。又有沙汀湖渚，皆水中可居人而景所集也。至于魚瀨雁濼之類，畫之者多樂取以見才調【四】。况水爲山之血脈，凡畫水者故宜天高水闊爲佳也【五】。

【三】源泉混混　四字原脱，據書畫補本、四庫本補。

【四】畫之者多樂取以見才調　「多樂取以見」原作「當自取」，據書畫補本、四庫本改。

【五】凡畫水者故宜天高水闊爲佳也　「者」原脱，「水」字上原衍「山」字，「水闊」原作「地闊」，據書畫補本、四庫本删。

卷第二

論林木

凡林木，有四時榮枯，大小叢薄，咫尺重深，以遠次近，故林木貴高喬【一】，蒼逸健硬。筆跡堅重，或質或麗，以筆蹟欲斷而復續也；且或輕或重，本在乎用筆，高低暈淡，悉由于用墨。此乃畫林木之要格也。洪谷子曰：「筆有四勢者，筋、皮、骨、肉也。筆絶而不斷謂之筋，纏縛隨骨謂之皮，筆削堅正而露節謂之骨，起伏圓混而肥謂之肉。」凡畫宜骨肉相輔也。肉多者肥而軟濁也，柔媚者無骨也，骨多者剛而如薪也，勁死者無肉也，跡斷者無筋也。墨大而質朴者失其真氣。墨微而怯弱者敗其真形。其木要停匀而有勢。不可太長，太長者無勢力；不可太短，太短者差濁也。木皆有形勢而取其力，無勢而亂作盤曲者，乏其勢也。若只取剛硬而無環轉者，虧其生意也。若筆細墨微者，怯弱也，大凡取其合宜用度之也。木貴虬健老硬，其形勢甚多。或聳而拔逸者，或屈折而俯仰者，或躬身而若揖者，或如醉人而狂舞者，或如披頭仗劍者，皆松也。或如怒龍驚虬之勢，騰龍伏虎之形，似狂怪而飄逸，似偃蹇而躬身；或離披倒趄，如飲于水中；或巔崖嶮峻，倒崖而

校勘記

【一】故林木貴高喬　「貴高喬」原作「要看」，據書畫補本、四庫本改。

身覆下者爲松之儀。其勢萬狀變態莫測。凡畫根者，臨崖倒起之木，其根起伏出拔土外，狂而且迸也。其平立之木，當以大根深入崖中，惟傍迸小根方宜出土也。凡作枯槎槁木，要竅嵌空耳。且松者若公侯也，爲衆木之長。亭亭氣槩，高上盤于空，勢逼霄漢，枝迸而復掛，下覆凡木，以貴待賤，如君子之德和而不同【二】。荆浩曰：成材者，氣槩有餘；不材者，抱節自屈。有偃蓋而枝盤，頭低而腰亞者，爲異松也。皮老蒼鱗，枝枯葉少者，爲古松也。訣云：松不離于兄弟，謂高低相亞；松亦有子孫，謂新枝相續。唯蟠松，其梢淩空而聳出，其枝交結而蔭重也。且柏者若侯伯也。訣曰柏不叢生，要老逸舒暢，皮宜轉紐，捧節有文，多枝少葉，其節嵌空，勢若蛟虬，身去而復回，狀迭縱横，乃古柏之狀。惟蟠柏者，葉密枝迸，梢氣聳拔也。檜者，松身柏葉，會于松柏，故名曰檜。其枝放肆而盤曲，其葉聚散而無定，乃古檜之體也。其餘種種羣木難以具述。惟楸梧槐柳，儀形各異，大槩有葉之木，貴在豐茂而蔭鬱。至于寒林者，止務森聳重深分布而不雜。宜作枯梢老槎，背後當用淺墨軟梢之木相伴和爲之，故得幽韻而氣清。林罅不用明白，尤宜烟嵐映帶，誠爲李成咸熙中深得其妙用者哉。梁元帝云：木有四時：春英夏蔭，秋毛冬骨。春英者，葉細而花繁也；夏蔭者，葉密而茂盛也；秋毛者，葉疏而飄零也；冬骨者，葉枯而枝槁也。其有林巒者，山岩石上有密木也。林鬱者，山脚下有林木也。林迥者，遠林烟暝也。遠木者，取其大要而不可狂斜倒起，隱淡直立，辨其形質，可一一分明也。又云：質者，形質備

【二】如君子之德和而不同　「和而不同」書畫補本、四庫本改作「周而不比」。

也。雜木取其大綱，用墨點成，淡淺相等。林木者，山之衣也，如人之衣妝，使山無儀盛之貌。故貴密木茂林有華盛之表也。木少者謂之露骨，如人衣少也。若作一窠一石，務要簡耳。

論石

夫畫石，貴要磊落雄壯，蒼硬頑澀，礬頭菱面，層疊厚薄，覆壓重深。落筆堅實堆疊，凹凸深淺之形，皴拂陰陽，點匀高下，乃爲破墨之功也。言盤石者，大石也。然石之狀不一，或層疊而秀潤，或崔嵬而顛險。有岩石嵯峨者，有怪石崩坍者，或直插入水而深不可測者，或根石浸水而脚石相輔者，崒屹嶙峋，千怪萬狀，縱横放逸，其體無定，而又皴拂多端也。有披麻皴者，有點錯皴者。《爾雅》云謂木皮申錯也。有斫硃皴者，或横皴者，或匀而連水皴紋者【三】。一點一畫，各有古今體法存焉。昔人云：石無十步真，山有千里遠。況石爲山之體，貴其潤澤，而不貴枯燥也。畫之者不可失此。

【三】或匀而連水皴紋者　「紋」字原闕，據書畫補本、四庫本補。

校勘記

卷第三

論雲霞烟霧靄嵐光風雨雪

夫通山川之氣，以雲爲總也。雲出于深谷，納于嵎夷，掩日蔽空，勃然無所拘也。升之晴霽則顯四時之氣，散之陰晦則逐其四時之象。故春雲如白鶴，其體閑逸融和而舒暢也；夏雲如奇峯，其勢陰鬱濃靉而無定也；秋雲如輕浪飄零，或若兜羅之狀，廓靜而清明也；冬雲如潑墨慘翳，示其玄冥之色，昏寒深重。此晴雲四時之象也。故春陰則雲氣淡蕩，夏陰則雲氣突黑，秋陰則雲氣輕浮，冬陰則雲氣黯淡，此陰雲四時之象也。然雲之體合散不一焉，輕而爲烟，重而爲霧，浮而爲靄，散而爲氣。其有山嵐之氣，烟之輕者雲，捲而霞舒，烟者氣之所聚也。凡畫者分氣候，別雲烟，爲先山水中所用者。霞不重以丹青，雲不施以彩繪，恐失嵐光野色自然之氣也。且雲者有出谷，有游雲，有寒雲，有暮雲，有朝雲。雲之次爲霧，有曉霧，有遠霧，有寒霧。霧之次爲烟，有晨烟，有暮烟，有輕烟。煙之次爲靄，有江靄，有暮靄，有遠靄。雲、烟、霧、靄之外，又言其霞者，東曙曰明霞，又曰朝霞；西照曰暮霞，乃早晚一時之暈彩也，不可多用。凡雲、霧、烟、霞之氣爲嵐光山色，遥岑遠樹之彩也。善繪于此者，則得四時之真氣，造化之妙理，故不可逆其嵐光，而當順其物理也。風雖無跡，而艸木衣帶之形，雲頭雨脚之勢，無少逆也，逆之則失其大要矣。繼而雨雪之際，時雖不同，然雨有急雨，有驟雨，有夜雨，有欲雨，有雨霽。雪者有風雪，有江雪，有夜雪，有春雪，有莫雪，有欲雪，有霽雪。凡風、雨、雪之意，皆本于雪色之輕重，類于風勢之緩急，想其時候方可落筆。大槩以雲别雨、雪之意，則宜暗而不宜顯也。又如《爾雅》所云：「天氣下，而地不應曰雪。」言昧物而輕也。「地氣發，而天不應曰霿。」言暝物而重也。「風而雲爲曀，風而雨土爲霾【二】。」言無分遠近也。陰風重而爲曀。言無分于山林也。此皆不時之氣，非雲之所該也。至于魚龍艸莽之象，吕氏之言甚明。鸞翔鳳翥之形，陸機之論深得。然在畫者，窮天地之奥，掃風雲之候，曷可不深究焉？

論人物橋杓關城寺觀山居舟車四時之景

凡畫人物不可麄俗，所貴純雅而幽閑。其有隱居傲逸之士，與村夫農者、漁父牧豎等輩體狀不同。竊觀古之山水中人物，優容閑雅，無有粗惡者。近世所作，往往粗俗不謹，殊失古人之態。言橋杓者，通舡曰橋，不通舡曰杓。杓以横木渡于溪磵之上，但使人跡可通也。關者，在乎山硤之間只一路可通，無旁岐小峽，方可用關也。城者，雉堞相映，樓屋相望，須當映帶于山崦林木之間，不可一一出露，恐類于圖經山水中所用，惟古堞城可也。

【二】風而雨土爲霾　「土」字原脱，據《爾雅·釋天》補。

畫僧道寺觀者，宜掩抱幽谷，深岩峭壁之處，惟酒旂旅店方可當途村落之間。而山居隱逸之士，務要幽僻，不同于此。宜畫草庵茅舍，房屋平林，牛馬耕耘之類；有廣水處可畫漁市漁濼，捕魚採菱，曝網之類。言舟舡者，大曰舟，小曰舡。漁人所泛者曰艇。隱逸高尚之士所乘者曰舫。或插以罾罩，或拖以絲綸者，漁艇也。或爲木屋，或爲棚幙者，游舫也。以小槳所搖者，謂之飛航。獨一木所造者，謂之桐槽。于山水中所宜用者惟此耳。其舟舡宜游漾輕浮，不可重載。其餘江海巨載之舟，于山水中少用也。品四時景物，務要明乎物理，度乎人事。春時可以畫人物忻悅而舒和，郊游踏青，翠陌秋千，漁唱渡水，歸牧耕鉏，山種捕魚之類也。夏可畫以人物但于山陰林壑之處，或行旅憩歇，水閣高亭，避暑納涼，翫水浮舟，臨江浴滌，曉汲涉水過渡之類也【二】。秋畫以人物則吹簫翫月，採菱浣紗漁笛，搗帛夜舂，登高賞菊之類也。冬畫以人物則圍爐飲酒，慘冽游宦，雪笠寒僮，騾網運糧，雪江渡口，寒郊遊臘履冰之類也。若水埜之間可兼于禽鳥者，春宜畫燕雀黄鶯，夏宜鸂鶒鷗鷺，秋宜征雁羣鶩，冬宜落雁寒鴉。今略言其大槩耳。若能法此以隨時製景，任其才思，則山水妝飾而無有不備者矣。

【二】曉汲涉水過渡之類也　「過」字上原衍「風雨」兩字，據書畫補本、四庫本删。

校勘記

卷第四

論用筆墨格法氣韻之病

凡畫者筆也。此乃心術索之于未兆之前，得之于形儀之後。默契造化與道同機，握管而潛萬物，揮毫而掃千里。故筆以立其形體，墨以别其陰陽，山水悉從筆墨而成。而吴道子筆勝于質，此乃畫聖賢也。常謂道子山水有筆而無墨，項容山水有墨而無筆，此皆不得其全善也。荆浩采二賢之長，以爲己能則全矣。蓋用墨太多，則失其真體，損其筆而且冗濁。用墨太微，則氣怯而弱也，過與不及皆爲病耳。切要循乎規矩格法，以本乎自然氣韻，以全其生意。得于此者備矣，失于此者病矣。以是推之，豈可與俗士論哉？凡未操筆間，當先凝神着思預想目前，所以意在筆先。用意于内，然後用格法以揮之，可謂得之于心，應之于手也。其用筆有簡易而意全者，有巧密而精細者，或取氣概而筆迹雄壯者，或取順快而流暢者，縱横變化，用功乎筆也。然作畫之病者衆矣。惟俗病最大，多出于淺陋狗卑，昧乎格法之士，動作無規，亂揮取逸，强務古淡而枯燥，苟圖巧密而纏縛，詐爲老筆，本非自然，此爲論筆墨格法氣韻之病耳。古云用筆有三病：一曰板病，二曰刻病，三曰結病。板病者，腕弱筆痴，取與全虧，物狀平匾不能圓渾者，板也。刻病者，筆迹顯露，用筆中凝，勾畫之際妄生圭角者，刻也。結病者，欲行不行，當散不散，似物留礙不能流暢者，結也【一】。愚又一論爲之確病【二】，筆路謹細而癡拘，全無變通。筆墨雖行，類同死物，狀如雕印之跡者，確也。確爲無變動因移之意。凡用筆，先求氣韻，次采體要，然後精思。若形勢未備，便用巧密精思，必失其氣韻也。大槩以氣韻求其畫，則形似自得于其間矣。且善究山水之理者，當守其實，其實不足，當去其華，而華有餘，實爲質幹也。華爲華藻也，質幹本乎自然，華藻出于人事。實爲本也，華爲末也。自然體也，人事用也，豈可失其本而逐其末，忘其體而執其用乎？是猶畫者，惟務華媚而體法虧，惟務柔細而神氣泯，真俗病耳。焉知守實去華之理哉？若行筆或麄或細，或揮或匀或點，或重或輕，不可一一分明。以布遠近取似者，弱而無畫也。其筆太粗則寡于理趣，其筆太細則絶乎氣韻【三】。一皴一點，一勾一斫，皆有意法存焉【四】。若不從畫法意，只寫真山，不分遠近淺深乃圖經也。烏得其格法氣韻者歟？凡用墨不可深【五】，深則傷其體，不可微，微則敗其氣，此皆病也。勾抽落筆，使用墨，取淡者爲之，滑而無法，其先皴而後淡，次取陰陽淺深者，真得其理。又以畫之取遠景，貴簡而不絶，繁而不冗，使觀者豁然如目窮幽曠，瀟灑之趣，不其神妙矣乎？

【一】似物留礙不能流暢者結也　「似」原作「事」，據書畫補本、四庫本改。

【二】愚又一論爲之確病　「又」原作「有」，據書畫補本、四庫本改。

【三】其筆太細則絶乎氣韻　「細」原作「勁」，據書畫補本、四庫本改。

【四】皆有意法存焉　「意法存焉」原作「法度」，據書畫補本、四庫本改。

【五】凡用墨不可深　「凡」字以下書畫補本、四庫本作「畫有八格石老而潤水淨而明山要崔嵬泉宜洒落雲烟出没野徑迂迴松偃龍蛇竹藏風雨也」三十七字。

論觀畫別識

瓊瑰琬琰，天下皆知其爲玉也，非卞氏三獻，孰別荆山之姿而爲美。驊騮騕褭，天下皆知其爲馬也，非伯樂一顧，孰別冀北之駿而爲良。若玉之無别，安得瓊瑰琬琰之名？若馬之無别，豈得驊騮騕褭之駿？別玉者，卞氏耳。識馬者，伯樂耳。天下後世亦無復加，諸是猶畫山水之流于世也。隱造化之情實，論古今之賾奧，發揮天地之形容，蘊藉聖賢之藝業，豈賤隸俗人得以易窺其端倪？蓋有不測之神思，難名之妙意，寓于其間矣。凡閱諸畫，先看風勢氣韻，次究格法高低者，爲前賢家法規矩用度也。倘生意純而物理順，用度備而格法高，固得其格者也。雖有其格而家法不可揉雜者，何哉？且畫李成之格【六】，豈用雜於范寬？正如字法，顏柳不可以同體，篆隸不可以同攻。故所操不一，則所用有差，信乎然矣。歸古驗今，善觀乎畫者，焉可無別歟？然古今山水之格，皆畫也。通畫法者，得神全之氣，攻寫法者，有圖經之病，亦不可以不識也。以近世畫者多執好一家之學，不通諸名流之迹者衆矣。雖博究諸家之能【七】，精于一家者寡矣。若此之畫，則雜乎神思，亂乎規格，難識而難別，良由此也。惟節明其諸家畫法，乃爲精通之士，論其別白之理也。窮天文者，然後證丘陵，天地之間雖事之多，有條則不紊，物之衆有緒則不雜，蓋各有理之所寓耳。觀畫之理，非融心神善繼，精通博覽者，不能達是理也。畫有純質而

【六】且畫李成之格　「格」字原脱，據書畫補本、四庫本補。

【七】雖博究諸家之能　「博究」原作「究博」，據書畫補本、四庫本乙正。

清淡者、僻淺而古拙者、輕清而簡妙者、放肆而飄逸者、野逸而生動者、幽曠而深遠者、昏暝而意存者、真率而閑雅者、冗細而不亂者、重厚而不濁者，此皆三古之迹達之名品。參乎神妙，各適於理者然矣。畫者初觀而可及，究之而妙用益深者，上也。有初觀不可及，再觀不可及，窮之而理法乖異者，下也。畫譬猶君子歟，顯其跡而如金石，著乎行而守規矩，觀之而温厚，望之而儼然，易事而難説，難進而易退，動作週旋無不合于理者，此上格之體，有若是而已。畫猶小人歟，以浮言相胥，矯行相尚，近之而無取，遠之則有怨；苟諂媚以自合，勞詐僞以相蔽，旋爲交搆，無有狥于理者，此卑格之體，有若是而已。倘明其一而不明其二，達于此而不達于彼，非所以能別之也。昔人有云：畫有六要：一曰氣，氣者隨形運筆，取象無惑【八】；二曰韻，韻者隱露立形，備儀不俗；三曰思，思者頓挫取要，凝想物宜；四曰景，景者制度時用搜妙創奇；五曰筆，筆者雖依法則，運作變通，不質不華，如飛如動；六曰墨，墨者高低暈淡，品別淺深，文采自然，似非用筆。有此六法者，神之又神也。若六法未備，但有一長，亦可采覽。畫有珍傳于世不自顯名者，所謂以實得其名矣，不期顯而自顯也。畫有一時雖顯其名，久則易銷者，所謂譽過于實，不期銷而自銷矣。凡祕畫者，豈可擇于名譽冠蓋，但看格清意古，墨妙筆精，景物幽閑，思遠理深，氣象瀟灑者爲佳，其未當精絶，惟寘巧密者鮮鑒矣。世有王晉卿者，戚里之雅士也。耕獵文史，放肆圖畫，每燕息之餘，多戲小筆，散之于公卿家多矣。常蒙青眼左顧，每閱畫【九】，必見召而同

【八】氣者隨形運筆取象無惑　「隨」字下原衍「制度時用」四字，據四庫本删。

【九】每閱畫　「閱」原作「圖」，據書畫補本、四庫本改。

觀之【一〇】，論乎淵奧，搆其名實。偶一日，于賜書堂東掛李成，西掛范寬，先觀李公之迹，云李氏畫法：墨潤而筆精，烟嵐輕勃，如對面千里，秀氣可掬。次觀范氏之作，又云：如面前真山峯巒，渾壯雄逸，筆力老健。此二畫乃一文一武耶。愚嘗思其言，由賞鑑而通于骨髓，其格法之要切，須知之方能定優劣、明是非，可謂精通善鑒者。畫若不遇于識鑒者，如瞑行于途，無分善惡也。悲夫！今有名卿士大夫之畫，自得優游閒適之餘，握管濡毫，落筆有意，多求簡易而取清逸，出于自然之性，無一點俗氣，以世之格法在所勿識也。古之名流士大夫皆從格法。南唐以來，李成、郭熙、范寬、燕公穆、宋復古、李伯時，王晉卿亦然，信能悉之于此乎【一一】？

論古今學者

天之所賦于我者性也，性之所貴于人者學也【一二】。性有顓蒙明敏之異，學有日益無窮之功。故能因其性之所悟，求其學之所資，未有業不精于己者也。且古人以務學而開其性，今人以天性而恥于學。此所以去古逾遠業逾不精也【一三】。昔顧愷之夏月登樓，家人罕見其面，遇風雨晦明，飢飽喜怒皆不操筆。唐有王右丞、杜員外贈歌云【一四】：「十日畫一水，五日畫一石。能事不受相促迫，王宰始肯留真跡。」愷之、王維後世真跡絶少，後來得其髣髴者，猶可絶俗。正如唐史論杜甫謂：殘膏賸馥，沾渥後人【一五】。古者如此

【一〇】必見召而同觀之　原作「必見召觀」，「而同之」三字原脱，據書畫補本、四庫本補。

【一一】按：自「今有名卿士大夫之畫」至本段結束，書畫補本、四庫本作「今有名卿士大夫皆從格法聖朝以來李成郭熙公穆宋復古李伯時王晉卿亦然信能悉之於此乎按畫譜荆浩河内人號洪谷子博雅好古今山水專門頗得意趣間嘗謂吴道子山水有筆而無墨項容山水有墨而無筆浩兼二子所長而有之蓋有筆而無墨者見落筆蹊徑而少自然有墨而無筆者去斧鑿痕而多變態故王洽之畫先潑墨縑素取高下自然之勢而爲之浩介乎二者之間則人與天成兩得之矣」。

【一二】性之所貴于人者學也　「貴」，書畫補本、四庫本作「資」。

【一三】此所以去古逾遠業逾不精也　「業逾不精」原作「貽笑于大方之家」，據書畫補本、四庫本改。

多，略舉一二。蓋前人用此以爲銷日養神【一六】，今人反以圖利勞神。古之學者爲己，今之學者爲人。古之冠冕上士，燕閒餘裕，以此爲清幽自適之樂。唐張彦遠云【一七】：「書畫之術，非閭閻之子可爲也。」奈何頃者往往以畫爲業，以利爲圖，全乏九流之風，不修士大夫之體，豈不爲自輕其術哉？故不精之原良以此也。真所謂棄本逐末矣。且人之無學謂之無格，無格謂無前賢格法也。豈有不落格法者而爲越古超今名賢者歟？所謂寡學之士則多性强而自爲蔽者有三，難學者有二【一八】，何謂也？有心高而自恥下問，惟憑盜學者爲自蔽也。有性敏而才高，雜學而狂亂，志不歸一者爲自蔽也。有少年夙賦其性，不勞而頗通，慵而不學者爲自蔽也。難學者何也？有慢學而不知其學之理，苟僥倖之策，唯務作僞以勞心，使神志散亂而不究于實者，難學也。有本性無學之心，而假以爲生者，難學也。如此之徒技之下耳，安得以傳古人之糟粕，達前賢之閫奧，未有不學而良能也。信斯言也，凡學者宜執一家之體法，學之成就，方可變易爲己格則可矣。噫！源深者流長，表端者影正則學。造乎妙藝，盡乎精思，蓋有本者亦若是而已。

論三古之畫過與不及【一九】

且論畫多能精當者，國之王晉卿也。論三古：高古、中古、近古。自三皇以前爲洪荒

【一四】唐有王右丞杜員外贈歌云　按此爲杜甫詩，題爲《戲題王宰畫山水圖歌》。

【一五】愷之王維後世真跡絶少後來得其髣髴者猶可絶俗正如唐史論杜甫謂殘膏賸馥沾渥後人　以上三十七字原脱，據書畫補本、四庫本補。

【一六】蓋前人用此以爲銷日養神　「用此以」三字原脱，據書畫補本、四庫本補。

【一七】唐張彦遠云　「遠」原作「達」，據下文改。

【一八】難學者有二　「二」原作「三」，據書畫補本、四庫本改。

【一九】按：書畫補本、四庫本均無此篇。

之世，畫無得名之。自伏羲氏定龜文，畫于卦象之後，畫始有形意。畫本畫也。逮黄帝時，史皇覩物而狀之，此畫之始也。至五帝、禹、湯及秦、漢以來，畫斯興焉。其時雖録人姓名，然畫跡未見有之者，莫能定其優劣。其畫大興于晉、宋，其真跡人間雖有，罕得而見之。晉卿論三古之畫，可代爲之高者。晉、宋爲高古，唐爲中古，五代爲近古。晉、宋有顧、陸、張、展，畫之聖賢也，乃爲百代之師範矣。唐張彦遠云：「古之畫人物，純重而閑雅，今也不然。」至唐之盛，漸乏純重而少閒雅，何况于近代耶？郭若虚云：「今人佛像鞍馬殆不及古，花竹禽鳥山水古不及今。」唐李思訓、張藻、宋審、王維、王宰、楊炎之流，乃仙格神奇，過于高古，亦以爲傳世之師法耳。五朝有荆浩、關仝超出古今，至宋朝初又有李成、范寬。李雖師于關而過之，可謂青出于藍矣。二賢畫能各立家法。時有李昇慕李思訓之格，呼爲將軍，亦自立家法。其有王士元、翟院深、王端、燕肅、董元、陸僅、趙幹、屈鼎、紀貞、巨然、許道寧、劉丞、丘納、黄筌、燕文貴、宋迪、商訓、龐崇穆、李隱、李宗成【二〇】、郝鋭、梁宗信、郭熙、侯封、高克明、董贇、符道隱、永嘉僧擇寧、吴僧繼章，以上名流各書宗法師資，品學山水之士，要知貴通其宗祖格法，故序其後。今本話此篇。

【二〇】李宗成　「李」上原衍「宋」字，據文意删。

後序

嘗謂世之論畫者多矣，稽古逮今，瑣瑣碌碌，亦其偏見，持以僻說，蔽于天地之純全，不識古今之妙用者，幾何人哉！故不可以枚數而名計也。然畫之祖述于古有自來矣，顯自唐虞，備于商周，尊于夫子，用于宗廟，明于日月山林之形【二一】，別于鳥獸魚蟲之跡，制之于冠蓋袞冕，設之于尊罍鼎器【二二】，與「六經」具載，百代祖述。迨此而下，雖世不乏，然未備其體，或攻于一物，或長于片善，無復有能超越，而能盡其純全妙用之理者也。且畫者闢天地玄黄之色，泄陰陽造化之機，掃風雲之出没，別魚龍之變化，窮鬼神之情狀，分江海之洪濤，以至山川之秀麗，草木之茂植，翻然而異，蹶然而超，挺然而奇，恢然而怪。凡域于象數，囿于形體，一扶疏之細，一帡幪之微，覆于穹窿，載于磅礴，無逃乎象數。而人爲萬物最靈者也。故人之于畫，造于理者能盡物之妙，昧乎理則失物之真，何哉？蓋天性之機也。性者天所賦之體，機者至神之用。機之一發，萬變生焉。惟畫造其理者，能因性之自然，究物之微妙，心會神融，默契動靜，揮于一毫，顯于萬象，則形質動蕩，氣運飄然矣。故昧于理者，心爲緒使，性爲物遷，汨于塵坌，擾于利役，徒爲筆墨之所使耳，安得語天地之真哉？是以山水之妙，多專于閒隱逸幽之流。名卿高蹈之士，悟空識性，明了

【二一】明于日月山林之形　「林」原作「龍」，據書畫補本、四庫本改。

【二二】設之于尊罍鼎器　「設」原作「説」，據書畫補本、四庫本改。

獨物，得其趣者之所作也。況山水之樂，林泉之興，豈庸魯賤隸、闤闠鄙夫、惑于饕餮者之所爲哉？宜其畫之于山水誠未可以易言也。今古之跡，顯然而著見于域中者，不爲不多矣。略究形容而推之，遥岑疊翠，遠水澄明，片帆歸浦，秋雁下空，指掌之間若睨千里，有得其平遠者也。雲輕峯秀，樹老陰疏，江村棧路，遥嶺崢嶸，僧舍溪橋，歸舟人少，漱石枕泉，有得其全景者也。若松柏老而虬怪，羣木茂而葱鬱，臨流盤澗，崖古林高，此得其樹石者也。萬木披靡，千岩聳翠，烟重暝斜之勢，林繁而葉葉有聲，此得其風雨者也。畫至于通乎淵源，貫乎神明，使人觀之若覩青天白日，窮究其奥，釋然清爽，非造理師古，學之宏遠者何克及此？今有琴堂韓公純全以名宦簪履之後，家世儒業，自垂髫誦習之間，每臨筆研，多戲以窠石。既冠，從南北宦游，常于江山勝槩爲所樂者，圖其所至之景，宛然而旋踵在前。繼而攻畫于山水，則落筆驚人，迥出塵俗，不蔽于一偏，不滯于一曲，不取媚于世，不苟名于時，但游藝于心術精神之間，爛額焦頭，窮年皓首，過於書淫傳癖之士，未嘗一日捨乎筆墨，猶恐學之不及也。藴古今之妙而宇宙在乎胸，窮造化之源而百物生于心，故研精極思，深得其純全妙用之理，南陽純全公之畫歟？公自紹聖間擔簦之都下進藝，爲都尉王晉卿所愜【二三】，薦于今聖藩邸。繼而上登寶位，授翰林書藝局祗候，累遷爲直長畫待詔，今以授忠訓郎。公未嘗苟進，迄今祇以畫爲性之所樂。頃者出示以平昔編藁，胸臆藴奥，俾僕以爲文釋意。然所集山水之論，莫不纖悉備載。且指物而各序其説，言無

【二三】爲都尉王晉卿所愜　「爲」原作「于」，據書畫補本、四庫本改。

華藻，事歸典實，博古驗今，增加證識。分雲水山林，關城橋彴，傳其筆墨之法，講其氣韻之病。通四時景候，識三古用筆，一句一事，燦然使後之學者覽而爲樞機津梁之要，顧不偉歟？當南陽接朋友則講論古今，爲文章至於理邃如珠藏于蚌，玉藴于石，學之者不可輕易其文，當求其理，信乎公之論畫，如珠玉之祕于此焉。如公之畫，純于古而不雜于後代，故其立論集曰《純全》，庶幾雅德君子，爲之廣傳。宣和辛丑歲孟冬二十四日，夷門張懷邦美序于集后。

◉张商英 朱弁 撰

續清涼傳

夏廣興 整理

點校説明

《續清涼傳》二卷，張商英、朱弁撰。張商英（一〇四三—一一二二），字天覺，號無盡居士，四川新津人。張商英「平生學浮屠法，自號無盡居士」，「負氣俶儻，豪視一世」，頗有政治抱負。宋英宗治平二年及進士第，後調達州通川縣主簿，隨之遷爲光禄寺丞、權檢正中書禮房公事，加太子中允，監察御史裏行。神宗時，受王安石推舉入朝，遷爲開封府推官。哲宗時，遷河北西路轉運副使，後遷左司諫。徽宗時，遷中書舍人，以龍圖閣待制爲河北路都轉運使，後拜爲尚書右丞，轉左丞，提任丞相。後受蔡京讒言，貶知河南府。宋徽宗宣和四年（一一二二）殁，世壽七十九歲，賜謚「文忠」。著有《護法論》一卷等。《宋史》卷三五一有傳。朱弁，字少章，徽州婺源人。曾出使金國，被羈，後歸宋。宋高宗紹興十四年（一一四四）卒。著《臺山瑞應記》，爲其羈留金國時遊五臺所作，後附於《續清涼傳》之後。

《續清涼傳》成書於宋哲宗元祐三年（一〇八八）。元祐四年，又增補了劉友端「在羅睺殿前雪中祈見金燈」一段。建中靖國元年（一一〇一）又附了錢蓋一段。以後又有李師聖、朱弁等的附録不斷增入。内容主要是記述張商英於元祐二年（一〇八七）至元祐四年（一〇八九）之間，五次巡遊五臺山的經過，以及所感遇的靈跡。比起《古清涼傳》、《廣清涼傳》，《續清涼傳》的内容比較單純，它所記録的都是張商英元祐三年在五臺山所見的聖燈、圓光、祥雲、瑞氣，菩薩化現等等情景，後面又補加别人所見的各種聖跡化現。雖名爲古、廣二傳的續傳，内容卻完全與古、廣二傳無涉。

《續清涼傳》初爲一卷，即今本的卷上，撰於元祐三年（一〇八八），次年增若干，即今本之卷下之初至《附傳》前的部分；後朱弁又補作《附傳》，演成今本的卷下。書首有金大定四年（一一六四）姚孝錫的《重雕清涼山傳序》。收入《大正藏》第五十一册。《續清涼傳》於《宋史·藝文志》未著録。南宋鄭樵《通志》卷六十七、明焦竑《國史經籍志》卷四分别録有《續清涼傳》一卷。入清後書目多録《續清涼傳》二卷，且説明爲張商英、朱弁同撰。如清陸心源《皕宋樓藏書志》卷六五録《續清涼傳》二卷，並注金刊本；瞿鏞《鐵琴銅劍樓藏書目録》卷十八録《續清涼傳》二卷，並注舊抄本；丁氏《八千卷樓書目》卷十四亦録《續清涼傳》二卷，並注各有抄本和金刊本。在金大定四年，三傳亦曾合併刊印，流傳至今。《續清涼傳》分别入《大正藏》、《新纂萬續藏》，兩者版本同源，即清吴縣蔣氏雙唐碑館本。

本次整理以《宛委别藏》明天順刻本爲底本，校以《大正藏》本。同時，參考了陳揚炯等校注本（簡稱陳校本）。

序

白馬東來，衆教流行於中土，玄風始暢。或示禪寂以探宗，或專神化而表法，亦猶水行地中，枝分別派雖異，至於濟世利物之功，其歸未始不同。故唐劉夢得已爲佛法在九州間，隨其方而化，因名山以爲莊嚴國界。凡言神道示現者，必宗清涼焉。按經言，文殊師利宅東北清涼山，與其眷屬住持古佛之法，降大慈悲以接引群生。或現真容以來歸依，或法祥光以竦觀仰。千變萬化，隨感而應，有不可形容擬議者，何其異哉！昔有沙門慧祥與廷一者，皆緇林助化之人，洎丞相張公天覺【一】，皇華朱公少章，皆大臣護法之士，異世相望，同心贊翼。慮聖跡在遠，未彰芳塵，經久或熄，乃廣搜見聞，與目所親覩，編次成秩。慧祥始爲《清涼傳》二卷，延一復爲《廣傳》三卷，張相國、朱奉使又爲續傳記【二】，以附於後。其他超俗談玄之流，與夫高人達士，作爲詩頌贊偈，附名傳末。星聯珠貫，粲然貝錦之文流行於世。凡九州四海之内，雖未躬詣靈巖，目瞻聖跡，但覽卷披文，自然回思易慮，益堅向善之心。其外護之益，未易可述。偶回禄之構災，致龍文之俱燼。不有與者，聖功神化，歲久弗傳。東安趙琉，以酒官視局臺山，慨然有感於心，即白主僧【三】，願捐槖金以助緣。僧正明淨，語其屬曰：「兹事念之日久，屬化宫之災，用力有先後，今因

校勘記

【一】洎丞相張公天覺　「洎」原作「泊」，據《大正藏》本改。

【二】朱奉使又爲續傳記　「使」原作「始」，據《大正藏》本改。

【三】即白主僧　「白」原作「日」，據《大正藏》本改。

其請，盡出粟帛，以成其事。」僦工鏤板，告成有日【四】。趙因造門，屬余爲序以冠其首，明淨與前提點僧善誼，相繼以書爲請。僕嘗謂：「道不在衣，傳衣可以授道；法不在文，披文因以悟法。」僕既嘉趙俠用意之善，而二高僧皆於清涼，有大因緣者，知非販佛以眩衆，故爲之書。

大定四年九月十七日，古豐姚孝錫序　善輝　保定府永寧寺住持宗綖　首座宗綸

同助緣　比丘法浩　祖泉　永政　恭亮　善綸　善杲正壽　正清　正欽　福德　正喜

正泰　比丘尼悟喜　覺園　祖與　祖志　湛訪　智順　悟能　善能

【四】告成有日　「日」原作「曰」，據《大正藏》本改。

校勘記

卷上

商英元祐丁卯二月，夢遊五臺山金剛窟。平生耳目所不接，想慮所不到，覺而異之。時爲開封府推官，以告同舍林邵材中，材中戲曰：「天覺其帥並門乎？」後五月，商英除河東提點刑獄公事。材中曰：「前夢以驗。勉矣行焉。人生事事預定，何可逃也？」八月至部，十一月，即詣金剛窟，驗所見者皆與夢合。會天寒，恐冰雪封途，一宿遂出山。明年戊辰夏，五臺縣有群盜未獲，以職事督捕，盡室齋戒來遊。六月二十七日壬寅，至清涼山。清涼主僧曰：「此去金閣寺三里，往歲崔提舉嘗於此見南臺金橋圓光。」商英默念：「崔何人哉？子何人哉？」既抵金閣，日將夕，山林漠然無寸靄。僧正省奇來謁，即三門見之。坐未定，南臺之側，有白雲綿密，如敷白毳。省奇曰：「此祥雲也，不易得。」集衆僧禮誦，願早見光相。商英易公裳，燃香再拜。一拜未起，已見金橋及金色相輪，輪内深紺青色。商英猶疑：欲落日之射雲成色。既而暝黑，山前霞光，三道直起，則所疑茫然自失矣。癸卯，至真容院，止於清輝閣，北臺在左，東臺在前，直對龍山，下枕金界溪，北浴室之後【一】，則文殊所化宅也。金界之上，則羅睺足跡堂也。知客誓曰：「此處亦有聖燈。」舊有浙僧請之，飛現欄桿之上。商英遂稽首敬禱。酉後，龍山見黄金寶階。戌初，北山有

【一】浴室之後　「浴」原作「俗」，據《大正藏》本改。

大火炬，辯言「聖燈」也。瞻拜之次，又現一燈。良久，東臺、龍山、羅睺殿左右，各現一燈。浴室之後，現大光二，如掣電。金界南溪上現二燈。亥後，商英俯視溪上，持燈者，其形人也。因念曰：「豈寺僧遣人設一大炬，以見欺耶？」是時，暫已寢，即遣使王班、借職秦願，排門詰問。暫答曰：「山有蟲虎，彼處無人行，亦無人居。」商英疑不能決。又覩燈光，忽大忽小，忽赤忽白，忽黄忽碧，忽分忽合，照耀林木，即默省曰：「此三昧火也，俗謂之『燈』耳。」乃跪啟曰：「聖境殊勝，非我見聞。凡夫識界，有所限隔，若非人間燈者，願至我前。」如是十請，溪上之燈，忽如紅日浴海，騰空而上，放大光明，漸至閣前，其光收斂，如大青琢銜圓大珠。商英遍體森颯，若沃冰雪，即啟曰：「疑心已斷。」言已，復歸本處，光滿溪上。秦願等自傍見之，如金色身，曲屈而上。妻拏所見，又異於是，有白領而紫袍者，螺髻而結跏趺者，仗劍者，戴角者。老僧曰：「此金毛飛師子及天龍八部也。」良久，北山雲起，於白雲中，現大寶燈。雲收之後，復現大白圓相，如明月輪。甲辰，至東臺，五色祥雲現，有白圓光從地踴起，如車輪百旋。商英以偈讚曰：「雲貼西山日出東，一輪明相現雲中。修行莫道無撈摸，只恐修行落斷空。」相次，大風，雲霧奔蒸，如欲傾崖裂壑。主臺僧曰：「巡檢下兵，適持肉燒煮，不可禁，願來日屏去。」七月乙巳，謝巡檢兵甲，沈幣於北臺【二】，晚休於中臺【三】，大風不止【四】，四山昏晦，辯等失色。臺側有古佛殿，商英令掃灑，攜家屬祈禮。所與俱者，辯臺主二人，指使蒼頭、虞候二人，茶酒二人，北陟數

【二】沈幣於北臺　「幣」原作「弊」，據下文改。

【三】晚休於中臺　「休」原作「體」，據《大正藏》本改。

【四】大風不止　「止」原作「心」，據《大正藏》本改。

步，中臺之頂已有祥雲，五色紛郁。俄而，西北隅開朗【五】，布碧琉璃世界，現萬菩薩隊仗，寶樓寶殿，寶山寶林，寶幢寶蓋，寶臺寶座，天王羅漢，師子香象，森羅布護，不可名狀。又於真容殿上，見紫芝寶蓋，曲柄悠揚，文殊師利菩薩騎師子，復有七八尊者，升降遊戲，左右俯仰。臺主戲曰：「本臺行者，十九年未嘗見一光一相【六】，願假福力，呼而視之。」既呼行者，則從兵潛有隨至竊窺者矣。日漸暝，北臺山畔，有紅炬起。商英問秦願：「此處有何人燒火？」願以問晳，晳以問臺主，臺主曰：「彼頑崖巨石，且大風鼓山，何火何停？必聖燈也。」瞻禮之次，又現金燈二，隔谷現銀燈一，如爛銀色。適會沿邊安撫郭宗顔遣人馳東來，商英指燈示之曰：「汝見否？」曰：「見。」曰：「爲我謝安撫，方瞻禮聖燈，大風不可秉燭，未及答柬。」於是，再拜敬請：「願現我前。」先西後東，一一如請。末後，西下一燈，於紺碧輪中放大光明而來，東西二燈一時俱至。自北臺至中臺十里，指顧之間，在百步內，遠則光芒，近則收攝，猶如白玉琢大寶碗，內貯火珠，明潤一色。拜起之際，復歸本所。於時，臺上之人，生希有想，殷勤再請，連珠復至。夜漏將人，寒凍徹骨，拜辭下山，東燈即没，二燈漸暗。商英曰：「業已奉辭，瞻仰之心，何時暫釋？」發是語已【七】，於一紺輪中，三燈齊現，如東方心宿，紺輪之外，紅焰滿山。是夕，大風達丙午，昏霾亦然。商英抗聲曰：「昨夜中臺所見，殊勝如此，今日當往西臺，菩薩豈違我哉？」行至香山，則慶雲已罩臺頂。沈幣已，所見如初，心無琉璃世界耳。遂遊玉華寺與壽寧寺，

【五】西北隅開朗　「朗」原作「即」，據《大正藏》本改。

【六】十九年未嘗見一光一相　「一相」原作「相相」，據《大正藏》本改。

【七】發是語已　「語」原作「悟」，據《大正藏》本改。

還真容院。郭宗顔及代州通判吴君稱、五臺知縣張之才、都巡檢使劉進、保甲司勾當公事陣聿、各以職事來集，商英以所見告之。雖人人稱嘆不已，揆其聞而知之，亦若商英，曰：「鄉之傳聞也。」是夕，清輝閣前，再見金燈，如至之初。遣人白郭吴等五人同觀浴室後之松上，忽現群燈如連珠，諸君各拈額再拜。頃之光隱，衆散。羅睺殿側，現大白光如流星，唯浴室後之松林，白氣朦朧，過夜分乃息。丁未，郭、吴案東寨，張之才還。比天色亦大昏霾，商英與陣聿及興善監鎮曹諝，晚登梵仙山，曹諝曰：「昨夕聞金燈見【八】，竊於公宇後見之。」聿問曰：「君所見處所安在？」諝曰：「在空中。」聿叩頭曰【九】：「聖哉！聖哉！聿自高而視之，若在溪上，君自下而視，若在空中。」商英自以累日所求，無不響應，因大言曰：「爲二君請五色祥雲。」即起更衣，再拜默禱。俄而，西南隅天色鮮廓，慶雲絪緼，紫氣盤繞。商英曰：「紫氣之下，必有聖賢，請二君虔肅，當見靈跡。」良久，宫殿樓閣，諸菩薩衆，化現出没。商英又啟言：「願現隊仗，使二人者一見【一〇】。」言訖，欻然布列。二君但嗟嘆而已。既暮欲去，眴視之際，失其所在。二君曰：「聖哉！聖哉！若假雲氣而現者，當隱隱沉滅，豈遽然無蹤也哉？」其夕，復止清輝閣，念言：「翌日且出山，寶燈其爲我復現。」抽扃啟扉，則金界南溪上，已現大炬，浴室後三燈，東西相貫，起於松梢，合爲一燈，光明照耀，苒苒由東麓而南行，泊於林盡溪磧之上，放大白光，非雲非霧。良久，光中現兩寶燈，一燈南飛，與金界溪上四燈會集，而羅睺足跡殿及龍山之側，兩燈一

【八】昨夕聞金燈見　「昨」原作「詐」，據《大正藏》本改。
【九】聿叩頭曰　「叩」原作「扣」，據《大正藏》本改。
【一〇】使二人者一見　「一」原作「十」，據《大正藏》本改。

時同見。商英即發願，言：「我若於過去世是文殊師利眷屬者，願益見希奇之相。」言訖，兩燈揮躍，交舞數四。商英覩是事已，發大誓願：「期盡此形，學無邊佛法。所有邪淫、殺生、妄語【一一】、倒見及諸惡念，永滅不生。一念若差，願在在處處，菩薩鑒護。」於是，南北兩燈，黄光白焰，前昂後弹，騰空至前。爾時中夜，各復本處。是日也，商英先至羅睺足跡殿，見其屋宇摧弊，念欲它日完之。其夜，足跡殿所見燈尤異，即以錢三萬，付僧正奇修建。戊申，至佛光寺，主僧紹仝曰：「此解脱禪師道場也，碑與龕存。」因閲碑中所載「解脱自解脱，文殊自文殊」之語，喟然嘆曰：「真丈夫哉！」以偈贊曰：「聖凡路上絶纖痕，解脱文殊各自論。東土西天無着處，佛光山下一龕存。」日已夕，寺前慶雲見，紫潤成蕊。商英問仝曰：「此寺頗有靈跡否？何因何緣現此瑞氣？」仝曰：「聞皇祐中嘗有聖燈。」商英曰：「審有之必如我請。」問其方，曰：「南嶺。」昏夜敬請，嶺中果見銀燈一，嶺崦見金燈二，但比之真容院所見【一二】，少差耳【一三】。己酉，至秘魔巖。未至之十里，自臺有白氣一道，直貫巖頭，巖前見文殊騎師子。既至巖，則天色晦昧，殊失所望。有代州圓果院僧繼哲，結廬於山之陽，閲《大藏經》，不下山三年矣。即詣其廬，問以「居山之久，頗有見否？」哲曰：「三年前，巖上門開，有褐衣、黄衣、紫衣僧三人，倚門而立，久之復閉。」又崖間有聖燈，挌聞而未之見也，哲乃曰：「天色若此，豈貧道住庵無狀，致公空來空去乎？須雖然，願得一篇，以耀巖穴。」遂拂壁寫一偈云：「閲盡龍宮五百函，三年不下秘麼巖。

【一一】妄語　「妄」原作「安」，據《大正藏》本改。

【一二】但比之真容院所見　「但」原作「旦」，據《大正藏》本改。

【一三】少差耳　「耳」原作「甘」，據《大正藏》本改。

知别有安身處，脱卻如來鶻臭衫。」寫偈已出庵，望見巖口有金色祥雲，光彩奪目，菩薩乘青毛師子，入於雲間。商英曰：「今夕大有勝事，必不空來也。」巖崖百仞，嵯峨壁立，率妻孥東向，望崖再拜敬請。逡巡，兩金燈現於赤崖間，呼主僧用而視之。夜漏初下，從兵未寢，聞舉家歡呼，人人皆仰首見之，諠譁盈庭。凡七現而隱。處請累刻，崖面如漆，用曰：「聖境獨爲公現，豈與吏卒共邪？幸少需之。」人定，用來白曰：「左右睡矣，可再請也。」商英更衣俯伏，處於初請。忽於崖左，見等身白光菩薩，立於光中，如是三現。商英得未曾有，即發大誓願如前，又唱言曰：「我若於往昔真是菩薩中眷屬者，更乞現殊異之相。」言訖，兩大金燈，照耀崖石。商英又唱曰：「若菩薩以像季之法，付囑商英護持者，願愈更示現。」言訖，放兩道光如閃電，一大金燈耀於崖前，流至松杪。於是，十寺主僧及其徒衆確請曰：「謹按《華嚴經》云：『東北方有處，名清涼山。從昔已來，諸菩薩衆於中正住，現有菩薩名文殊師利，與其眷屬諸菩薩衆一萬人俱，常爲説法。』即我山中衆聖遊至，不知過去幾千劫矣。自漢明帝、後魏、北齊、隋、唐，至於五代已前，歷朝興建，有侈無陋。我太宗皇帝既平劉氏，即下有司，蠲放臺山寺院租税。厥後西朝，亦罔不先誌之承。比因邊倅議括曠土，故我聖境山林，爲土丘所有；開畬斬伐，發露龍神之窟宅。我等寺宇，十殘八九；僧衆乞丐，散之四方。則我師文殊之教，不久磨滅。今公於我師有大因緣，見是希有之相。公當爲文，若記以傳，信於天下後世之人，以承菩薩所以付囑之意。」

商英曰：「謹謝大衆。艱哉言乎！人之所以爲人者，目之於色，耳之於聲，鼻之於香，舌之於味，體之於觸，意之於法，不出是六者而已。今乃師之書曰：『色而非色也，聲而非聲也，香而非香也，味而非味也，觸而非觸也，法而非法也。』離絶乎世間所謂見、聞、覺、知，則終身周旋，不出乎人間世者，不以爲妖，則怪矣。且吾止欲自信而已，安能信之天下及後世邪？」已而，郭宗顔、吴君稱以書來，言曰：「假公之力，獲覩盛事。自昔傳聞而未之見，今皆驗矣。宜有紀述，以信後人。」商英三思曰：「以聖語凡，以寂語喧，以妙語麄，以智語愚，以真語妄，以通語塞，以明語暗，以洪語纖，以眇域不相知，分劑不相及，譬之阿修羅王手撼須彌山，而螻蟻不能舉一芥；迦樓羅王七日遍四天下，而蟭螟不能飛尋丈。商英非不願言，懼言之無益也。」或曰：「若嘗知唐之釋法照乎？大歷中入化竹林寺，慮生疑謗，不敢妄傳。」忽見一神僧曰：「汝所見者，臺山境界，何不實記，普示衆生，作大利益？」今君欲避疑謗乎？作利益乎？傳百而信一，則傳千而信十，傳萬而信百矣。百人信之，一人行之，猶足以破邪宗，扶正法，況百人能行之乎？商英曰：「善哉喻乎！吾一語涉妄，百千億劫淪於惡趣。」謹書之以附《清涼傳》後。又述《清涼山賦》並詩，附之卷末云：

夫清涼山者，大唐東北，燕趙西南，山名紫府，地號清涼，乃菩薩修行之地，是龍神久住之鄉。冬觀五頂如銀，夏覩千峰似錦，寔文殊之窟宅，號衆聖之園林。鐘磬響碧章之間，樓臺鎖白雲之内，常人遊禮，解脱忘軀；禪客登臨，群魔頓息。此乃不離聖境，有十二區之大寺，乃號百處之名藍。時逢春夏，亂花攢就極樂天宫；每遇秋冬，松影排成兜率内院。八池霧罩，九洞雲遮，瑞草靈苗，惆悵吉祥，妙理難窮。文殊現老相之中，羅睺化嬰孩之内。閑僧貧道，多藏五百龍王；病患殘疾，每隱十千菩薩。歌樓茶店，恒轉四諦法輪；酒肆屠沽，普現色身三昧。飛蠅蠓蟻，皆談解脱之門；走獸熊羆，盡演無生之法。今觀諸方遊禮，遐邇友朋若到清涼境内，莫生容易之心，此乃識則不見，見則不識，龍蛇混雜，凡聖同居者矣。

東臺

迢迢雲水涉峰巒，漸覺天低宇宙寬。東北分明觀大海，西南咫尺望長安。圓光化現珠千顆，聳日初升火一團。風雨每從巖下起，那羅洞裏有龍蟠。

南臺

迢迢策杖上南臺，北望清涼眼豁開。一片煙霞籠紫府，萬年松徑鎖蒼苔。人遊靈境涉溪去，我訪真容踏頂來。前後三三知者少，衲僧到此甚徘徊。

西臺

寶臺高峻足穹蒼，師子遺蹤八水傍。五色雲中遊上界，九重天外看西方。三時雨灑龍宫冷，一夜風飄月桂香。土石尚能消罪障，何勞菩薩放神光。

北臺

北臺高峻碧崔嵬，多少遊人到便迴。怕見目前生地獄，愁聞耳畔發風雷。七星每夜霑峰頂，六出長年積澗隈【一四】。若遇黑龍靈㯂者，人間心念自然灰。

中臺

中臺岌岌寂堪觀，四面林峰擁翠巒。萬壑松聲心地響，數條山色骨毛寒。重重燕水東南闊，漠漠黄沙西北寬。總信文殊歸向者，大家高步白雲端。

總詩

五頂嵯峨接太虚，就中遍稱我師居。毒龍池畔雲生㯂，猛虎巖前客路疎。冰雪滿山銀點綴，香花遍地錦鋪舒，展開座具長三尺，方占山河五百餘。

右題古並淨明塔律詩一首

月滿汾川寶鐸寒，誰來此地葬金棺。育王得道行空際，尊者飛光出指端。天上凝雲常覆定，人間劫火漫燒殘。三千世界無留跡，聊向閻浮示涅槃。

比丘尼淨善　善圓　德玉　善聰　善喜　真泰　張炒榮

【一四】六出長年積澗隈　「隈」原作「盃」，據《大正藏》本改。

卷下

《傳》既成，遣人以錦囊盛一本，賫疏一通，以八月二十八日至真容院文殊前表明。疏文曰：「近者，親詣臺山，獲瞻聖像，慈悲赴感，殊勝現前：慶雲紛郁於虛空，寶焰熒煌於巖谷。同僧衹之隊仗，不可説之聖賢。大風昏霾，愈彰瑞相； 赤壁峭絶，更示真身。商英直以見聞，述成記傳，庶流通於沙界，或誘掖於信心。使知我清涼寶山，眷屬萬人之常在； 金色世界，天龍八部之同居。叩梵宇以贊明，冀導師之證察。」僧正省奇，集僧衆八十餘人，讀疏訖，菩薩殿内，忽現金燈四十餘遍。商英思有以歸奉者，即自塑泥像。以十一月出按民兵，八日，賫像於菩薩前發願。其文曰：「一切處金色世界，真智所以無方； 東北方清涼寶山，幻緣所以有在。無方，則一塵不立； 有在，則三界同瞻。我是以投體歸依，雨淚悲仰。伏念商英昔在普光殿内，或於大覺城東，一念差殊，四生流浪，出没於三千刹土，纏綿於十二根塵。以往善因，值今勝事。荷刹那之方便，開無始之光明； 揣俗垢之已深，恐慢憧之猶在。託之土偶，明此願輪。三界空而我性亦空，孰真孰妄； 十方幻而我形亦幻，何異何同？ 伏願菩薩，攝入悲宫，接歸智殿，起信足於妙峰山頂，資辯河於阿耨池中。誓終分段之身，更顯希奇之作。」讀文訖，殿内現金燈三。其日大雪，雪止之後，五色祥雲遍空。其夕，清輝閣前，羅睺殿左右，現銀燈十四【一】。黃嵬嶺上，現大白光三。翌日，五色雲自辰及申，盤繞不散，至夜雪作。商英祝曰：「昨日銀燈光焰微細，與六七月所見不侔。豈商英黑業所招，抑聖賢變化，亦有春夏秋冬之異？常聞諸佛、諸大菩薩身光，蔽映魔宮，猶如聚墨【二】。隨時小大【三】，則一大藏教乃是虛言。」於是，閣前雪中，現向所見大金光三。商英即踴躍拜辭曰：「大雪現燈，非所求也。」命開菩薩殿取，續書所見於後。既開殿，愛慕不能自已，又祝曰：「待罪本路，儻未罷去，明年五六月乃可再來，願更一瞻光相，滿願而去。」良久，於閣前再見大金光四。明年夏六月，以並亢旱，詣山祈求雨澤，因安奉羅睺菩薩聖像。乙巳平旦，至中天閣東南，林麓忽變金色，有青赤光直起，鮮明奪目，移時乃隱。日昳，登清涼山，有五色異氣，爲菩薩騎獅子之像。丙午，至真容院，具威儀迎所安羅睺像，比及寺門，而報者曰：「殿中燈且現矣。」既謁菩薩，瞻仰之次，頂上寶蓋忽爾明朗。主殿僧曰：「此殿幡蓋無數，掩蔽稠密，而頂蓋最高，隱莫能辨。今爛若此，未之有也。」是夕，東臺洎羅睺殿左右，現十餘大金燈，往來上下，或移時，或移刻，或良久。丁未，詣菩薩前白言：「《華嚴經》中，世尊八處放光表法，此光若是法性，本有無相之光，視之不見，則商英不疑。若是諸佛果德圓滿之光，使人可見，則願爲示現。」於是，頂上寶蓋，忽然通明，孔隙流光，迸射四出。已而，襟領間，如意間，各放寶光，爗爗閃動。又，於殿前，金蓮花葉，燈焰交輝，開合無數。是時，遠近僧俗，千數雲

【一】現銀燈十四　「銀」原作「金」，據《大正藏》本改。

【二】猶如聚墨　「墨」原作「星」，據《大正藏》本改。

【三】隨時小大　「隨」前原衍一「若」字，據《大正藏》本刪。

集，呼而視之，歡呼震動，繼以悲淚，各各嘆言：「無始以來，罪戾深重，請從今日，改往修來。」戊申，詣中臺，日將暝，四山青黯，忽有異氣，横跨北臺山，如爛銀刻劃，長十丈，衆呼曰：「銀橋現。」商英曰：「非也。此殆白銀階道，聖賢所遊躡者也。」俄而，現寶燈一，分而爲二。時有遊僧十數人，已歸臺屋止宿，呼而視之，衆僧叩頭念佛。商英曰：「此處當有三燈，各各諦觀。」良久，三燈齊現。商英取《續傳》示之曰：「吾去年所書，如東方心宿，豈妄語邪？」己酉，太原僉判錢景山，及經畧司管勾機宜文字邵堉，來會於東臺，而商英已還真容院，即遣人招二君還。二君曰：「適已於東臺見圓光，攝身光矣，但未見聖燈也。」是夕，遂與二君祈燈而觀焉。庚戌，宿佛光寺，祥雲異氣，繽紛無數。辛亥，往秘魔巖，未至巖之三里，直光現，既至巖，而盧舍那佛面門放光，照耀滿殿。初夜，於層崖間現大金燈五。壬子，出巖，於空中現金橋一。此橋不依山谷，不依雲氣，不假日光，亘空黄潤，如真金色。嗚呼！當處出生，當處入滅，非大幻善巧方便，其孰能與於此哉！是行也，既以旱祈雨，在山三禱三應，但須臾即霽。癸丑，還至代州，大雨彌日，將槁之苗，變爲豐歲。商英即以其事奏聞，其畧曰：「臣近以本路亢旱，躬詣五臺山文殊像前及五龍池，祈求雨澤。晝夜所接，靈光寶焰，殊形異相，赫奕顯耀，莫可名狀。是時，四方僧俗千餘人，同共瞻覩，歡呼之聲，震動山谷。已而，時雨大降，彌覆數州。臣之始往，草木萎悴，農夫愁嘆。及其歸也，木麻蕎菽，青緑生動，村落謳歌，指倏大稔。此蓋朝廷有道，衆聖垂佑。有司推行詔條，布之於名山異境，其應如響。勘會五臺山十寺，舊管四十二莊，太宗皇帝平晉之後，悉蠲租賦，以示崇奉。比因邊臣謾昧朝廷『其地爲山荒』，遂摽奪其良田三百餘頃，招置弓箭手一百餘户。因此，逐寺詞訟不息，僧徒分散，寺宇隳摧。臣累見狀，乞給還，終未蒙省察。臣竊以六合之外，蓋有不可致語之事。彼化人者，豈規以土田得失爲成與？虧但昔人施之爲福田，後人取之養鄉兵，於理疑若未安。欲乞下本路勘會，如臣所見所陳，別無不實，即乞檢會累奏，早賜施行。」雖然如是，彼大士以十方三界爲一毗盧遮那座體，而商英區區以數百頃田浼之，其誌趣狹劣，不亦悲乎！

附傳

《續傳》既行，信而遊者，發於誠心，靡不感應。四年二月，本路都總管司走馬承受公事劉友端，於羅睺殿前雪中，祈見金燈一，分而爲三，躍而上者一。五月末，轉運司勾當公事傅君俞，於中臺祈見圓光五，攝身光一，清輝閣前雨中飛金燈一。經略司準備差遣潘璟，於清輝閣前松林中，祈見白光三道直起，萬菩薩隊仗羅列，金色師子遊戲奮迅，金殿一，圓光三，圓光中現佛頭，如地踴狀，一菩薩騎師子一，白衣觀音一，金橋三，銀燈一，而往來者八。金燈三，而明滅者十五。璟自以三世奉羅漢，一生以醫術濟人，而未覩羅漢、藥王相狀，默有所禱。行至金閣，空中現大金船一，上有羅漢數百，行者、立者、禮拜者。

又行至藏頭，見白雲西來，藥王菩薩立於雲端，方冠大袖，皂絛皂屨。凡璟之所見，獨多且異，不可具紀。六月末，僧温約自京來，施金襴袈裟，及賫内中香來。監鎮曹謂，晨至菩薩殿啟香之際，殿前長明燈上忽吐大金光，如車輪飛照殿中。經略司勾當公事李毅，侍其母親及陽曲縣尉江沄之母王氏遊，祈見圓光、攝身光、直光、金燈。毅以書來言曰：「今日乃知《續傳》非虚也。」資政殿學士知河南府李清臣聞之曰：「文殊與釋迦文異名一，體雖已爲古佛，其實壽蔽天地。示跡垂化，尚爾老婆心。」龍圖閣學士，本路經略安撫使曾布曰：「布昔移帥廣東，遊廬山天池，登文殊臺，大風振林木，昏霾咫尺不辨道路，燈燭火炬俱滅，而下視莽蒼中，金燈四出，或遠或近，或大或小，或隱或現。會夜分疲寢所見，蓋有未盡者。然大風所不能摧，昏霾所不能掩，非大光明，有無量神力，不可思議，其孰能若是乎？故言之難信【四】，不敢紀以示人。及觀天覺《續清涼傳》，則布之聞見，未足怪也。」或謂商英曰：「外道波旬，大力鬼神【五】，山精木魅，皆能爲光爲怪，子何信之篤邪？」答曰：「爾所謂光怪，或道果垂成【六】，見而試之【七】，或正法將勝，出而障之。今吾與諸人目視，決未有以致光怪者，夫何疑哉？精進，精進，損之又損，運木杓於粥鍋，乃吾曹之常分【八】。」

【四】故言之難信　「故」原作「顧」，據《大正藏》本改。

【五】大力鬼神　「鬼神」原作「神鬼」，據《大正藏》本改。

【六】或道果垂成　「成」原作「或」，據《大正藏》本改。

【七】見而試之　「而」原脱，據《大正藏》本補。

【八】精進精進損之又損運木杓於粥鍋乃吾曹之常分　以上文字原缺，據《大正藏》本補。

又述二頌（有序）

商英及汾州西河宰李傑，同謁無業禪師塔，惜其摧腐，相與修完。既而，塔放光，又夢無業從容接引，覺而閱其語，見無業問馬祖：「西來心印？」祖云：「大德正鬧在，且去。」無業去，祖喚云：「大德。」無業回首。祖云：「是什麼？」商英因此豁然省悟臺山所見，及作二頌曰：「四入臺山禮吉祥，五雲深處看熒煌。而今不打這鼓笛，爲報禪師莫放光。」「是什麼？是什麼？羅睺殿前燈似火。不因馬祖喚回，咱被善財覷破。毗嵐風急九天高，白鷺眼盲魚走過【一】。」

供備庫使、同管句河東沿邊安撫司公事侍其瓘【二】，元祐庚午，守祁陽時，提刑張公行部過郡，以所續《五臺清涼傳記》出示於瓘，乃張公前領憲河東日，紀五臺山文殊菩薩化現之事。殊勝奇異，寔耳所未聞，目所未覩。瓘閱之再三，恨未得其便以瞻禮聖境。然渠渠倦倦之心，未忘於寤寐也。一夢高塔前數紫衣僧拜禮，傳呼菩薩出現，瓘亦從而瞻望久之。既覺，則以謂精神思慮所致，默且記識。是歲五月，忽誤恩，就移副綏之任。偶僚友相告曰：「夏暑，長途可畏。」白雲自澗底湧出直上，省奇曰：「此祥雲也。」映山如銀屏，壁立不動。須臾，現圓光四。最後，現攝身光一環，如車輪，五色煥爛，無可擬比者，不

校勘記

【一】本段自「商英及汾州西河宰李傑」至「白鷺眼盲魚走過」文字原缺，據《大正藏》本補。

【二】供備庫使同管句河東沿邊安撫司公事侍其瓘　原缺，據《大正藏》本補。

假雲氣，不假日光，現於盤石之上。相去目前，無數尺之地，自見己身背影，於光相之內，移刻方散。僧衆咸相謂曰：「現圓光於雲中，屢獲瞻禮。若盤石之上，咫尺之間【三】，從來未之見也。」共覩者百餘衆，莫不叩頭作禮，起敬信心贊嘆。其至誠感應如此。少頃，雲散霧合，繼之微雨，遂與衆下臺，逼以之官。異日出山，瓘以自信之篤，不復語。諸人以瓘今日所覩光相，信乎昔日張公所見聖像殊勝，靈光寶焰。豈妄語哉？瓘遂作書，以告其事於張公。公答書云：「先自得公書欲遊臺山，出於至誠，必知有所見。始知古人無量劫修行，因果不昧，豈可與聾俗道也。《續傳》後可序述所見，並詩於後，不以誇人，要與天下人生信心，此受佛記別之意也。」瓘故書之於後覽之者【四】：「以予言是耶？非耶？噫！待信者而後信之，予言固無妄矣！」

補系云：諸佛出世，乃垂相化感十方，菩薩與悲施神變，普攝萬類，悲心太切，捨顯弘深。凡聖同居，龍蛇混住。其瑞應以無窮，故筆舌而何能？盡矧復寶山。開皇迄前唐，宋已後，殆於今時，先賢後聖，士夫高流，莫不遊覽，覩斯聖境，慨愜與心，所以集傳記篇，賦詩贊頌，極不可勝數。今提督本山番護一代寺院，勑賜廣緣，寺僧綱司僧綱，道海閑暇，彼閱傳記，前後中間，内失四板，有缺頭尾，仍及全篇，謹命華嚴寺住山祥公瑞雲等，博覽時古傳記内檢討原失文節，捃拾補注，輒於續傳内，特命雲居僧圓敗筆受，幸清涼松拂雲寺住山大方助資，命工刊梓流行，庶不失泥神功瑞應之云耳。

【三】咫尺之間　「咫」原作「只」，據《大正藏》本改。

【四】瓘故書之於後覽之者　「於」原脱，據《大正藏》本改。「覽之」原作「之覽」，據《大正藏》本改。

奉議郎、守尚書刑部員外郎、措置會計河東路財用錢蓋，一心歸命，敬白大慈大悲大聖文殊師利菩薩摩訶薩：「伏念蓋幸生人世，忻遇好時，得男子身，六根完具。偶緣世賞，獲齒仕途，愧無補於事助，徒自盈於過惡。而況經無量劫，造罪等恒河沙。自非夙荷於覺慈，豈免永沉於異趣。用是，久虔一念，願至五峯，澡雪其心，懺揚其咎。今者，幸緣將命，恭叩靈場。瞻萬德之容儀，覩千種之光相。豈惟見所未嘗見，實亦聞所未嘗聞。退生冥頑【五】，真爲榮遇，既伸慶懺，謹稽首拜手而説偈言：稽首文殊師，昔爲七佛祖。嘗發大悲願，廣度諸有情。念彼東北方，是爲清涼境。龍神五百俱，眷屬萬菩薩，設化於此土，示現無量光。聞者嘆希有，何況目所見。我於曩劫中，曾種種供養，今復得親近，瞻覩異於常。念無始劫來，有塵沙數罪，一獲光明相，釋然盡消滅。又念諸衆生，與我同體性，乘此勝妙力，離苦愁解脱。我今永歸依，敬禮發弘誓，願盡未來際，常居佛會中，一聞微妙音，即證無上道。十方虚空界，一切諸有情，盡願同我心，速悟無生忍。」建中靖國元年六月八日拜讚

《遊臺録》附之於右云：

建中靖國元年，吴興錢蓋，將命河東。六月，自雁門趨定襄，三日，經臺山真容院，時樂安任良弼、太原王直方偕行。是夕，禱於瑞應軒，有銀燈現北臺之西。次日，供養真容及諸聖像已，午後現菩薩大真相於白雲之端，乘從悉備，又覩金色世界，輝耀遠邇。是夕，

【五】退生冥頑　「生」原作「頑」，據《大正藏》本改。

復現金燈，大如盤盂，在軒前松林之杪。五日，先登東臺，申後，現五色祥雲，如寶陀羅山狀，徐現白直光三，其高亘天；紅碧直光二，横徹數里；圓光二，其一如方出之日。又現金燈十餘，其一如蠟炬，有光甚明。六日，遊北臺，至中臺，烈日無雲。未後，懇禱，先現五色祥雲無數，其間有七寶樹及寶座、芝草之狀。前有人設拜者，冠帶皆具，已而，白雲起於真容院之上及諸山間，遂東方現圓光及金橋三道，平而欄柱皆足，橋之上現菩薩隊仗。又，於雲中間現華嚴境界，金碧寶階，彩錯焕爛，並現踞地白金師子，耳目形儀如生。因祈光相附近，以表信心，遂於巖下現圓光，或大或小無數，徐合而爲一，凡三重五色八暈，中有菩薩乘師子像。又現圓直金光，抵暮方罷。七日早，拜請攝身光相，即現於中臺之西，凡六、七。别現通身光二及五色圓光五、七十數。繼而彩雲起於谷口直上，遍覆西臺，久且不散。復於雲中現金橋，及巖下現數大圓光，遇近衆人，上有焰光四出者。凡種種奇特，既異於常，又累日晴霽無雨。合道場衆，歡喜踴躍，嘆未之聞見也。然此姑紀其大概，餘纖悉未易敷述。先是，朔日離雁門，方及中塗，已有五色直光現於臺山之北，乃兆兹日靈跡。既還真容院，陳供飯僧，信禮敬謝而去。

題五臺真容院

濮陽李師聖述

梵書五頂清涼府，冬冰夏雪無炎暑。我來七月愁盡寒，何況蕭蕭秋作雨。信無殘暑亦無寒，迥然天界精神聚。真容古基鷲峰寺，高山之麓雄今古。西方樓觀縹緲間，燦然金碧蓮華宇。懸崖峻嶺架大木，神物所持憑險阻。金瑞垂空殿簷響，森森鐵鳳相交舞。憶昔文殊出大宅，金剛寶窟通西土。牽牛老人飲玉泉，二子一犬爲貧女【六】。變化無方饒益情，如是西天七佛祖。重聞清涼之境界，無窮陳跡書妙語。我有誠心頗出群，瑞應神奇目親覩。須臾光相現咫尺，玉洞金燈明可數。松杉摇空山谷中【七】，夜寂太陰隱龍虎。丹樓碧閣香案前【八】，敬畏生心誰敢侮。從來昏迷如夢迴，前三後三慎莫取。我今不作前後想，香煙稽首清涼主。崇寧三年七月二十九日焚香拜贊

臺山瑞應記

江東朱弁撰

諸佛、菩薩與大阿羅漢，悲憫一切有情，常出光景，以導迷起信，攝服同異。凡山地勝所，示現境界，有趾斯至，有目斯覩，以是因緣，故握符禦極宅中圖本者，往往布慈雲以覆之，揭慧日以烜之，霈法雨以濡之，而不忘囑累之重。如天臺、五臺，比州郡別置僧官，使董正其徒。而莊嚴宮殿，蓋螺髻寶輪，威神所宅，不可不肅也。雁門史君折侯彦文，下車未逾時，以赤子弄兵澗谷，衣綉持斧，跡捕至臺下。與邑之令佐，奉香火，作禮於狻猊座前【九】。五香之煙，遍滿空際，崒兮直上。倏然改容，引人四顧；目不得瞬。無小無大，各有所見：爲五色雲者七，爲白雲者六，爲黑雲者一，爲金橋者三，爲圓光者五。五色

【六】二子一犬爲貧女　「犬」原作「大」，據《大正藏》本改。

【七】松杉摇空山谷中　「杉」原作「衫」，據《大正藏》本改。

【八】丹樓碧閣香案前　「案」原作「按」，據《大正藏》本改。

【九】作禮於狻猊座前　「狻」原作「後」，據《大正藏》本改。

云：有戴白雲爲冠而其中有洞者，有如圓光者，有如日暈五色六七重者，有如孤石蒼黑圓而聳出者，有如仙花之敷紛者，有如仙花而現菩薩像於其上者。白雲中，亦有菩薩端嚴相者，有奮迅如文殊所乘者，有天橋如龍之上飛者，有横光青、紅、黄、緑而相間者，有如玉石爲佛冠者。黑雲中，有獨現獅子者。金橋：有如鯨鯢負天者，有如螮蝀而中斷者，有重疊如魚鱗相次者。圓光：有玉連環者，有現金網而光耀奪人目者。史君圖其事而謂予曰：「此吾與衆人所可見者也。若其他變態，百工所不能狀者【一〇】，吾亦不能言也。子其爲我記之。」予曰：「曼殊室利住此山中，誘接群迷，示此方便，史君得其開示，豈無所因哉？昔世尊在舍衛國，舉身放光，其光金色，繞祇陁園，周遍七匝。照須達舍，猶如段雲，亦作金色。須達者，佛之大檀越也，光明所燭，先至其舍，蓋以導迷起信，攝服同異也。山之上首僧明崇嘗謂：『我侯家世奉佛，自高曾來，尤於兹山開大施門。』則曼殊室利今所示現，亦猶世尊之於須達也，可不記乎？予聞無盡居士在元祐中嘗遊此山矣，作《清涼傳》，神化變異與身所親覩者，靡不具載，而味禪悦者，或有爲病。予謂：無盡平生運佛菩薩慈以濟世拯物，清涼之述，所以化導未悟，亦爲衆人設耳，以是身心無適不可。故於時爲元首，則黎民所宗仰；於法爲外護，則釋子所依賴。史君能不墜世芬，以無盡之心爲心，用報曼殊室利所以開示之意，乃予素所期也，亦予之樂書也。始予欲爲史君記其事而未果也，而油幕諸公，宛轉道史君之懇，既不可辭，又嘗見其上首曰明崇者言：『當是

【一〇】百工所不能狀者　「狀」原作「伏」，據《大正藏》本改。

時，我與僧正精惠大德，麟府總制折可直暨寺衆，實從史君所共覩也。兹事不誣。』於是乎書。」皇統辛酉六月辛巳日。

◉吴开撰

漫堂隨筆

趙龍整理

點校説明

《漫堂隨筆》一卷，吴幵撰。吴幵，字正仲，全椒（今屬安徽）人。據吴氏所撰《宋桂州永福縣丞趙君墓志銘》之「趙晦叔長予十歲」、「晦叔以疾不起，時政和五年正月二十五日也」、「享年五十八」等語推算，幵生於英宗治平四年（一〇六七），卒年不詳。元豐中，與兄竝、弟兹同舉進士，紹聖四年（一〇九七），與兹中博學宏詞科，爲士林所頌。政和三年（一一一三），爲宗正少卿，坐言者論罷。紹興二年（一一三二），再貶南雄州；十四年，遇赦，寓居虔州以終。喜蓄墨，收古今名品甚具，諸李所製皆有之。嘗著《漫堂集》、《童訓統類》等。

是書不見於晁公武《郡齋讀書志》及陳振孫《直齋書録解題》等書目，惟尤袤《遂初堂書目》「小説類」著録，然不著撰人。清范邦甸等撰《天一閣書目》載：「《漫堂隨筆》一卷。藍絲闌鈔本。明唐寅撰。卷末有跋云：『吴趨唐省元伯虎遺書中有《漫堂隨筆》一卷，所載多元祐間事，雜以幽冥報應、蓴桃神奇。余疑其怪誕，况值歲畢雪甚，手凍皴不能運筆，祇摘其涉於倫理者書之。丙辰臘月下旬皇山人姚咨識。』」又《藏園羣書經眼録》云：「《漫堂隨筆》一卷。清勞氏丹鉛精舍傳抄明末山陰祁氏澹生堂本。清勞格手校，並録明姚咨識語。」檢國家圖書館藏清勞格丹鉛精舍鈔本《漫堂隨筆》之内容，知唐寅實鈔自吴幵《漫堂隨筆》。如「當是時，仁宗後宫有二人就館」：

趙叔問《肯綮録》「就館」條云：「今吴正仲《漫堂隨筆》載，王介甫嘗對上曰：『是時後宫方有二人就館也。』」又「予元祐間見臨涣令李洪，言：『王安石既罷相，以韓絳代己，吕惠卿參知政事，持其法度。時謂絳爲『傳法沙門』，惠卿爲『護法善神』……」」李燾《續資治通鑑長編》卷二五二：「安石薦絳代己，仍以惠卿佐之。於安石所爲，遵守不變也。時號絳爲『傳法沙門』，惠卿爲『護法善神』。『傳法沙門』、『護法善神』，據吴幵《漫堂隨筆》。」李氏同書卷二六〇：「始，安石薦韓絳及吕惠卿代己，惠卿既得勢。」注云：「安石復相，實録不詳，今參取魏泰、邵伯温、吴幵所記修入，更俟考求……吴幵云：予元祐間見臨涣令李洪，言：王安石既罷相，以韓絳代己，吕惠卿參知政事，持其法度。時謂絳爲『傳法沙門』，惠卿爲『護法善神』。」上述二條可證明唐寅《漫堂隨筆》實乃吴氏之作。

然姚咨從唐省元遺書中所鈔出者，已署去唐寅原鈔之「幽冥報應、葶桃神奇事」，只存「涉於倫理者」，非吴幵《漫堂隨筆》之原貌。觀勞氏所鈔，亦非唐寅鈔本原貌，更非吴著舊樣，屬輾轉殘鈔本。無獨有偶，南京圖書館亦藏有鈔本《漫堂隨筆》一卷，不著撰人。核書内文字，丹鉛精舍本所鈔文字俱見於此本。又《説郛》卷六四收《漫堂隨筆》三條文字亦見於此本，則此本當亦是吴幵《漫堂隨筆》，且與丹鉛精舍本同出一源。又書内四十七條文字爲丹鉛精舍本所闕，則錢塘丁氏正修堂藏本當更加接近於唐寅鈔本。

綜上，二種清鈔本《漫堂隨筆》實爲宋人吴幵之文。明人唐寅鈔成后，再經姚咨節鈔并跋，復經澹生堂傳鈔，至清，又有勞氏丹鉛精舍從澹生堂本鈔出。璜川吴氏，或因唐寅本蘇州先賢，因地理之便，得以獲觀唐氏所鈔之全本。晚清時，流轉由錢塘丁氏收藏。因吴幵所著，未有刻本傳世，幸賴唐寅録文，又經明清藏書家傳鈔流播，今人得以窺探吴文舊貌。錢塘丁氏正修堂藏本較之勞氏丹鉛精舍鈔本，應更加接近原本，亦可補丹鉛精舍鈔本佚文之憾，版本及史料價值彌足珍貴。

此次整理，以丁氏正修堂本《漫堂隨筆》爲底本，校以勞氏丹鉛精舍本（簡稱丹鉛精舍本）及涵芬樓本《説郛》（簡稱説郛本）。其他訛誤文字，并校以他書。

孫虞丁云：英宗初即位，荒迷得疾，慈聖曹后臨朝，詾詾多間言。韓魏公當國，鎮敉之，中外寧謐。英宗疾已間，王忠簡公疇任中丞，上疏乞詣寺觀燒香，都人大喜。明日，魏公草皇后歸政手書，置袖中【一】，朝至内東門小殿，簾外奏云：「奉皇后手書，以皇帝聖體康復歸政，臣等不勝瞻戀。」再拜而退，顧謂有司徹簾。時富鄭公任樞密使，以不預知，甚恨之。

予季兄云：富鄭公退居洛中，殊不出，每一出，人皆爭觀之。潞公時守洛，屢告老不聽。一日午間，謁鄭公，鄭公久之見於中堂，氣頗昏若欲眠者。潞公曰：「精神須自作之【二】。」鄭公曰：「如公，豈不以精神爲累！」

馬援云：「聞人之過，如聞父母之名，耳可聞而口不可道。」人之諱其親之名，安能禁人之不言哉？近世有自諱其名者，如范鏜謂「湯」爲「煎水」，熊臯謂「高郵」爲「上郵」。

王莘言：范文正公任慶帥，有副都總管初到官者，本出於行伍，每與客飲，必於酒杯中滴酒三滴在桌子。一日府燕，副總管者在右席，初就坐，有幙客者密語公，願公戒之，以變其故態。酒方行，公亟三滴，幙客甚訝之，徐以問公，公曰：「仲淹滴這三滴【三】，叫這

校勘記

【一】置袖中　「置袖」原作「袖置」，據丹鉛精舍本及文意乙正。

【二】自作之　「自」原作「是」，據丹鉛精舍本改。

【三】三滴　「三滴」下原衍「三滴」二字，據丹鉛精舍本删。

漢一生改不得。」

予季兄云：范純粹德孺留守西京，爲政令行禁止。油店坡以街心分西京、河陽界，街左屬河陽，皆賣牛肉，賭博，無一人敢持街右者。

予過蔡，以仲兄病，留陳寨鎮月餘。有張醫嘗爲府使，事富鄭公，公晝臥書閣，使其子視有雨否，其子報云：「有濛雨。」公嘆曰：「士人卻道是語。」

李祥希孝言【四】：韓魏知相州，公一日會客，飲將罷，公見隨行指使主酒器者，以公庫勸客金盞納懷中，少頃，白公失金盞，乞徧索。公曰：「且休。」來日，公視事，指使押昨執事者，乞送所司究治。且言：「若不懲治，某不敢復主器皿。」公卻之，徐命宅帑，取金製盞償之。公由相歸冠宰席。指使以年勞乞調官三班院，公不許，後數請，終不許。及公罷相，指使請於公，子儀公從容爲言：「某人久執勞，後者皆得調官。」公遂許之。既調官來謝，公屏人呼與語，獨儀公在屏後，公曰：「汝蒞官，當廉慎。」指使言：「事相公幾二十年，未嘗敢爲非。」公曰：「汝在相州，懷金盞是甚做處？」指使泣涕，拜謝而去。

張大亨嘉父云：蘇子瞻將赴杭州通判，别曾魯公公亮，公留飲，從容云：「子瞻過南京，見張安道，再三致問。」久之且言：「公亮在政府，仁宗一日語公亮，云：『卿之大用，張方平薦也。』」子瞻見安道，爲魯公故問安道云：「曾魯公大用，乃公所薦。」安道驚云：「君何爲有此言？」子瞻因道仁宗語，安道曰：「方平未嘗以此語人。」

【四】李祥希孝言　「李」丹鉛精舍本作「季」。

近世有僧惠洪作《冷齋夜話》，多誕妄，後生或傳誦之。其間如載俞紫芝秀老，一日盜解荆公驢，欲騎入蔣山，公方偃息，見之陽寢不言。久之，秀老歸，公叱欲杖之，或爲勸解，罰作詩「故相不應床前繫驢，秀老高士非可叱杖」者。荆公嘗云：「暮年要得君攜手，處處相煩作好歌。」不應待秀老如此。

又云：蔣山道傍，小兒聚戲，設酒器皆黄白。村民豈皆得以黄金爲器者？

又云：圓通秀禪師住長蘆時，全椒長老過寺升坐，圓通設禮問話。圓通道價甚高，不應有此。住長蘆，乃元豐六年，時全椒無禪寺。

予仲兄言：洪人潘興嗣延之，乃慎修之孫、汝士之子。生數歲失恃怙，其所生母力教之學，家故饒於財。纔踰冠，調官得建昌軍司法參軍。還家，謁轉運使，典客者既受謁，教之云：「候。」揖衆賓進，先立戒石南，衆賓將就坐，急趨升廳，賓欲退，復趨下。延之少頃，語典客：「某忽心痛，俟他日復來。」既去，取謁碎之。是日，遂閉門不出，館賢士，講學著文。就見者雖郡守部使者，皆折簡謝之。熙寧中，王荆公舉逸民，延之獨不起。奉其母甚孝，每日具肴羞，奏管弦，以奉親歡。年踰四十，於家圃中爲庵居，與方外士遊，晨起導引吐納，日高方侍親側從容，未晡，復有客至，即留飲。其母年九十餘，延之壽亦踰八十。晚得心要於黄龍，比終不怛化，朝廷賜號處士。

予仲兄武仲言：吴德仁，沂州人，少官於蜀。術士費生謂德仁：「年四十可休官，當享遐福。」因指所畫卦影，一隱士服醉過橋，兩姬掖之而行者，曰：「君能休官，當如此矣。」德仁治平末，任殿中丞，年三十九守嶺南一州，明年歲旦，則上章乞致仕。郡僚勸止之不可，陰止其章，以待開說。未幾，神宗即位【五】。郡僚曰：「公以恩當遷國子博士，稍宿留，得外郎。」德仁曰：「吾以賀登位恩得任子，初非敢望，豈可更易復遷？」爲其子選銜校，治裝行，且有日【六】，忽得其表兄潘延之書：「僕里居一子昂，無仕進資，弟壯歲官且及任子，願輟入賀恩以及昂。」德仁欣然，以所辦裝走洪，使從昂行。郡僚復力諫曰：「公子既輟行，豈可不少留以須任子而後歸？」德仁曰：「吾歸決矣。初不以任子計也。」遂歸。日具，客至則飲之。既醉，使兒送客，以兩姬掖歸。生事付一士人主之二十餘年。一日，士人辭乞罷，德仁驚問其故，士人曰：「或謂某有言於左右，謂某治生有欺隱者。」德仁命置食中堂，指堂前閣一架，使人下其書，指以示士人曰：「此每年帳目也，封題如故，吾未嘗視，何從謂君欺？」士人慙謝而退。兄子不肖，既出分，敗其産，語人曰：「叔父所分，皆善田。」德仁呼兄子使自擇以與之，以故暮年用稍乏，然飲客未嘗一日乏也。元祐中，嘗起德仁爲尚書郎，詔劄至，郡守持來，德仁受之，置書几間，留守醉罷，守見詔劄猶在几間，明日以狀力辭不赴，朝廷閔勞，就起知沂州。人皆謂公必受命，德仁辭之益堅。紹聖中，凡不附元祐者貴顯，德仁不以自言，亦無人爲言，後以壽終。

予聞死生有定數，苟未應死雖困而無恙。蹇序辰授之云：紹聖末，與蔡京元長諸從

【五】神宗即位　「神」原作「仁」，據丹鉛精舍本改。

【六】且有日　「日」原作「曰」，據丹鉛精舍本改。

官赴聞喜燕，時金明池龍舟初成，泊地之北岸。從官往觀之，葉祖洽欲登時乘殿，元長以爲不可，先亟出脚，道板脱，墜水中，水深甚。吴居厚尹京，呼人救之，皆云：「水深不可入。」頃之，見元長躍出，初見襆巾，迤邐身出，二朱衣扶掖者亦隨元長而出。水手拋繩，皆引之而登岸，於巡鋪更衣，猶赴舟坐而歸。人皆以爲蔡福力之盛使然。范鍔隱之年七十，罷江東漕，守南康軍，過太平州泊孤山，堂下見客，罷巾裹登舟，於船門墜水中，久之亦踴出如元長。人又以范壽録之厚能如此。

予仲弟明仲任淮東憲，被旨捕盜亳州。初，夜行船泝汴中，月黑，忽聞家人云：「梢公有壻爲篙手，病傷寒發狂，自外舷入水中。」汴流湍駛，又夜行，不可救。比明仲自亳回，篙手來參云：「初墜汴，如人提擲在東岸沙上，匍匐入神祠中，遂汗得活。」

予外舅劉公夫人，王疇景彝女也。一日宴起，夢人以鉤貫腮來祈哀者，覺起，使視廚中，有鮮鯉秤鉤貫其腮。亟使放之汴中。

王涣之彦舟云：元祐中，賃宅堆垜場，去東華門數十步。一日將朝謁，未明，坐而假寐，夢上馬趨朝，入東華門謻門下馬，由南廊至慶寧宫門，遇親事官抱一琵琶自西來，一絃斷。忽外報門開，遽上馬入門，至慶寧宫門，遇親事官斷絃琵琶，皆如夢中所見。

劉望元因言：韓縝玉汝嗜飲食，喜殺生，每作紅絲羹，必調汁釜中，以生鵝割頸血入之。喜食鴿須白者，或雜色必能辨之，人不能欺。及臥病，見羣鴿飛集床第，令人驅之，以至不起。

予仲兄武仲守泗，一日有朝士過，謁云：「舟行過虹，有饋生鵝者置之船上。」蓋忽夢進士具襴襆來謁，再三乞命，朝士曰：「公命豈我所制？」曰：「公幸生我，至泗，送齊長老足矣。」朝士許諾送之，乃登舡。蓋既覺，悟其爲鵝，至泗，乃詘齊住普照，因送鵝普照南園。

蹇序辰言：章惇謂序辰曰：「哲宗紹聖初語惇云：『元祐初，朕每夜只在宣仁寢殿前閣中寢處，宮嬪在左右者凡二十人，皆年長者。一日，覺十人非尋常所用者，移時，一十人至，十人還，復易一十人去。其去而還者，皆色慘沮，若嘗涕泣者。朕甚駭，不敢問，乃知因劉安世等章疏，宣仁詰之。』」

劉安世云：某父任秘書丞，赴官於蜀，其母乘驢，父乘馬，皆無御者，顧脚力荷擔，一僕隨之。行棧道，驢棧適朽，其母墜焉，其父號慟，僕走視所墜處，遽呼曰：「縣君無恙，有木自崖橫出，所墜適在枝上，且去棧道不數十尺。」其僕遽解籠索，結爲兩條下之，使某母自縛，一引而上。時母妊安世已十月，少頃，覺欲就蓐，於道旁鋪屋中遂生安世。熙寧中，京師有僧化成善言，命安世謁之，化成曰：「君之生甚異，其母死中與子皆得活。」安世父名航。

安世又言：余中擢進士第一，年未三十，除大理評事、國子監直講，充修經義檢討官。

時王荆公修經義，屬多信用，人皆以謂且貴。一日，謁化成問命，成曰：「君取巍科，然格局止是大朝官。」時以太常、國子博士爲大朝官，今承議郎。中曰：「如此，某即死矣。」成笑曰：「君亦得中壽以上。」未幾，中因太傅獄坐贓廢。元祐初，許理得官，紹聖中，以員外郎卒。

馮躬厚言其舅蔡京，嘗聞命於化成，成云：「君命當作大使臣。」時謂内殿崇班爲大使臣，今修武郎。已而果然。

蔡確、舒亶熙寧末、元豐初，以繫搏大臣起大獄，取進用。因相州簽判陳安民失入死罪，遂起獄，傾宰相吴充、御史中丞鄧潤甫，謂之「相州獄」；因太學生虞蕃，訟太學直講受賂起獄，傾參知政事元絳、翰林學士許將，謂之「太學獄」。

鮑慎由言：政和庚寅，召爲尚書司勛員外郎，權吏部侍郎，右選郎官。一日，同侍郎姚祐登對，語從容，祐方自殿中監移吏部，致辭曲謝，上顧慎由：「卿曾見姚祐説殿中省土地神事否？」慎由對：「未也。」上顧祐：「可爲慎由言之。」祐與慎由皆出笏，慎由稍北面。祐云：「祐在省當宿，就寢，忽夢有古衣冠者至榻前，稱新授殿中省土地神劉辟疆參。時祐方營土地神堂，尚未塑像。祐問：『公何處人？』對曰：『漢宗室也。今日在太山見除目，本省已有少監，是余次皋。』言訖趨出，入所造土地堂中。明，次皋除少監，是余次詔封神靈佑侯【七】。」少頃，知祐等退【八】。

【七】是余次詔封神靈佑侯　「是余次」疑涉上竄行而誤。

【八】知祐等退　「知」疑衍。

陳立言：張之翰，陽武人。爲立言：知縣袁植（非作言官者），自登第即見三人在目前，初稍遠，遂稍近，因忽忽成疾，十年益近。其母謂植：「何不問？」爲謂恐冤對可禳謝。植即問之，云：「吾三人前世犯盜罪不至死，他人或不能知我冤，汝知之而不爲別白，故來索汝償債。」植再三懇爲營功悳，不許。其母謂植：「聞《金剛》感應，可試誦之。」植即持誦，似稍退，因晝夜不輟，漸遠，遂不見。夜夢三人來謝，以經力故得受生，後不復來矣。

又言：馬永逸玗之子平日修西方佛事。有丐者至門，必與錢，令誦阿彌陀聖號百聲。及死三日，家人見棺上有白光從棺中出，光中有菩薩天衣冠及永逸冉冉而上。

又云：張之翰每日五更起，誦《華嚴經》一卷。一日早，誦未半卷燈忽滅，之翰歎息，忽若明，讀字了了可識，遂終卷。之翰默禱，取再讀，則復暗不能識矣。

元祐中，京師有丐者嫛跚於市，手足咼戾，頭屈向肩左，如縛殺雞之狀。問之，云：「所殺雞不計數矣。」

艾晟孚先言：舒人朝士陳闔之父嗜食鱉。一婢善庖，每殺鱉，去首瀝血盡即不腥。一日，婢殺鱉，斷首復出，又斷之，復一首出。驚白之，去鱉不食。

予家久戒殺。宣和癸卯春，寓真州。一日，兒曹使庖人作鱠，予自外歸，見魚已去鱗刳腹，排寘砧上，驚問之，魚皆非活者。予視之，有二魚開合口如活者，即棄之。

滕康子濟在禮部，同舍不食魚，因無子戒之，遂得子。蓋魚産子置岸草水藻上，魚潛水中，注想之，其子即生。若殺一魚，即斷千萬魚命。後見何志同彦時言亦然，并予弟之子祖恭戒食魚，亦得子。

許彦處中入京，與二三士人偕行，過餘杭，買牛作脯，未至，坐津亭中。忽梁間有人語：「我以業爲牛，期三日且滿，即别受生。以公作脯且殺我，則又當受牛身，幸貸我。」彦驚使止勿殺。少頃，又語梁間云：「苦！苦！已殺我矣，能爲辦水陸齋，庶可救。」彦許之，但云：「今未可辦。」復語曰：「某寺某僧五千可也。」彦即亟營具，次夕，夢人來謝。

淨因法成長老言：住汝州香山，一日，下莊院，未至，望一鹿一豬在路旁。轎夫指曰：「已來迎長老矣。」比轎至，即豬、鹿前引入莊院。問之：「鹿已二十年，豬已三十年。皆人所捨。每長老將下莊院，即來迎之，至今猶存。」乃知物命爲人所殘，不得終其年者多矣。

予權左史侍殿，聞内侍陳宥言：嘗領聞喜宴，諸司晚至苑中具數盃設，同事有羊乳房羹已行廚，有一羔投宥袂哀鳴，宥意失其母，問宰夫，宰夫指一牝羊，宥曰：「勿殺牝與羔，予償其直。」命宰夫牽去，羔復來，哀鳴益甚。呼宰夫詰之，乃首實云：「羔之母乃乳房羹者。」云：「乳房必生割之。」宥自是不復食乳房。

李回少愚言：任鄧州録參，鄧人少食羊，唯一大屠當羊行，一日遁去，即厚賞購捕獲之。回問遁之因。曰：「自新提點刑獄官到任，某供應不得。」回叱之曰：「某官豈貪者！」曰：「提點刑獄官定食次五味。第一味頭羹，用乳房白石子粉腸，乳房須已牸羔者，白石子即羖者，粉腸即懷羔者。第二味小八節，賤者一分一羊，每分率四五羊不能供。提刑既如此，師與提舉常平皆效之。是以不可不遁。」予作郡，初到必呼屠者，明喻不食異味，每定食必躬親檢校。

南華智丙長老云：舒州方田官王邈乃古之孫，令其子出見言：「有一黄教授者妻，夢人告勿食魚牛肉、雞鴨卵，遂有子。王亦戒之，得此子。同時郡僚傚之，皆得子。」又曰：舒州太平寺有一彙征書記者，興化人，本官族。時有一陳生者，莆田婁人，客於舒，贅於朱氏。一日，朱翁招往齋。既飲食，因至陳之室。陳初娶，帷褥頗華潔。征歸歎謂同行曰：「陳婁者，今乃爾耶？」比至寺，屢歎久之。征病，一夕，朱女夢征來坐其床上，女喻其夫引出，遂有娠生女。征卒歸舉兒，朱翁戲之曰：「征書記何不着便，乃作人女邪？」兒若羞縮狀，未幾，兒亦化去。

朱希亮深明云：開寶寺有老僧不下閣誦《華嚴經》。一宗室每挈家供養之。忽夜夢僧入子舍，驚悟，少頃，子婦産子，呼爲七使，至十六七，即淫縱，喜遊開寶寺前倡家，邏卒每隨護之。一夕大雪，邏卒見其復入倡家，即宿户外，且曉，婢出汲水，卒問曰：「七使起未？」婢曰：「七使未嘗來也，但主母産，得女耳。」老僧再轉爲倡，亦可畏也。

昊老云：黄敦信任淮西提點刑獄，蘄州申富人劉生大辟案，檢法官以情有疑當讞，敦信曰：「富人是必鬻獄者。」吏爭之不聽，乃自判云：「依法。」未幾，敦信移淮東鹽香，一日，坐廳事，忽自語曰：「汝是蘄州劉某耶？我即去矣。」人皆驚，少頃，僕坐側，遂卒。

趙湯稽聖江東鹽香罷還，僦居京師浴室院北。一日，騎出觀燈，行數十步，忽駐馬回顧云：「汝潯州某人邪？」馭者驚無所見，湯謂御者：「且歸。」下馬即病，數日卒。湯嘗任潯州司理參軍。

昊老云：舒州有三聖大王廟，人祈賽多以錢令律院僧誦《法華經》。有一僧姓王，居廟前，減價攬之。一日，廟祝李生者死，見神責以經多虚數未嘗誦。李曰：「非某也。乃王僧之罪。」數日王死。

昊老云：寶峰寺有老書記久住中，中有佃户王叟夫婦，常爲浣濯縫紉。一夕，王夢老來求寄宿，叟曰：「貧不可宿。去寺甚近，某送書記歸寺。」老不肯，少之即覺，其婦産一男子。

陳立子權云：崇寧初，爲汝州龍興尉，嘗至香山，長老懷晝云：「有一豬爲屠所縛，走至晝坐下。晝以千錢贖之，因養山中。每鐘魚鳴，一豬一鹿坐廚門外，候齋罷，飼餘食方去。」

余紹興辛亥居康州天寧，十二月十四日，同寺居莊肅家將殺雞，李彛德常過，見止之。

明日，肅家復欲殺雞，雞走踰墻，至彜坐床下伏移時，肅時亦在旁，因遂不殺。

李彜言：紹興壬子八月，過肇慶府，節推王恪來謁云：「恪近夢爲人所追，至官府庭下，見其兄囚首立，就與語不答。頃之，殿簾中有人呼王恪：『汝知孫紹先殺鵝事如何？』恪對：『不識紹先，不知之。』簾中云：『果不知。』令放還。恪即白蒙放還，不知何以教語世人。簾中云：『但教世人不得殺生，念南無西方極樂世界阿彌陀佛。』」恪既見彜，後八日死。

政和末，在全椒寶林寺，聞人（忘其姓名）説郭祥正爲舒州太湖縣尉時，下鄉至一禪院，長老迎門語祥正云：「本院有一僧坐化，得公來證明免檢（時僧死皆檢）。」引祥正於坐化僧處焚香。次日祥正辰起，長老云：「昨夜坐化僧復活矣。」祥正亟同長老就問之，僧云：「某初就獄出，坐床上，有一黄衣人云：『勾追。』不覺下床，隨黄衣人行數步，回視其身坐床上如人。行數十里，至一官府殿下，王甚怒，曰：『汝爲僧，受人錢誦《法華經》，乃不爲誦，何也？』某曰：『不記有之。』王曰：『冥司非若陽間可抵諱。』顧吏令速引來。忽見西廊下有一門開，一囚荷鐵校出，叫罵云：『廨院主汝受吾錢，乃不誦經。』某即白王：『已記得。某爲五祖山廨院主時，有湖南客人將錢二千令某誦《法華經》二部。某爲每日自誦《法華經》一部，無暇，適有旦、過二僧至，以錢分與之，令誦經。』王顧吏，令追來。不移頃二僧已至。某詰問二僧：『何爲欠經？』二僧默然不答，即覺口中火出，吹在空中，其形變異。某即白王欲代爲誦之。有鬼以鐵槌擬某口。王以手指出金光而視之云：『身尚在裡。』急命二鬼送某還出門，路與來時異。行百餘步，忽又聞有叫廨院主聲。某傍視道左鐵籠罩一僧，乃五祖戒和尚。某遂向前問訊云：『和尚是大善知識，何故在此？』戒以手指下坑中云：『爲這衆生帶累。』某視坑中，一僧荷鐵校，乃五祖山直歲也。戒云：『有施主施木爲造僧堂梁，此衆生乃移用造庫堂。汝歸可於山中庫下行者某人處，鈔録元一宗文字焚之，吾可離此矣。』又行如十里，有人推墜地中，復甦。」

淨因自覺長老云：爲儒時在陝學，有同舍生，其父任承議郎，先卒，有一子年一十二歲。家近縣，生性喜諧謔，多指人短，立名字。一日病死，呼家人環守之，心下微温，遂未殮，三日而甦，語人曰：「吾暫歸爾，生初見二鬼追之，行荆棘中，足痛甚，泣告求代步者。二鬼曰：『汝能諢語（世所謂小話子）爲我一言之，當負汝以行。』生使二鬼坐廳，皆絶倒。既至官府，二官人偶坐，其西鄉者，乃生父也。引生稍前，謂曰：『汝本有壽，且有官。坐汝喜嘲弄人，口業皆折盡，汝子亦且死。吾坐汝遂不血食，因慘寒。』其東鄉者曰：『尚有三日期，何不使且還人間。』父因戒生亟嫁汝婦。」復三日，生復卒，其子後一年亦死。

覺又言：陝人張生陷致其里人李配他州，破其家。李行三二程，茹恨死，且死曰：「吾必報張。」張夢李來馬廄中，及旦，人報夜得一駒。稍長極駿，但須張自飼秣，他人莫能近。張愛之，每出必乘之。一日，寓宿近村僧舍，半夜，張起飼馬，馬人立抱張擲庭中踶齕，張腸胃皆潰。其馬奔出，不知所如。

翁挺言：錢景述之子堪云其從兄死復蘇云：「至冥司見其兄，問：『汝何因來？吾爲初江王門客，爲爾入問之。』出曰：『果誤也。』引入門，至其館，曰：『地獄可畏，如世所傳。吾無他善，但因大叔母欲讀《夾頌金剛經》，予求本寫與之，遂免罪苦，但未受生耳。大叔母所誦佛名囷積，他日獲福報亡量矣。』又指一閣極華麗，曰：『族叔某人寫《華嚴經》所致也。』弟答以某人蓋未下筆寫。曰：『纔發心，閣已成矣。』俄頃見呵引一貴人入門稱相公，就廳下馬，視之乃吴居厚。王與之抗禮就坐，吏舉案牘滿前。王曰：『相公功過多，吏可舉一二大者問之。』吏舉某事相公所建議耶？或他人參之耶？居厚曰：『某所爲也。』復舉之，答如前。即見陰晦黑風，吹居厚起，少時不見，曰已墜無間地獄矣。」

翁挺言：建州浦城相者謝銓，大觀己丑年，死七日復甦。爲挺父彦納言：「初有人追至冥司，其主者，乃黄僎彦輔，見銓曰：『當追南劍州沙縣謝銓，汝乃誤也。』僎舊與銓熟，引之坐，問閭里事甚悉。銓曰：『世言地獄如何？』僎曰：『皆如世所傳，儘往觀之。』即使人引至遣還案，令吏引觀之。與吏行，觀獄名甚多。二獄極壯麗，鐵門銅柱，金字牓其一曰機獄。吏曰：『是皆貴人之獄。居朝廷，以機穽陷害忠良，入機獄；以不忠不孝加誣忠孝之人，入冤獄。』有頃，傳呼罪人來，機獄門開，兵仗衛一檻車入，乃張康國也。銓謂吏：『某罪業如何？』吏曰：『汝有口業。』銓曰：『某以術資衣食。』吏笑曰：『冥間，但營水陸齋。』銓曰：『某歸當作三齋。一日并爲地獄受苦衆生，以一日自懺罪，一日資遣還吏。』」

長蘆清老長了言，雲蓋端老云：「舒州太平寺僧往建州抄化，盜隱長住錢，入京買紫衣，病死，同行僧焚之東下行汴堤。日晚，欲投宿前店，未至，見路左有寺，即遊之，於旦過寮解包，乃見死僧過寮門，即相揖問訊曰：『公少憩，頃之再來。』及來乃曰：『此非好處，公來早起粥，慎勿食。』匆匆復去，僧即就枕，驚疑不能解。至靜赴堂，見行粥乃糞也。因不授鉢，衆僧食粥，旁有鬼以槌擊其首，號呼之久。鳴鼓升堂，長老升坐，口出火焰，聽衆復有鬼擊之。僧大駭歸寮，打包出。死僧復至，謂僧曰：『我坐侵用錢，於此受苦，然我有錢會子在景德寺某院某人房，公爲我取之營功德，以相薦拔。』僧即諾之。出門回視，寺無見。因復還京師，如死僧所言，修佛事以薦之。」

吕淙子照言：知婺州，有鹽案吏楊某者，斗諜郡倅使不咸，淙恨之。一日，因視事，曰：「楊某受賄，何無告之者？」明日，有匿名狀，指楊因食受某人飲食。淙焚狀，别牒捕楊，付獄治之。獄具矣，楊之母垂老，邀淙之出泣訴。淙歸，夜念楊於法配徒，其母老且不復見，遲疑數日未決。一夕，夢爲人所追，氈車行一二里，至一門題曰婺州，次中門外，使淙下車，淙自以本郡守，意不平，引入循西廊。主者請登廳，客禮見之。主者曰：「婺守多有陰讉，公臨政幸未見過失，近日何乃爲楊某事？」淙因具道：「楊實有罪，應法。」主者曰：「然奈何公先有言邪如此，爲挾此以害人。」淙聞之駭汗，曰：「謹不敢。」主者旁吏皆衣紫緋緑，頃之，命一紫衣引淙自東廊趨東偏，見一獄題曰婺州獄，其中囚幾百人。紫衣曰：「皆婺州守也。」引淙出曰：「可歸矣。」出門就車。恍然而覺，遂貸楊獄。

淙又言：吴居厚，其妻父也。録問張懷素獄後一年，次子擇病將死，若爲人所苦。擇號呼曰：「我父止是録問。」俄頃卒。

王莘樂道言：李昉孫昭（忘下一字）任江寧府通判，時民租納稻，李以民費脚，乘官倉貯少，建議納米。既替歸，官比部郎中，年六十七，忽病死，三日而甦。云：「初爲人所追，冥司王曰誤追，令歸。既而曰：『頗欲見壽禄否？』李曰：『乞一見之。』二童持籍來，使李觀之。字不可識，揭至十數葉，曰：『李某官至諸行侍郎，壽八十。』李喜欲退，童子曰：『更觀之。有善即增，有惡即減。』又數葉云：『李某任江寧府通判，建議輸米，使民杵臼之勞，壽減一紀，官至止中行郎中。』」李歸即料理後事，至次年卒。

翁挺言：衢州龍游縣録耀院長老曇洗，承嗣佛慈大師辨良，良乃趙清獻所參也。宣和四年春，一日方晨粥，洗忽奄然坐逝，衆僧守之，但心下微暖，至齋前復甦。云：「初見良老昔日侍者入堂，傳語云：佛慈和善清遊天台，不覺隨出，至三門外，見良作禮。良指旁一僧云：『高峰長老，亦法眷也。』洗又作禮。同行如五里許，至天台度口石橋至方廣寺，見僧皆紫方袍，升殿禮佛，赴知客殿主茶，遂出，有侍者追之云：『方丈大師請茶。』良辭之，復至靈耀三門别去，言來年可同遊獄。」挺是歲夏過寺，聞其説。明年夏，復過之，問洗已遊獄乎？洗曰：「今年正月二十五夜，忽見前侍者至方丈，傳良語來曰：『齋前請同遊獄。』洗遂於粥前，沐浴更衣赴粥，已召知事告之曰：『某恐或去不返。』條處院事甚詳。少頃，復奄然，至夜乃甦。初見侍者并二老皆如前時，至冥司，見地獄如世所傳。每一獄門良一呵，鎖即開，獄卒皆作禮甚謹。良每誨之，以方便救衆生。獄卒曰：『某等特其形異，其心固與和尚同，於衆生每皆方便，不然刹刹那那，其苦無休歇時。』末至一大獄，門上書字甚多。良曰：『此無間地獄也。所書皆罪人名。』遂回。」挺曰：「洗欲狀其事，求挺爲作詩。」

馬玿全玉云：任京東西路提點刑獄，初至治所，徐州司户者求見曰：「録參晏某，以母病甚不來。」頃之，申聲鐘晏母已卒。明日晚，玿坐廳事，典客通刺字，玿驚問之，曰：「母已還魂矣。」見之，責以「雖復甦，何用遽來」？母暴得疾，既甦，遂無恙。以玿與其父僚舊，母云之來云：「初見人以轎迎之，至一官府如尚書省諸部，其主者乃晏父也。曰誤追，引入直舍。母乃晏父側室，坐之旁，問家事甚悉。母問：『丞相在何許？』答曰：『此總治者，丞相也。』命之回，戒以勿殺生，勿殘飯，須減而旋食之。」

玿又言：元厚之家設飯，必置減楪。有人入冥，見列屋貯飯甚香。云：「元氏所減飯也。」玿奉佛精進，君子人也。

陳求道言：著作佐郎焦浚明，陽翟人。早中第，坎壈官不達，每怨天，憑道士奏章自訴。一夕，忽得一幅紙，有字兩行，每行八字若篆籀，不可識。聞道州何仙姑，裹糧往問之。何見，盥手焚香，謂焦曰：「天篆也，不須問，且亟歸家。」焦苦叩之，何曰：「受金五兩，折算十年，枉殺二人，死後處分。」焦至家即死。

張大亨嘉父言：晁端友死後，故人病死，入冥見端友據案治事，謂曰：「子算未盡，誤勾引。」因坐問其家事。故人求觀地獄，端友指檻外羣羊曰：「此囚也。白羊乃贓吏，食臭泥；青羊乃昏吏，食不潔。」端友所居廳事，榜曰「君子堂」。

王寔言：寀素以中表與劉炳善，既爭進，遂絶不往還。神降寀家，謂：「宜因炳以達。」寀具言其故，神曰：「爾第往以予言告之。」寀至，炳出見。寀因道神語曰：「子某年月，於蔡京後堂言某人某事，有之否？」炳大駭。又曰：「某年月，於進對言某人某事，有之否？」炳驚起，汗被體，即至寀家，遂成其禍。改名昺，所言皆陰譖人者云。

親戚陳仲立妻令字，宗室女，聲音、操持如丈夫，干預外事，仲立畏之。馬氏目之曰「母漢子」。

有人以紫絹剪魚，乃求子魚，亦婦人小有才者。江淮間舟舡多賣白酒，不敢青簾，但以一小束茅置杖頭，亦小人小有才者。

洛中盛言：小毛滑稽，又論累科場一次一改經。是歲，治《春秋》，而朱深明主文，無經不通，時號「五經博士」。揭榜曰「收拾毛置於末綴」。謝啟曰：「五經博士，大家謹節，衹迎三傳秀才，卻得下名收管。」

趙仝老於場屋，作梓虁憲，好滑稽，云少年時輕薄五經學究。學究頗不平，曰：「爾輩但言作賦，還可作屁賦否？」同應聲曰：「粵有泄氣，其名曰啐，出進士之胯下，入五經之鼻孔。」

文周翰既迎大老來，孔津攜閆芳輩四人至，郡有傳神李生因寫四人獻太師。稱善，送與侍郎，支錢五貫。後數日，加意傳太師喜神獻，大喜，送與侍郎，侍郎亦支錢五貫。文海妓尨衣妍，宗室令韜景端，以百二十千傳神。

田登升之居拱，暇日參會，因云：「雖多亦奚以爲，對得個甚侍其。」夢臣云：「始慮不及此。」衆人哄堂，云：「甚的侍其？」因顧田曰：「始弟勸雖兄盡枋中。」田大怒，先起。周樞相言：蔡州一士人多言士大夫是非，少公道。久之，因仰視天曰：「則爾青着個模胡面多年也，只昏沉也。」

周樞相言：坡勸誘後進，名不可及。如杜子師詩且不至如此之妙，有知坡特勸誘耳。一日，小酌南山，湯惠忽歌以指子師曰：「因甚共爾一般腸肚？」後指坡曰：「誚無些似我處。」坡捧腹大笑云：「湯惠爾近日長進。」

李會富文言：翁彥國再娶陳氏多病，腰以下常如冰冷。彥國官建州，陳氏一日至親戚家，遇狂僧王姓者，曰：「夫人前生爲宰相妻，妬殺孕婢井中，今腰冷乃報也。」陳氏後死京師，以柩歸金陵，過宋，舟夜沉水，來日鈎出，其柩浸汴中者經宿。

沈錫子昭言：郭權乃其妻之舅親。權爲尚書郎，崇寧初，卒復蘇，言冥中事甚可畏。有一獄題爲機正，見一貴人被械，白鬚大目似劉沈，蓋權不欲斥言，乃王安石介甫也。蔡卞妻乃安石女，令人問權：「曾見相公否？」權云：「否也。但作些好功德。」安石乃錫舅。

朱希亮云：薛嗣昌臨死，其號呼如受罪狀，指臥榻前金榻（作帶）令收去，曰：「我正坐帶。」嗣昌在定州首開邊隙者。

王渙之彦舟守滁，語予云：某兄沔之娶朱明之之女，沔之卒，其㛐居渙之家。明之季女寡居，每往來，女兄旁渙之家，呼謂之二十四姨。一夕，渙之夢居一大官府如尚書省，自西位趨正廳如左右丞，見宰相至廳，挾廊對揖，其相乃蔡京元長也。升廳未坐，有三人紫衣金魚列揖。渙之疑問之，京云是公屬官。其老瘠甚，一髯而偉大，其三白晳肥而短。既揖次，三者前語曰：「某幸與朱氏近連姻。」渙之問：「是二十四姨耶？」答曰：「然。」渙之既覺，以語其內。及旦，明之之子來，渙之曰：「令姊有親未？」對曰：「近與潤州士曹議且成。」士曹且瘠，渙之笑夢不驗。月餘，明之之子又來，云：「某與妹子往泗近議定吴少監親，士曹者不成矣。」少監，予仲兄武仲也。武仲形狀蓋與彦舟所夢次三者同，然未議親。一月前已見於夢，王、蔡皆謝世，武仲亦終於宫祠，他不可曉。

李悦公素云：靖康丙午正月初，金賊將渡河，李邦彦、耿南仲、蔡楙與悦，皆侍殿上。時淵聖輟行幸，欲城守，太常少卿新除兵部侍郎李綱頗贊其策。是日，召綱與宰執同議，請以重臣任其事。上憂任，問邦彦：「誰可者？」邦彦對：「用綱。」綱曰：「臣輕，豈能任此？」南仲曰：「今有禮部尚書闕，可以命綱。」綱遽叱南仲，云：「禮部尚書亦是兩制。」邦彦亟奏，除綱尚書右丞，綱拜謝，且奏：「臣未正謝，未賜服。」上顧内侍，取祗候庫兩品服毬文魚帶賜之。蔡楙謂予言亦如此。

鮑慎由欽止言：江休復鄰幾嘉祐中，作《雜誌》云：「晏公爲知制誥，一日，召至小殿，上出除目，公奏：『除目皆大除拜，恐漏泄，乞鎖宿舍人院。』上頷之。及明日宣制，皆非昨夜所見。」此書行於世三十餘年，無能曉者。元祐初，錢思公家婢竊賣故書，有惟演《日記》。章聖晚年感疾，錢惟演與丁謂、劉美交還詭秘，謀逐寇準，《日記》多載其事。其中一條云：「某日，予當直，聞召晏舍人對小殿，（下注云：此必誤也。）少頃，召予小殿，上出目云云，予論谷專恣，準先封上谷公【九】。并迪。上令罷之，又令與準些恩數。予乞進太子太保，上又云：『更與些恩數。』予乞封國公，出袖中具員册子。上於小國中指『萊』字，予遂奏聞：『如此，即中書全闕官莫去察院那過一字否？』上頷之。又奏『丁謂任樞密使，見帶玉清昭應宫使，自

【九】封上谷公　「封」原作「對」，據丹鉛精舍本改。

來中書、玉清使是昭文相命帶。』上又頷之。」

王荆公安石自參大政，每日進對，與上及諸臣辯論，皆書之日記，緘縢之甚密。元祐初，病疾，弟安禮、子雱侍。雱，安石素所受信。一日，命取日記焚之。雱紿之，代以他書，竊收之，以示蔡卞。紹聖初，卞召用，以語曾布，布奏取其書，以付史館，用爲實録。陳瓘所謂尊私史以壓宗廟者也。安石鋭欲立法度，行其所言。爭時急，則以語强折人，不應道理者甚衆。如人主以道御天下，雖竭四海九州之奉不爲過；如克儉於家，儉惟語之家行；如人決河殺人，則必怨河，自決殺人，則不怨人主；爲政當如何所爲，樂天者可以保天下。如論熙河，文彦博爭言：「有道者不以兵强天下。」安石言：「惟有道者能以兵强天下，《書》所謂『張皇六師』者是也。」

神宗嘗問安石：「人言卿不欲立先帝，是否？」安石言：「君薨而世子生，世子不失爲君。」當是時，仁宗後宫有二人就館。它日【一〇】，若不危先帝，則危仁宗之子。如此者甚衆，安石所以欲焚之也。卞等不能及此，若引其書以自助，使安石得罪於後世。

予元祐時，見臨涣令李洪言：「王安石既罷相，以韓絳代己【一一】，吕惠卿參知政事，持其法度。時謂絳爲『傳法沙門』，惠卿爲『護法善神』。惠卿既得志，起李逢獄，捕李士寧，欲以危安石，絳惶恐，懇上復召安石。一日宣制，惠卿以爲己得相麻，制箱過班，惠卿跂而望之，閤門吏呼爲王安石，惠卿愕然。」予得其語十餘年，任太學博士入文德聽麻，乃

【一〇】就館它日　「館它」原作「舒若」，據丹鉛精舍本、趙叔問《肯綮録》改。

【一一】以韓絳代己　「代」原作「待」，據丹鉛精舍本及李燾《續資治通鑑長編》卷二六〇改。

知洪所言有大謬者【一二】。凡宣制，前一日晚御史臺報百官，次早入至殿門，麻至，即自中出，其上題姓名，以箱案置閤門道上，凡在廷者無不知矣，豈有執政必待過班呼名而知之？大抵傳聞多不可信。

予少讀《前漢·司馬遷傳》，見顔師古以「於戲」字爲「烏虖」，又云：「俗讀曲爲吉凶之别。」及見前輩讀報狀，多皆以戲爲許宜切，意謂承誤。至聞得宣制，皆以戲爲許宜切，凡廷號如赦令，皆以史官臨視句讀，然後知其非誤也。朝廷所用祭文、誄文、哀策之中，皆以「嗚呼」，至於廷號多慶賞，理宜有别。

凡宣麻制，望參官開内門，入至朝堂幕次；日參官朝退，至東上閤門北近南幕次；日參官惟翰林學士不赴。辰正，上退朝，門下僕射兼侍郎或侍郎一員至閤門北近南幕次，臺吏引百官入文德殿下，班横北街南之東。若宣赦令，御札、批答，即武臣將校皆入，班横街南至西，正任以上與侍從官相對。次引侍從官入，班横街北之東，中書、門下省官又近北分立，東西兩相向。麻制案先設於文德殿螭坳之南。次引門下侍郎再拜，閤門使跪授制書，侍郎以制笏上捧，復位。省吏啟封，授侍郎，侍郎以授閤門使，捧詣横堦南，過横街，一吏呼曰云所命者姓名或赦書、德音事目；或所命數制，只呼一名，至横街半面殿【一三】，閤門使以制授宣贊舍人宣讀；若妃嬪、皇子、皇女或赦書、德音，先呼『有制』，在列者皆再拜，制畢，復舞蹈再拜；如侍郎，自當拜或罷，即引於讀制處，先自再拜，聽制

【一二】大謬者　「大」原闕，據丹鉛精舍本及李燾《續資治通鑑長編》卷二六〇補。

【一三】至横街半面殿　「殿」原闕，據丹鉛精舍本補。

畢，則舞蹈，復再拜。

凡拜表，日參、望朔參、宰臣、執政官，皆入其大班幕次，如宣制，先設表案於東上閤門階下，稍南面東，禮部郎官褥位立案西；宰相褥位在郎官褥位東，面北對設，郎官拜褥稍南，即宰執班位，次日參官，次望參官，次朔參官。其西武臣，次南將校，皆面北再拜，訖，閤門使引宰相入褥位，禮部吏舉表案，郎官隨宰相前，郎官與宰相相對立，跪於案上取表授宰相訖，對拜，宰相以授閤門使，入閤門詣進，在列者皆山呼舞蹈。

予仲弟明仲言，得之孫端子實云：「孫覺莘老與王介甫善，熙寧以言事得罪。元豐中，莘老免喪，往蔣山謁介甫。介甫道舊故甚歡，對設榻臺上，夜艾枕上笑語。一日曰：『吾欲拏舟遊浙河，公能同我乎？趙閱道在越，因可訪之。』莘老曰：『公果往，某敢不陪行！』是夕，介甫睡覺，但聞歎惜聲，及旦，謂莘老曰：『吾老矣，動不如靜，安能遊浙？又思之趙抃老畜生亦何用見！』莘老大駭，少日遂告別。」閱道熙寧人，亦特異。

黄符信叔云：介甫自金陵召再相，至京畿，親客迓之。介甫於桌子書福建子，字重疊。蓋介甫之出，吕惠卿頗叛之，迓客言之故云。

吴充沖卿子安持，乃介甫壻。沖卿既執政，頗與介甫持異，介甫之再罷相，沖卿實繼之，頗欲損益熙寧新造法度。及沖卿之薨，介甫作挽詞云：「秀鍾舊國山川氣。」沖卿，亦閩人。

沈錫子昭言：元豐中，以舅王安禮和甫任爲假承務郎，嘗致書葉濤，題云建安沈錫。

濤得書在半山，王介甫見之云：「沈氏，吳人，安得云建安？」他日，子昭過半山，介甫問之，子昭曰：「錫居真，真昔爲建安軍。」介甫笑，占詩曰：「官名雖是假，鄉里本來真。幸非福建子，莫作建安人。」因嘆曰：「吾平生爲福建人所苦，二壻又皆閩人。」

游酢定夫言：張載，熙寧八年歸里中，有詩云：「病肺由來一十春，病深鐏俎已埃塵。只因舊病新年減，不道新年別病新。」

京城東有慧寂院，乃謝某，忘其名，人謂之謝太保，捨園所建。謝本樞密院出職，既建僧坊，遂致仕。日一齋，執勞役，居院中，年七十餘。吳元中自給事中謫宫祠，時年三十。憩院中，與謝夜語，謝云：「少年閒居，已脱右肩擔，莫卻擔起左肩。」底意謂居閒必謀利也。元中有詩贈之，云：「青雲真磨上，白日有壺中。薄晚休僂樹，多生念轉蓬。曉齋鍾吼谷，夜坐月低桐。不謂塵埃底，蕭然有謝公。」元中居真，不以事於人云。

吳元中云：丙午正月，王黼死雍丘。開封尹聶山得旨遣人殺之，取市刀鈍甚，聲吼如牛。元中云：「李綱所啓也。」

范直方師厚云：范忠宣公每言其弟純粹德孺離吾側太早。范師厚云：「忠宣公元祐初，自慶帥被召給事中，遂執政，其弟德孺代守慶。一日，德孺有書論邊事，公以書答之云：『大略與柴車爭逐，明珠與瓦礫相觸，君子與小人鬬力，中國與夷狄角勝負，不唯不可勝，兼亦不能勝，雖勝亦非也。弟其思之。』」

侍兒小名録

◉洪　炎撰

儲玲玲　整理

點校説明

《侍兒小名録》一卷，洪炎撰。洪炎（一〇六七—一一三三），字玉父，洪州南昌人。元祐六年（一〇九一）登進士第，爲穀城令，宣和中累官著作郎、秘書少監。紹興中，以秘書少監守中書舍人。與兄洪朋、洪芻及弟洪羽俱有才名，時號「四洪」。

本書共三十二條，是以古代侍兒小名爲採集標準，采自稗官小説等文獻資料而編撰的一部筆記。對古代小説研究與文獻輯佚校勘都有很高的價值。

本書作者，一些文獻中又被寫作洪芻、洪遂、洪适等。《遂初堂書目》與《宋史·藝文志》均有著録：洪炎《侍兒小名録》一卷。又《郡齋讀書志》轉録《補侍兒小名録》作者王銍原序云「大觀中，居汝陰，與洪炎玉父遊，讀陸魯望《小名録》，戲徵古今女侍名字，因盡發所藏書纂集，餘月而成焉」；以及《侍兒小名録拾遺》作者董弅序云：「少蓬洪公作《侍兒小名録》，好事者多傳焉」云云；而「少蓬」則代指秘書少監的稱謂。所以《侍兒小名録》作者當爲洪炎無疑。經過比對，本書與宋人王銍的《補侍兒小名録》書中部分内容相重，兩書的關係學界看法不一，待考。此次整理以明代《説郛》（宛委山堂本）爲底本，校以明代吴永輯《續百川學海》本及民國石印本《五朝小説大觀》本等。

校勘記

延娟延嬋

周昭王二十四年，東甌獻二女，一曰延娟，一曰延嬋。此二人辯口麗辭，巧善歌笑，步塵無跡，行日中無影。及昭王遊于漢水，二女與王舟乘，擁夾王身同溺於水。故江漢之人到今思之，立祠於江湄。數十年間，人於江漢之上猶見王與二女乘舟戲於水際。

旋娟提漠

燕昭王二年，廣延國獻舞者二人，一名旋娟，一名提漠，並玉質凝膚，體輕氣馥，綽約而窈窕，絶古無倫。其舞一名縈塵，次曰集羽，末曰旋懷。昭王知其神異，處於崇霞之臺。王好神仙之術，玄天之女托形作此。昭王之末莫知所在。

朝妹麗居洛珎潔華

孫亮作琉璃屏風，甚薄而瑩徹。每於月下消夜舒之。嘗與愛姬四人，皆振古絶色：

一名朝妹，二名麗居，三名洛珍，四名潔華。使四人坐屏風内而外望之，了如無隔。惟香氣不通於外。爲四人合四氣香，百浣不歇，名曰百濯，或以人名香。每遊皆同輿席，以前後爲次。所居室名爲思香媚寢。

麗娟

漢武帝所幸宫人麗娟年十四，玉膚柔輭，吹氣如蘭。娟身輕弱不欲衣纓，拂之恐傷爲痕。每歌，李延年和之。於芝生殿旁唱《迴風之曲》，庭中樹爲之翻落。常致娟於琉璃帳，恐垢污體也；常以衣帶繫娟袂閉於重幕中，恐隨風起。娟以琥珀佩置衣中，不使人知，乃言娟骨節自鳴，相與爲神恠也。

降仙

隋煬帝宫妃吴降仙善畫長蛾眉，帝甚憐之，由是嬪御皆傚此。宫吏日供螺子黛五斛，名娥緑而進之。帝每倚簾顧之，移時不去。

西施

越王勾踐陰謀吴，乃得國中苧蘿山鬻薪之女曰西施，飾以羅縠，教以容步，三年，使范鼂進於吴，夫差大悦。

蒻蘭

國初，朝廷遣陶穀使江南，以假書爲名，實使覘之。丞國李獻以書抵韓熙載，曰：「五柳公驕甚，其善待之。」穀至則果如李所言。熙載謂所親曰：「陶秀實非端介者，其守可隳，當使諸君一笑。」因令宿，誒謄六朝書，半年乃畢。熙載使歌姬秦蒻蘭衣弊衣，爲驛卒女，穀見之而喜，遂犯慎獨之戒，作長短句贈之。明日，中主燕客，穀凛然不可犯。中主持觥立，使蒻蘭出歌，續斷絃之曲侑觴，穀大慙而罷。詞名《風光好》：「好因緣，惡因緣，祇得郵亭一夜眠。别神仙。琵琶撥盡相思調，知音少。再把鸞膠續斷絃，是何年？」

婁婉

秦少游在蔡州與營妓婁婉字東玉者甚密，贈之詞云：「小樓連苑横空。」又云「玉佩丁東别後」者是也。又贈云「天外一鈎横月帶三星」，謂「心」字也。

玉環

楊貴妃小字玉環。

秋娘

唐杜秋娘，金陵女子也。年十五，爲浙西觀察使李錡妾。嘗爲錡辭云：「勸君莫惜金縷衣，勸君莫惜少年時。有花堪折君須折，莫待花殘空折枝。」長慶中，裴航游襄漢，與樊夫人同舟，樊贈詩云：「一飲瓊漿百感生，玄霜搗盡見雲英。藍橋便是神仙宅，何必區區上玉清【一】。」航後經藍橋驛遇仙女雲英，遂娶之，後俱得仙。

紀陵

袁真在豫州，遣女妓紀陵送薛、郭、馬三妓與桓宣武，馬遂生桓南郡。

衛小兒

霍去病父仲孺，河東人，以縣吏給事平陽侯家，與侍女衛小兒私通，生去病。仲孺吏畢歸家，娶婦生光，因絶不相聞。久之，去病爲驃騎大將軍，擊匈奴道出河東【二】。河東太守郊迎至平陽傳舍，遣吏人仲孺趨入拜謁，將軍迎拜，因跪曰：「去病不早知爲大人遺體也。」仲孺叩頭曰：「老臣得託命將軍，此天力也。」去病爲仲孺大買田宅奴婢而去。

【一】何必區區上玉清　「清」字原不清，據《唐人小説》釐清。

【二】擊匈奴道出河東　「匈奴」二字原不清，據《續百川學海》（以下簡稱續百川本）、《五朝小説大觀》（以下簡稱五朝小説本）本釐清。

承福

晉賈后召愍懷太子入朝，置于别室，遣婢陳舜賜太子酒三升，太子辭而不能飲，舜逼之曰：「不孝也！天賜汝酒而不飲，中有惡物耶？」太子不得已强飲，遂大醉。又令小婢承福以紙筆授太子，使書之曰：陛下不自了，吾當入了之。字半不成，后補成之，呈帝，廢太子。

辟邪

孫綽《韓非靈語》責李中書曰：建元元年六月，余家婢辟邪夜眠，如夢囈語半時，云：忽有一老公著黄練巾，身短衣長，甚自矜厲，瞑目切齒云「吾是刑名先生韓非弟子，李充日習吾業，綜習吾書」云云。

鸚鵡

宋元凶劭姊東陽公主，應閤婢王鸚鵡。

瓊樹夜來尚衣巧笑

魏文帝宫中侍女所絶寵者有莫瓊樹、薛夜來、陳尚衣、段巧笑四人。

紫雲

崔紫雲，兵部李尚書樂妓，詞華清峭，眉目端麗。李公罷鎮北都爲尹東洛時，方家妓盛列，諸府有宴，臺官不赴。杜紫微時爲分司御史，過公有宴，故留南行一位待之，爲訪諸妓併歸，北行三重而坐。宴將醉，杜公輕騎而來，連飲三觥，顧北行，回顧主人曰：嘗聞有能篇詠紫雲者，今日方知名不虚得，儻垂一惠，無以加焉。諸妓皆回頭掩笑。杜作詩曰：「華堂今日綺筵開【三】，誰召分司御史來。忽發狂言驚滿座，三重粉面一時回。」詩罷，升車彈鞚而歸。李公尋以紫雲送贈之【四】，紫雲臨行獻詩曰：「從來學得斐然詞，不料霜臺御史知。愁見便教隨命去，戀恩腸斷出門時。」

碧玉

唐右司郎中馮翊喬知之，有美妾曰碧玉，知之爲之不昏。武承嗣借以教諸姬，遂留不還。知之作《緑珠怨》詩以寄之，碧玉赴井死。承嗣得詩於裙帶，大怒，諷酷吏羅告，族

【三】華堂今日綺筵開　「綺」原作「騎」，據五朝小説本改。

【四】李公尋以紫雲送贈之　「雲」原作「微」，各本同，據《補侍兒小名録》改。

誅之。

柳條

柳條，女奴也。成都米市橋，僞蜀時有柳條家酒肆，蓋當時皆以當壚者爲名。柳條偶得患，沉綿經歲，俟死而已。有一道士常來貰酒，柳條每加勤奉，乃留丹數粒。柳條初服一粒，疾起能食；再服，能行，終服，充盛如初。

靜君

元公鎮南海日，疽發於鬢，氣息惴然。忽有一少年道士直來床前，謂元曰：「本師知公病，遣某將少膏藥來，可傅之。」元公寵姬號靜君，收藥貼之，至暮而愈，失道士所在。

小東

小東，長沙之妓女，以能詩得幸於馬氏。後國入爲郡，窮於京師里而人絶不知。余憫其老，詢長沙宫中事，則必南望泣涕而後言，因爲作《小東》詩焉。

寵姐

寵姐，寧王愛姬。王宴客，妓妾皆在，獨寵姐無得見者。李太白恃酒强之，乃設七寶簾，使寵姐隔簾而歌。

楚賓

前南鄭尉李雲，於長安求納一姬，其母未許。雲曰：予誓不婚。乃許之。號姬曰楚賓。數年後，姬卒。卒後經歲，遂婚前南鄭沈氏。及婚日，雲浴於淨室，見楚賓執一貼藥末，徑前謂雲曰：「誓余不婚，今又與沈家作婿。無物相奉，贈君香一帖，以資沐浴。」寫藥末入斛中，以釵攪水訖而去。雲甚覺不安，羸困不能出浴，遂死。肢體如綿，筋骨並散。

鄭櫻桃

石季龍，趫捷便弓馬，勇冠當時，勒深嘉之，拜征虜將軍【五】。爲聘將軍郭榮妹爲妻，季龍寵惑優僮鄭櫻桃，而殺郭氏，更納清河崔氏女，櫻桃又譖而殺之。

【五】拜征虜將軍　「虜」字原不清，據五朝小説本釐清。

雅娘

隋煬帝幸月觀，中夜凭蕭妃肩説東宫時事，適有小黄門映薔薇叢調宫婢，衣帶爲薇刺骨結，笑聲吃吃不止。帝望見腰肢纖弱，意爲寶兒而有私，帝披单衣，長衫不帶，急行擒之，乃宫婢雅娘也。

櫻桃

霍小玉命侍兒櫻桃褰幃執燭，授李生筆硯，又取珠絡縫綉囊中，出越姬烏絲襴素段以授生。生素多才思，援筆成章。

鮑十一娘

長安中，有媒氏鮑十一娘，故薛蒼駙馬家青衣也。折券從良十餘年矣。性便僻，巧言語，豪家戚里無不經過追風挾策，推爲渠帥。

紅娘

崔氏鶯鶯婢曰紅娘，嘗爲崔持綵牋以授張生。

申胡子

申胡子，朔客李氏之蒼頭也。李氏本亦世家子，得祀江夏王廟。吾與對舍於長安崇義里，遂將衣質酒，命余合飲，氣熟杯闌，因謂吾曰：李長吉，爾徒能長調，不能作五言歌詩，直强回筆端，與陶謝詩勢相遠幾里。吾請撰申胡子觱栗歌，以五字斷句【六】，歌成，朔客大喜，擎觴起立，命花娘出幕，徘徊拜客，稱善三弄。於是以弊辭配聲，與予爲壽。

縞練

謝秀才有妾縞練，改從於人，秀才引留之不得。後生感憶，座人製詩嘲謝，賀復繼四首。

雷尚書

王丞相有幸妾姓雷，頗預政事，納賄蔡公，謂之雷尚書。

【六】以五字斷句 「五」原作「玉」，據五朝小説本改。

仙鵉

唐監察御史清河張佶，侍兒仙鵉，能歌舞，解書翰，常出使，以仙鵉充使典，有密知者將發之，佶鈎鉅多數，竟得不發。

◎釋惠洪撰

林間録

夏廣興　整理

點校説明

《林間録》二卷，《後集》一卷，釋惠洪撰。釋惠洪（一〇七一—一一二八），一名德洪，字覺範，號寂音尊者，江西筠州人。自幼家貧，早年冒惠洪名於金陵清涼寺出家爲僧，後冒名事發，勒令還俗。至東京，出入丞相張商英、樞密郭天信之門，因又得爲僧。徽宗政和元年，張商英、郭天信得罪，受牽連流放朱崖。後得釋回籍。惠洪頗富才情，于當時僧人中詩名最著，且多與士大夫往來，特重黄庭堅。詩作多綺語、逸情，於釋門戒律不甚精嚴，故生平毁譽參半。其著作中記載多有訛誤，爲人所詬病。其精通佛學，著述頗豐，除《林間録》外，有《冷齋夜話》、《石門文字禪》、《禪林僧寶傳》等。

《林間録》全稱《石門洪覺範林間録》，所記多禪林中大德、士紳之高行、嘉言遺訓，以及掌故逸事。往往自立議論，發明禪理，爲參禪學道之指南。也頗考證異同，尤對贊寧《大宋高僧傳》多有訂誤。所述釋門典故，皆斐然可觀，因此有較高的史料價值。

據《文獻通考》，本書原爲四卷。《四庫全書》本和《續藏經》本作二卷，當係後人合併。這次整理以四庫本爲底本，校以《續藏經》本。四庫本原附《林間録後集》一卷，系惠洪所撰《石門文字禪》中之贊、銘、序等文字，故不録。

校勘記

卷上

杭州興教小壽禪師，初隨天台韶國師普請，聞墮薪而悟，作偈曰：「樸落非他物，縱横不是塵。山河及大地，全露法王身。」國師頷之而已。及開法，衲子爭師尊之。御史中丞王公隨出鎮錢塘，往候壽，至河上，去騶從，獨步登寢室。壽方負暄，毳衣自若，忽見之，問曰：「官人何姓？」王公曰：「隨姓王。」即拜之。壽推蒲團，藉地而坐，語笑終日而去。門人見壽，讓之曰：「彼王臣來，奈何不爲禮？此一衆所係，非細事也。」壽唯唯。他日，王公復至，寺衆横撞大鐘，萬指出迎，而壽前趨，立于松下。王公望見，出輿握其手曰：「何不如前日相見，而遽爲此禮數耶？」壽顧左右，且行且言曰：「中丞即得，奈知事瞋何？」其天資粹美如此，真本色住山人也。

白雲端禪師有逸氣，少游湘中。時會禪師新自楊岐來，居雲蓋，一見心奇之，與語每終夕。會忽問曰：「上人落髮師爲誰？」對曰：「茶陵郁和尚。」會曰：「吾聞其過溪有省，作偈甚奇，能記之否？」端即誦曰：「我有神珠一顆，久被塵勞關鎖。今朝塵盡光生，照破山河萬朵。」會大笑而去。端愕然左右視，通夕不寐。明日，求入室咨詢其事，時方歲旦。會曰：「汝見昨日作野狐者乎？」對曰：「見之。」會曰：「汝一籌不及渠。」端又大駭，曰：「何謂也？」會曰：「渠愛人笑，汝怕人笑。」端因大悟於言下。

魏府老洞華嚴示衆曰：「佛法在日用處，在行住坐卧處、喫茶喫飯處、言語相問處。所作所爲，舉心動念，又却不是也。」又曰：「時當缺減人壽，少有登六七十者。汝輩入我法中，整頓手脚未穩，早是三四十年，須臾衰病至。衰病至，則老至；老至，則死至。前去幾何尚復恣意，何不初中後夜純静去？」文潞公鎮北京，洞老來謁别。潞公曰：「法師老矣，復何往？」對曰：「入滅去。」潞公笑謂其戲語，自送之歸，與子弟言其道韻深穩，談笑有味，非常僧也。使人候之，果入滅矣，大驚，嘆異久之。及闍維親往臨觀，以瑠璃瓶置坐前，祝曰：「佛法果靈，願舍利填吾瓶。」言卒，烟自空而降，布入瓶中，烟滅，舍利如所願。潞公自是竭誠内典，恨知之暮也。

棲賢提禪師，建陽人，嗣百丈常和尚。性高簡，律身精嚴，動不違法度。暮年三終藏經，以坐閲爲未敬，則立誦行披之。黄龍南禪師初游方，年方少，從之屢年，故其平生所爲，多取法焉。嘗曰：「棲賢和尚定從天人中來，叢林標表也。」雪竇顯禪師嘗自淮山來，依之不合，乃作師子峯詩而去，曰：「踞地盤空勢未休，爪牙安肯混常流。天教生在千峯上，不得雲擎也出頭。」

李肇《國史補》曰：「崔趙公問徑山道人法欽：『弟子出家得否？』欽曰：『出家是大丈夫事，非將相所能爲。』趙公嘆賞其言。」贊寧作欽傳，無慮千言，雖一報曉雞死且書之，乃不及此，何也？

大覺禪師璉公，以道德爲仁廟所敬，天下想望風采。其居處服玩可以化寶坊也，而皆不爲，獨於都城之西爲精舍，容百許人而已。棲賢舜老夫，爲郡吏臨以事，民其衣，走依璉。璉館於正寢，而自處偏室，執弟子禮甚恭。王公貴人來候者皆怪之。璉具以實對，且曰：「吾少嘗問道於舜，今不當以像服之殊而二吾心也。」聞者嘆服。仁廟知之，賜舜再落髮，仍居棲賢。

唐宣宗微時，武宗疾其賢，數欲殺之。宦者仇公武保佑之，事迫，公武爲薙髮作比丘，使逸遊，故天下名山多所登賞。至杭州鹽官，禪師安公者，江西馬祖之高弟，一見異之，待遇特厚，故宣宗留鹽官最久。及即位，思見之，而安公化去久矣。先是，武宗盡毀吾教，至是復興之。雖法之隆替係於時，然庸詎知其力非安公致之耶？仇公武之德，不媿漢邴吉，而《新書》署之，獨班班見於《安禪師傳》，爲可嘆也！嘗有贊其像者曰：「已將世界等微塵，空裹浮華夢裹身。勿謂龍顔便分別，故應天眼識天人。」

贊寧作《大宋高僧傳》，用十科爲品流，以義學冠之，已可笑。又列巖頭奯禪師爲苦行，智覺壽禪師爲興福。而雲門大師乃僧中王也，與之同時，竟不載，何也？

長沙岑禪師因僧亡，以手摩之，曰：「大衆，此僧却真實，爲諸人提綱商量，會麽？」乃有偈曰：「目前無一法，當處亦無人。蕩蕩金剛體，非妄亦非真。」又曰：「不識金剛體，却喚作緣生。十方真寂滅，誰在復誰行？」雪峯和尚亦因見亡僧，作偈曰：「低頭不見地，仰面不見天。欲識金剛體，但看髑髏前。」玄沙曰：「亡僧面前正是觸目菩提，萬里神光頂後相。」有僧問法眼：「如何是亡僧面前觸目菩提？」法眼答曰：「是汝面前。」又問：「遷化向甚麽處去？」答曰：「亡僧幾曾遷化。」進曰：「爭奈即今何？」答曰：「汝不識亡僧。」近代尊宿不復以此旨曉人，獨晦堂老師時一提起，作《南禪師圓寂日偈》曰：「去年三月十有七，一夜春風撼籌室。三角麒麟入海中，空餘片月波心出。真不掩僞，曲不藏直。誰人爲和雪中吟？萬古知音是今日。」又曰：「昔人去時是今日，今日依前人不來。今既不來昔不往，白雲流水空悠哉。誰云秤尺平，直中還有曲；誰云物理齊，種麻還得粟。可憐馳逐天下人，六六元來三十六。」

南禪師居積翠時，以佛手、驢脚、生緣語問學者，答者甚衆。南公瞑目如入定，未嘗可否之。學者趨出，竟莫知其是非，故天下謂之「三關語」。晚年自作偈三首，今只記其二，曰：「我手佛手，齊舉禪流。直下薦取，不動干戈。道處自然，超佛越祖。」「我脚驢脚，並行步步。皆契無生，直待雲開。日現此道，方得縱横。」雲蓋智禪師嘗爲予言曰：「昔吾再入黄檗，至坊塘，見一僧自山中來。因問：『三關語兄弟近日如何商量？』僧曰：『有語甚妙，可以見意。我手何以佛手？日月下弄琵琶，或曰遠道擊空鉢。我脚何以驢脚？曰鷺鷥立雪非同色，或曰空山踏落花。如何是汝生緣處？曰某甲某處人。』時戲之曰：『前塗有人問上座，如何是佛手、驢脚、生緣意旨？汝將遠道擎空鉢對之耶，鷺鷥立雪非同色對之耶？若俱將對，則佛法混濫；若揀擇對，則幾事偏枯。』其僧直視無所言。吾謂曰：『雪峯道底。』」

夾山會禪師，初住京口竹林寺。升座，僧問：「如何是法身？」答曰：「法身無相。」「如何是法眼？」答曰：「法眼無瑕。」時道吾笑於衆中，會遥見，因下座問曰：「上座適笑，笑何事耶？」道吾曰：「笑和尚一等行脚放複子，不着所在。」會曰：「能爲我説否？」對曰：「我不會説。秀州華亭有船子和尚，可往見之。」會因散衆而往。船子問：「大德近住何寺？」對曰：「寺則不住，住則不寺。」船子曰：「不寺又不住，似箇什麽？」對曰：「不是目前法。」船子曰：「何處學得來？」對曰：「非耳目之所到。」船子笑曰：「一句合頭語，萬劫繫驢橛。」嗟乎！於今叢林，師授弟子，例皆禁絶悟解，推去玄妙，唯要直問直答，無則始終言無，有則始終言有。毫末差誤，謂之狂解。使船子聞知，豈止萬劫驢橛而已哉！由此觀之，非特不善悟，要亦不善疑也。善疑者，必思三十三祖授法之際，悟道之緣，其語言具在，皆可以理究，以智知。獨江西石頭而下，諸大宗師以機用應物，觀其問答，溟涬然令人坐睡。其道異諸祖耶，則嗣其法；其不異耶，則所言乃爾不同。故知臨濟大師曰：「大凡舉論宗乘，須一句中具三玄，一玄中具三要。」有玄有要者，蓋明此也。不知者指爲門庭建立權時語言，可悲也！

天衣懷禪師説法於淮山，三易法席，學者追崇，道顯著矣，然猶未敢通名字於雪竇。雪竇已奇之，僧有誦其語至，曰：「譬如鴈過長空，影沉寒水。鴈無遺蹤之意，水無留影之心。」竇拊髀嘆息，即遣人慰之。懷乃敢一通狀，問起居而已。潙山真如禪師從真點胸游最久，叢林户知之，然對客未嘗一言及其平昔見聞之事。至圓寂日，展畫像，便薦茶菓而已。二大老識度高遠，退託涼薄，以諷後學，可謂善推尊其師者也。

雲庵和尚居洞山時，僧問：「《華嚴論》云：『以無明住地煩惱，便爲一切諸佛不動智，一切衆生皆自有之，只爲智體無性無依，不能自了，會緣方了。』且無明住地煩惱，如何便成諸佛不動智？理極深玄，絶難曉達。」雲庵曰：「此最分明，易可了解。」時有童子方掃除，呼之，回首。雲庵指曰：「不是不動智，却問如何是汝佛性？」童子左右視，惘然而去。雲庵曰：「不是住地煩惱，若能了之，即今成佛。」又嘗問講師曰：「火災起時，山河大地皆被焚盡，世間空虚。是否？」對曰：「教有明文，安有不是之理。」雲庵曰：「如許多灰燼，將置何處？」講師舌大而乾，笑曰：「不知。」雲庵亦大笑曰：「汝所講者，紙上語耳。」其樂説無礙之辯，答則出人意表，問則學者喪氣。蓋無師自然之智，非世智可當。真一代法施主也。

二祖大師服勤累年，至於立雪斷臂，而達摩僅以一言語之。牛頭懶融，枯禪窮山，初無意於有聞，而四祖自往説法。祖師之於師弟子之際，其必有旨耶？

楊文公《談苑》記沙門寶誌銅牌記讖未來事，云：「有一真人在冀川，開口張弓在左邊，子子孫孫萬萬年。」江南中主名其子曰弘冀，吴越錢鏐諸子皆連「弘」字，期以應之，而宣祖之諱正當之也。又記周世宗悉毁銅像鑄錢，謂宰相曰：「佛教以爲頭目髓腦有利於衆生，尚無所惜，寧復以銅像愛乎？」鎮州大悲甚靈，應當擊毁。以斧擊其胸，鑱破之。太祖親見其事。後世宗北征，病疽發胸間，咸謂其報應。太祖因信重釋教。歐陽文忠公《歸田録》首記太祖初幸相國寺，問僧録贊寧可拜佛否，寧奏曰：「不拜。」問其故，寧答曰：「見在佛不拜過去佛。」因以爲定制。二公所記，皆有深意，決非苟然者。予聞君子樂與人爲善，雖善不善，謂之矜。文忠公每恨平心爲難，豈真然耶？

唐僧元曉者，海東人。初航海而至，將訪道於名山。獨行荒陂，夜宿冢間，渴甚，引手掬于穴中，得泉甘涼。黎明視之，髑髏也。大惡之，盡欲嘔去。忽猛省，大嘆曰：「心生則種種法生，心滅則髑髏不二如來。大師曰：『三界唯心。』豈欺我哉！」遂不復求師，即日還海東，疏《華嚴經》，大弘圓頓之教。予讀其傳至此，追念晉樂廣酒盃蛇影之事，作偈曰：「夜冢髑髏元是水，客盃弓影竟非蛇。箇中無地容生滅，笑把遺編篆縷斜。」

棗栢大士、清涼國師皆弘大經，造疏論，宗於天下。然二公制行皆不同。棗栢則跣行不帶，超放自如，以事事無礙行心；清涼則精嚴玉立，畏五色糞，以十願律身。評者多喜棗栢坦宕，笑清涼縛束，意非華嚴宗所宜爾也。予曰：是大不然。使棗栢薙髮作比丘，未必不爲清涼之行。蓋此經以遇緣即宗合法，非如餘經有局量也。

晉鳩摩羅什兒時隨母至沙勒，頂戴佛鉢。私念鉢形甚大，何其輕耶？即重，失聲下之。母問其故，對曰：「我心有分別，故鉢有輕重耳。」予以是知一切諸法隨念而至，念未生時，量同太虚。然則即今見行分別者，萬類紛然，何故靈驗不等？曰：是皆亂想虚妄，如因夢中事，心力昧畧微劣故也。嗟乎！人莫不有忠孝之心也，而王祥卧冰則魚躍，耿恭拜井則泉冽，何也？蓋其養之專，故靈驗之應速如影響。

菩提達摩初自梁之魏，經行於嵩山之下，倚杖於少林，面壁燕坐而已，非習禪也。久之，人莫測其故，因以達摩爲習禪。夫禪，諸行之一耳，何足以盡聖人？而當時之人以之爲史者，又從而傳於習禪之列，使與枯木死灰之徒爲伍。雖然聖人非止於禪那，而亦不違於禪那，如《易》出乎陰陽，而亦不違乎陰陽。

舊説四祖大師居破頭山，山中有無名老僧，唯植松，人呼爲栽松道者。嘗請於祖，曰：「法道可得聞乎？」祖曰：「汝已老，脱有聞，其能廣化耶？儻能再來，吾尚可遲汝。」乃去，行水邊，見女子浣衣，揖曰：「寄宿得否？」女曰：「我有父兄，可往求之。」曰：「諾，我即敢行。」女首肯之。老僧回策而去。女，周氏季子也，歸輒孕。父母大惡，逐之。女無所歸，日庸紡里中，夕於衆館之下。已而生一子，以爲不祥，棄水中。明日見之，泝流而上，氣體鮮明，大驚，遂舉之。成童，隨母乞食，邑人呼爲無姓兒。四祖見於黄梅道中，戲問之曰：「汝何姓？」曰：「姓固有，但非常姓。」祖曰：「何姓？」曰：「是佛性。」祖曰：「汝乃無姓耶。」曰：「姓空故無。」祖化其母，使出家，時七歲。衆館今爲寺，號佛母，而周氏尤盛。去破頭山停望問道者【一】，肉身尚在。黄梅東禪有佛母冢，民塔其上。《傳燈録》、《定祖圖》記忍大師姓周氏者，從母姓也。《大宋高僧傳》乃曰：「釋弘忍，姓周氏。其母始娠，移月光照庭室，終夕若晝，異香襲人，舉家欣駭。」安知衆館本社屋，生時寘水中乎？又曰：「其父偏愛，因令誦書。」不知何從得此語。其敘事妄誕，大率類此。開元中，文學閭丘均爲塔碑，徒文而已。會昌毁廢，唐末烽火，更遭蹂踐，愈不可考。知其書謬者，母氏周而曰有父故也。無爲子嘗贊其像曰：「人孰無父，祖獨有母。其母爲誰？周氏季女。濁港滔滔入大江，門前依舊長安路。」

斷際禪師初行乞於雒京，吟添鉢聲。一嫗出棘扉間，曰：「太無厭足生。」斷際曰：「汝猶未施，反責無厭，何耶？」嫗笑掩扉。斷際異之，與語，多所發藥。辭去，嫗曰：「可往南昌見馬大師。」斷際至江西，而大師已化去，聞塔在石門，遂往禮塔。時大智禪師方結廬塔傍，因敘其遠來之意，願聞平昔得力言句。大智舉一喝三日耳聾之語示之，斷際吐舌大驚。相從甚久，暮年始移居新吴百丈山。考其時，嫗死久矣。而《大宋高僧傳》曰：「嫗祝斷際見百丈。」非也。

雲居佛印禪師曰：「雲門和尚説法如雲，絶不喜人記録其語，見必罵逐曰：『汝口不

【一】去破頭山停望問道者　「問」，原作「間」，據《續藏經》本改。

用，反記我語，他時定販賣我去。』今對機室中録，皆香林、明教以紙爲衣，隨所聞，隨即書之。」後世學者，漁獵文字語言中，正如吹網欲滿，非愚即狂，可嘆也。

玄沙備禪師薪於山中，傍僧呼曰：「和尚看虎。」玄沙見虎，顧僧曰：「是你。」靈潤法師山行，野燒迅飛，而來同游者皆避之。潤安步如常，曰：「心外無火，火實自心。謂火可逃，無由免火。」火至而滅。嚴陽尊者單丁住山，蛇虎就手而食。歸宗常公刈草，見蛇芟之。傍僧曰：「久聞歸宗，今日乃見一麄行沙門。」常曰：「你麄我麄耶？」吾聞親近般若，有四種驗心，謂就事、就理、入就、一本有「事理」二字，非。出就。事理之外，宗門又有四藏鋒之用，親近以自治，藏鋒之用以治物。

荆州天王寺道悟禪師，如《傳燈録》所載，則曰：「道悟得法於石頭，所居寺曰天皇。婺州東陽人，姓張氏。年十四歲出家，依明州大德披剃，年二十五，杭州竹林寺受具。首謁徑山國一禪師，服勤五年。大曆中抵鍾陵，謁馬大師。經二夏，乃造石頭。元和丁亥四月示寂。壽六十，臘三十五。」及觀達觀禪師所集《五家宗派》，則曰：「道悟，嗣馬祖。」引唐丘玄素所撰碑文幾千言，其畧曰：「師號道悟，渚宫人，姓崔氏，即子玉後胤也。年十五，於長沙寺禮曇翥律師出家。二十三詣嵩山律德，得尸羅。謁石頭，扣寂二年，無所契悟，乃入長安親忠國師。三十四與侍者應真南還，謁馬大師，大悟於言下，祝曰：『他日莫離舊處。』故復還渚宫。元和十三年戊戌歲四月初示疾，十三日歸寂。壽八十二，臘六十三。」考其傳，正如兩人。然玄素所載曰：「有傳法一人崇信，住澧州龍潭。」《南嶽讓禪師碑》，唐聞人歸登撰，列法孫數人，于後有道悟，名圭峯。《答裴相國宗趣狀》列馬祖之嗣六人，首曰江陵道悟，其下注曰：「兼稟徑山。」今妄以雲門、臨濟二宗競者，可發一笑。《草堂禪師牋要》曰：「心體靈知不昧，如一摩尼珠，圓照空淨，都無差別之相。以體明故，對物時能現一切色相，色自差而珠無變易。如珠現黑時，人以珠爲黑者，非見珠也；離黑覓珠者，亦非見珠也；以明黑都無爲珠者，亦非見珠也。馬祖說法，即妄明真，正如以黑爲珠。神秀說法，令妄盡方見覺性者，離妄求真，正如離黑覓珠。牛頭說法，一切如夢，本來無事，真妄俱無，正如明黑都無爲珠。獨荷澤於空相處指示知見，了了常知，正如正見珠體不顧衆色也。」密以馬祖之道如珠之黑，是大不然。即妄明真，方便語耳，畧知教乘者皆了之。豈馬祖應聖，師遠識爲震旦法王，出其門下者，如南泉、百丈、大達、歸宗之徒，皆博綜三藏，熟爛真妄之論，爭服膺師尊之，而其道乃止於如珠之黑而已哉？又以牛頭之道，一切如夢，真妄俱無者，是大不然。觀其作《心王銘》曰：「前際如空，知處迷宗。分明照鏡，隨照冥蒙。縱横無照，最微最妙。知法無知，無知知要。」一一皆治知見之病，而荷澤公然立知見，優劣可見。而謂其道如明黑都無爲珠者，豈不重欺吾人哉？至如北秀之道，頓、漸之理，三尺童子知之，所論當論其用心。秀公爲黄梅上首，頓宗直指，縱曰機器不逮，然亦飫聞飽參矣。豈自甘爲漸宗徒耶？蓋祖道于時疑信半天下，不有漸，何以顯頓哉？至於紛爭者，皆兩宗之徒，非秀心也。便謂其道止如是，恐非通論。吾聞大聖應世，成就法道，其權非一，有冥權，有顯權。冥權即爲異道、爲非道；顯權則爲親友、爲知識。庸詎知秀公非冥權也哉？

唐僧復禮有法辯，當時流輩推尊之。作《真妄偈》問天下學者曰：「真法性本淨，妄念何由起？從真有妄生，此妄何所止？無初即無末，有終應有始。無始而無終，長懷懵茲理。願爲開玄妙，析之出生死。」清涼國師答曰：「迷真妄念生，悟真妄即止。能迷非所迷，安得長相似。從來未曾悟，故説妄無始。知妄本自真，方是恒妙理。分別心未忘，何由出生死？」圭峰禪師答曰：「本淨本不覺，由斯妄念起。知真妄即空，知空妄即止。止處名有終，迷時號無始。因緣如幻夢，何終復何始？此是衆生源，窮之出生死。」又曰：「人多謂真能生妄，故妄不窮盡。」爲決此理，重答前偈曰：「不是真生妄，妄迷真而起。悟妄本自真，知真妄即止。妄止似終末，悟來似初始。迷悟性皆空，皆空無終始。生死由此迷，達此出生死。」予味二老所答之辭，皆未副復禮問意。彼問真法本淨，妄念何由而起？但曰迷真不覺，則孰不能答耶。因爲明其意，作偈曰：「真法本無性，隨緣染淨起。不了號無明，了之即佛智。無明全妄情，知覺全真理。當念絶古今，底處尋終始。本自離言詮，分別即生死。」

雲庵和尚嘗曰：「諸佛隨宜説法，意趣難解。如《起信》曰『若有衆生來求法者，隨己能解，方便爲説。不應貪著名利恭敬，唯念自利利他，回向菩提故』者，爲弘法大峻者言之也。《圓覺》曰『末世衆生欲脩行者，應當盡命供養善友，事善知識。彼善知識欲來親近，應斷瞋恨，現逆順境，猶如虚空』者，爲求道不精進者言之也。雖然爲弟子者能不忘精進，則爲師者不害於太峻。方今學者未能盡致敬之禮，而責以慳法，則過矣。」侍者進曰：「然則三世如來法施之式，可得聞乎？」曰：「《法華》曰：『於一切衆生平等説法，以順法故，不多不少，乃至深愛法者，亦不爲多説。』此佛之遺意也。」

達觀穎禪師初出東吴，年纔十六七。泊舟秦淮，宿奉先寺時，寺皆講人，見其禪者，又少之，不爲禮。穎讓曰：「佛記比丘惡客，比丘至者法將滅。爾輩安爲之耶？」有答者曰：「上人即主此，敬客未晚。」穎笑曰：「我顧未暇居此，然能易道行者，使飯十方僧報佛恩耳。」時内翰葉公清臣守金陵，穎袖書謁之。葉公曰：「昨晚至此，何以知建寺始末之詳如此乎？」對曰：「夜閲舊碑知之。」因極言律居之弊敗傷風化，葉公大奇之，奉先緣是乃爲禪林。吴中講師多譏諸祖傳法偈無譯人，禪者與之辯，失其真，適足以重其謗。穎諭之曰：「此達摩爲二祖言者也，何須譯人耶？如梁武初見之，即問：『如何是聖諦第一義？』答曰：『廓然無聖。』進曰：『對朕者誰？』又曰：『不識。』使達摩不通方言，則何於是時便能爾耶？」講師不敢復有辭。其挫服魔外之氣，無師自然之智【二】，發自妙齡，而遇事則應，無所疑畏，天性則然。後爲石門聰之嗣，首山嫡孫也。

【二】無師自然之智　「無」字《續藏經》本無。

《涅槃經》：「迦葉菩薩白佛言：『世尊，如佛所説，諸佛世尊有秘密藏，是義不然，何以故？諸佛世尊唯有密語，無秘密藏。譬如幻主，機關木人，人雖覩見屈伸俯仰，莫知其内而使之然。佛法不爾，咸令衆生悉得知見。云何當言佛世尊有秘密藏？』佛讚迦葉：『善哉！善哉！善男子，如汝所言，如來實無秘密之藏，何以故？如秋滿月處空，顯露清淨無翳，人皆覩見。』如來之言亦復如是。開發顯露，清淨無翳，愚人不解，謂之秘藏。智者了達，則不名藏。」又曰：「又無語者，猶如嬰孩，言語未了，雖復有語，實亦無語，如來亦爾。」語未了者，即秘密之言，雖有所説，衆生不解，故名無語。故石頭曰：「乘言須會宗，勿自立規矩。」藥山曰：「更須自看，不得絶却言語。我今爲汝説者箇語，顯無語底。」長慶曰：「二十八代祖師，皆説傳心，且不説傳語。且道心作麽生傳？若也無言，啓蒙何名達者。」雲門曰：「此事若在言語上，三乘十二分教豈是無説，因甚麽道教外别傳？若從學解機智得，只如十地聖人説法，如雲如雨，猶被佛訶『見性如隔羅縠』。以此故知一切有心，天地懸殊。雖然如是，若是得底人，道火何曾燒着口耶？」予每曰：衲子於此徹去，方知諸佛無法可説，而證言説法身。如何是言説法身？自答曰：「斷頭船子下揚州。」

王文公曰：「佛與比丘辰巳間應供名爲齋者，與衆生接，不可不齋。又以佛性故，等視衆生，而以交神之道見之。故《首楞嚴》曰：『嚴整威儀，肅恭齋法。』又曰：『梵語三昧，此云正定。』正定中所受境界，謂之正受，異於無明所緣受。故《圓覺》曰：『三昧正受。』釋者謂梵語三昧，此云正受。而《寶積》云『三昧及正受』，則此釋非也。」

曹溪大師將入涅槃，門人行瑫、超俗、法海等問：「和尚法何所付？」曹溪曰：「付囑者二十年外於此地弘揚。」又問：「誰人？」答曰：「若欲知者，大庾嶺上以網取之。」圭峰欲立荷澤爲正傳的付，乃文釋之曰：「嶺者，高也。荷澤姓高，故密示之耳。」欲抑讓公爲旁出，則曰：「讓則曹溪門下旁出之汎徒，此類數可千餘。」嗚呼！逐鹿者不見山，攫金者不見人，殆非虚言。方密公所見唯荷澤，故諸師不問是非，例皆毁之。如「大庾嶺上以網取之」之語，是大師末後全提妙旨，而輒以意求。讓公，僧中之王，而謂之「汎徒」，詳味密公之意，可以發千載之一笑。

老安國師有言曰：「《金剛經》云：『應無所住而生其心。』無所住者，不住色，不住聲，不住迷，不住悟，不住體，不住用。而生其心者，即一切法而顯一心。若住善生心即善現，若住惡生心即惡現，本心即隱没。若無所住，十方世界，唯是一心。」信知曹溪大師云：「風旛不動，是心動。」脩山主有偈曰：「風動心摇樹，雲生性起塵。若明今日事，暗却本來人。」

有僧問晦堂老人曰：「五祖前身栽松道者，嘗託周氏女而生。彼三緣不和合，何從而生耶？」老人笑曰：「汝聞樹提伽生於火中，伊尹生於空桑乎？」對曰：「聞之。」「汝於彼二人乃不疑其生不由三緣，而獨疑五祖耶？」方今士大夫之留意宗乘者，皆以此爲疑，及聞此語，莫不釋然。予以謂老人所示未欲極教乘之本意，第就其機，息狂情耳。馬大師曰：「佛是能仁，有智慧，善機宜，能破一切衆生疑網，出離有無等縛。」其斯之謂歟！

《宗鏡録》曰：「雖然心即是業，業即是心，既從心生，還從心受。如何現今消其妄業報？答曰：『但了無作，自然業空。』所以云若了無作惡業，一生成佛。」又曰：「雖有作業，而無作者，即是如來秘密之教。又凡作業，悉是自心横計外法，還自對治，妄取成業。若了心不取境，境自不生，無法牽情，云何成業？」予嘗作偈釋其旨曰：「舉手炷香，而供養佛。其心自知，應念獲福。舉手操刀，恣行殺戮。其心自知，死入地獄。或殺或供，一手之功。云何業報，罪福不同？皆自横計，有如是事。是故從來，枉沈生死。雷長芭蕉，鐵轉磁石。俱無作者，而有是力。心不取境，境亦自寂。故如來藏，不許有識。」

《維摩經》曰：「入不思議境，如借座燈王取飯香土，促演其日劫，大小之相容，可以神會妙旨。」至曰「一切聲聞，聞是不可思議解脱法門，皆應號泣，聲震三千大千世界」，極難解通。《首楞嚴》曰：「一人發真歸源，十方虚空悉皆消殞。見道者妄盡覺明，自見空殞可也。」而下文乃又曰：「一切魔王，見其宫殿無故坼裂，爲難和會。」古諸法師俱有注釋，校其所論，未容無説。

臨濟大師建立四賓主，今徒閲其語，竟莫能分辯之。知之者未必真，不知者以爲苟然。又有四偈，一偈如金剛王寶劍；一偈如踞地獅子；一偈如探竿影草；有時一喝，不作喝用。如踞地獅子、探竿影草，後學往往不省其何等語，安能識其意耶？不過曰：「此古人一期建立之辭耳，何足問哉？」然則臨濟之言遂爲虚語也。今係其偈於此曰：「金剛王劍，覿露堂堂。才涉脣吻，即犯鋒鋩。」「踞地獅子，本無窠臼。顧佇之間，即成滲漏。」「探竿影草，莫入陰界。一點不來，賊身自敗。」「有時一喝，不作喝用。佛法大有，只是牙痛。」

予游長沙，至鹿苑，見岑禪師畫像，想見其爲人，作《岑大蟲贊》并序，曰：「如來世尊語阿難曰：『汝元不知一切浮塵，諸幻化相，當處出生，隨處滅盡。幻妄稱相，其性真爲妙覺明體。』龍勝菩薩曰：『諸法不自生，亦不從他生。不共不無因，是故説無生。』以佛祖之辯談心法之妙，其清淨顯露，如掌中見物，無可疑者。而末世衆生，卒不明了者，蓋其迷妄之極，非其所聞之習故也。禪師憫之，故於所習之境譬之曰：『若心是生，則夢幻空華，亦應是生；若身是生，則山河大地，森羅萬象，亦應是生。』大哉言乎！與《首楞嚴》、《中觀論》相終始也。禪師大寂之孫，南泉之子，趙州之兄，開法於長沙之鹿苑。當時衲子倔彊，如仰山者猶下之，而呼以爲『岑大蟲』云。爲之贊曰：長沙大蟲，聲威甚重。獨眠空林，百獸震恐。寂子兒癡，見不知畏。引手捋鬚，幾缺其耳。大空小空，你虎亦尔。如備與覺，可撩其尾。嗟今衲子，眼如裴旻。但見其彪，安識虎真。我拜公像，非存非没。百尺竿頭，行塵勃勃。」

白雲端禪師曰：「天下叢林之興，大智禪師力也。祖堂當設達摩初祖之像於其中，大智禪師像西向，開山尊宿像東向，得其宜也。不當止設開山尊宿而略其祖宗耳。」雲居祐禪師曰：「吾觀諸方長老示滅，必塔其骸。山川有限，而死本無窮。百千年之下，塔將何所容？」於是于宏覺塔之東作卵塔，曰：「凡住持者，自非生身不壞。火浴雨舍利者，皆以骨石填於此。」其西又作卵塔，曰：「凡衆僧化，皆藏骨石於此。」謂之三塔。二大老識度高遠，可爲後世法。然孤論難持，犯衆難成。卒必有賞音，吾將觀焉。

東京覺嚴寺有誠法師，講《華嚴經》，歷席最久，學者依以揚聲。其爲人純至，少緣飾，高行遠識，近世講人莫有居其右者。元祐初，高麗僧統航海至，上表乞傳持賢首宗教歸本國流通。奉聖旨，下兩街舉可以授法者，有司以師爲宜。上表辭免曰：「臣雖刻意講學，識趣淺陋。特以年運已往，妄爲學者所推。今異國名僧航海問道，宜得高識博聞者爲之師。竊見杭州慧因院僧淨源，精練教乘，旁通外學。舉以自代，實允公議。」奉聖旨依所乞，敕差朝奉郎楊傑館伴，至錢塘受法。

予建中靖國之初，故人處獲洞山初禪師語一編，福嚴良雅所集。其語言宏妙，真法窟爪牙。大略曰：「語中有語，名爲死句；語中無語，名爲活句。未達其源者，落在第八魔界中。」又曰：「言無展事，語不投機。乘言者喪，滯句者迷。於此四句語中，見得分明，也作箇脱灑衲僧。根椽片瓦，粥飯因緣，堪與人天爲善知識。於此不明，終成莽鹵。」雲庵平生説法，多稱初悟門、度越格量。偶閲舊記，見其寄道友偈并序，曰：「昔洞山參雲門，悟旨於言下，入佛正知見，所有炙脂帽子、鶻臭布衫皆脱去，以四句偈明其悟。蓋得展事自在之用，投機善巧之風。故其應機接物，不乘言，不滯句，如獅子王得大自在，於哮吼時，百獸震駭。蓋法王法如是故也。又世所傳見雲門者，皆坐脱立亡，何哉？以無佛法知見故也。因隨句釋以奉寄，曰：『大用現前能展事，春來何處不開花。放伊三頓參堂去，四海當知共一家。』又曰：『千差萬别解投機，明眼宗師自在時。北斗藏身雖有語，出群消息少人知。』又曰：『遊山玩水便乘言，自己商量總不偏。鶻臭布衫脱未得，且隨風俗度流年。』又曰：『滯句乘言是聾聵，參禪學道自無功。悟來不費纖毫力，火裏蝍蟟吞大蟲。』」

宗道者，不知何許人也。往來舒、蘄間，多留於投子。性嗜酒，無日不醉。村民愛敬之，每餉以醇醪。居一日，方入浴，聞有尋宗者，度其必送榼至，裸而出，得酒徑去。人皆大笑，而宗傲然不怍。嘗散衣下山，有逆而問者，曰：「如何是道者家風？」對曰：「袈裟裹草鞋。」「意旨如何？」曰：「赤脚下桐城。」陳退夫初赴省闈，過宗，戲問曰：「璀此行欲作狀元，得否？」宗熟視曰：「無時即得。」莫測其言也。而退夫果以第三名上第，時彦作魁，方悟「無時」之語。宗見雪竇，而超放自如，言法華之流也。

雪竇初在大陽玄禪師會中典客，與僧夜語，雌黄古今。至趙州栢樹子因緣，爭辯不已。有一行者立其旁，失笑而去。客退，雪竇呼行者至，數之曰：「對賓客敢爾耶？」對曰：「知客有定古今之辯，無定古今之眼，故敢笑。」曰：「且趙州意汝作麼生會？」因以偈對曰：「一兔横身當古路，蒼鷹纔見便生擒。後來獵犬無靈性，空向枯樁舊處尋。」雪竇大驚，乃與結友。或云即承天宗禪師也。予謂聞此可以想見當時法席之盛也。

晦堂老人嘗以小疾醫，寓漳江。轉運判官夏倚公立往見之，因劇談妙道，至會萬物爲自己，及情與無情共一體。時有犬卧香案下，以壓尺擊犬，又擊香案，曰：「犬有情即去，香案無情自住。情與無情，如何得成一體去？」夏不能答。晦堂曰：「纔入思惟，便成剩法，何曾會物爲己耶？」老黄龍入滅，道俗請繼主道場，法席之盛，初不減平時。然性真率，不樂從事，五求解去，乃得謝事閑居，而道學者益親。謝景温師直守潭州。虛大潙以致之，三辭，弗往。又囑江西彭汝礪器資請所以不應長沙之意，晦堂曰：「願見謝公，不願領大潙也。馬祖、百丈已前無住持事，道人相求於空閑寂寞之濱而已。其後雖有住持，王臣尊禮，爲人天師。今則不然。掛名官府，如有户籍之民，直遣伍伯追呼耳。豈可復爲也！」器資以斯言反命，師直由是致書，願得一見，不敢以住持相屈，遂往長沙。蓋於四方公卿意合，則千里應之；不合，則數舍亦不往也。開法黄龍十二年，退居庵頭二十餘年。天下指晦堂爲道之所在，蓋末世宗師之典刑也。

圓通祖印訥禪師告老於郡，乞請承天端禪師主法席，郡可其請。端欣然而來，自以少荷大法，前輩讓善，叢林責己甚重，故敬嚴臨衆，以公滅私，於是宗風大振。未幾年，訥公厭閴寂，郡守至，自陳客情。太守惻然，目端，端笑，唯唯而已。明日，登座曰：「昔日大法眼禪師有偈曰：『難難難是遣情難，情盡圓明一顆寒。方便遣情猶不是，更除方便太無端。』大衆且道情作麽生遣？」喝一喝，下座包腰而去。一衆大驚，遮留之不可。叢林至今畏敬之。

南禪師住廬山歸宗，火一夕而燼，大衆譁譟動山谷，而黄龍安坐如平時。桂林僧洪準欲掖之而走，顧見，叱之。準曰：「和尚縱厭世間，慈明法道何所賴耶？」因徐整衣起，而火已及座榻矣。坐是入獄，郡吏發其私忿，考掠百至，絶口不言，唯不食而已。兩月而後得釋，鬚髮不剪，皮骨僅在。真點胸迎於中塗，見之，不自知泣下，曰：「師兄何至是也？」黄龍叱曰：「遮俗漢。」真不覺拜之。蓋其不動如山類如此。

曹山躭章禪師初辭洞山悟本，本曰：「吾在雲岩先師處親印《寶鏡三昧》，事窮的要。今付授汝，汝善護持，無令斷絶，遇真法器方可傳委。直須秘密，不得影露，恐屬流布，喪滅吾宗。夫末法時代，人多乾慧，若要辨認向去之人真僞，有三種滲漏，當機直須具眼：一、見滲漏者，機不離位，墮有毒海；二、情滲漏者，智常向背，見處偏枯；三、語滲漏者，體妙失宗，機昧終始。濁智流轉，於此三種，子宜知之。又綱要三偈，初《敲倡俱行》曰：『金針雙鎖備，狹路隱全該。寶印當空妙，重重錦縫開。』其次《金鎖玄路》曰：『交互明中暗，功齊轉覺難。力窮尋進退，金鎖網鞔鞔。』又其次《理事俱不涉》曰：『理事俱不涉，回照絶幽微。背風無巧拙，電火爍難追。』衲子當機，能如電火難追，則方透三種滲漏。」圓覺曰：「衆生爲解礙，菩薩未離覺。」故知脱生死於言下，自非上根大智，何以臻此？大愚以黄檗爲老婆，良有以也。黄檗每曰：「決定不流至第二念，就中方入我宗門。」蓋宗乘有旨趣，下流不悟，妄生同異，欲望大法之興，不亦難乎？

龍牙和尚作半身寫照，其子報慈匡化爲之贊曰：「日出連山，月圓當户。不是無身，不欲全露。」二老，洞山悟本兒孫也，故其家風，機貴回互，使不犯正位，語忌十成，使不墮今時。而匡化匠心獨妙，語不失宗，爲可貴也。餘杭政禪師嘗自寫照，又自爲之贊曰：「貌古形踈倚杖藜，分明畫出須菩提。解空不許離聲色，似聽孤猿月下啼。」政公，超然奇逸人也，故其高韻如光風霽月，詞致清婉，而道味苦嚴。古今贊偈甚多，予尤愛此二篇。

圭峰《日用偈》曰：「作有義事，是惺悟心。作無義事，是散亂心。散亂隨情轉，臨終被業牽。惺悟不由情，臨終能轉業。」偶閲《唐史》，李訓之敗，被緑衣詭言，黜官，走終南，依密。密欲匿之，其徒不可。乃奔鳳翔，爲盩厔吏所執。訓死，仇士良捕密，詰之，怡然曰：「與訓游久，吾法遇難則救，初無愛憎。死固吾分。」予謂比丘於唐交士大夫者，或見於傳記，多犯法辱教。而圭峰獨超然如此，爲史者亦欣然點筆疾書，蓋其履踐之明也。觀其偈，則無不欲透脱情境，譬如香象擺壞鐵鎖，自在而去，豈若蠅爲唾所涴哉？

雲庵住歸宗時，方送法眼大師荼毘時，雨新霽，泥方滑道，忽蹉倒，大衆爭掖而起。舉火把曰：「法眼荼毘，歸宗遭攧。呈似大衆，更無可説。」

石頭大師作《參同契》，其末曰：「謹白參玄人，光陰莫虚度。」法眼禪師註曰：「住住恩大難酬。」法眼可謂見先德之心矣。衆生日用，以妄想顛倒自蔽光明，故多違時失候，謂之虚度光陰。有道者無他，能善用其心耳。故趙州曰：「一切但仍舊，從上諸聖，無不從仍舊中得。」《大智度論》曰：「衆生心性，猶如利刀，唯用割泥，泥無所成，刀日就損。理體常妙，衆生自麁。能善用心，即合本妙。」《首楞嚴》曰：「佛謂阿難：譬如琴瑟、箜篌、琵琶，雖有妙音，若無妙指，終不能發。汝與衆生，亦復如是。寶覺真心，各各圓滿。如我按指，海印發光。汝暫舉心，塵勞先起。」《華嚴偈》曰：「若有欲識佛境界，當淨其意如虚空。遠離妄想及諸取，令心所向皆無礙。」

大智禪師曰：「夫教語皆是三句相連，初、中、後，善初直須教渠發善心，中破善後始明善，菩薩即非菩薩，是名菩薩法，非法非非法，總與麽也。若即説一句答，令人入地獄。若三句一時説，渠自入地獄，不干教主事。」故知古大宗師説法，皆依佛祖法式，不知者以謂苟然語。如無著所釋《金剛般若》，是此意也。洞山安立五位，道眼明者視其題目十五字排布，則見悟本老人，如曰「正中偏，偏中正，正中來，偏中至，兼中到」是也。汾陽頌曰：「五位參尋切要知，纖毫纔動則差或作相。違。金剛透匣誰能解，唯有那吒第一機。舉目便令三界淨，振鈴還使九天歸。正中妙挾通回互，擬議鋒鋩失却威。」

《金剛般若》曰：「知我説法，如筏喻者，法尚應捨，何況非法。」西天此土聖賢釋者，無慮千餘人，然莫如無著得佛之意。雙林大士又從而申明之：無著於此判，爲言説法身意。以謂筏者，言説也，雖與人俱然，亦不類，如筏行水中而實不住。非法者，二邊也，在筏且不類，豈於二邊而止住耶？故曰：「何況非法。」大士偈曰：「渡河須用筏，到岸不須船。人法俱名執，悟理詎勞詮。中流仍被溺，誰論在二邊。有無如取一，即被汙心田。」故曹洞宗旨有「混不得、類不齊」之語也。

雲峰悦禪師再游泐潭，重會南禪師，敘別講舊，相得甚歡。久之，更使一見石霜慈明老人。既至，石霜憇於山前莊。聞其坦率之風，悔來，因不復過門，徑造南岳福嚴。未期月，掌記室。俄長老賢公化去，郡以慈明來居之。初聞夜參，貶剥諸方異解，皆其平生艱難而得者。於是嘆服，即投誠問道，三往三被罵而退，不勝忿。業已歸之，明日復往，慈明罵如故，因啓曰：「某唯以不解故來問善知識，宜施方便。不蒙開示，專以罵爲，豈從上所以授法之式耶？」慈明驚曰：「南書記，我謂汝是箇人，乃作罵會耶？」黄龍聞其語，如桶底脱，拜起，汗下。從容論趙州因縁，呈偈曰：「傑出叢林是趙州，老婆勘破没來由。

如今四海清如鏡，行人莫與路爲讎。」慈明閱之，笑曰：「偈甚佳。但易一字，曰：老婆勘破有來由。」其機智妙密又如此。黄龍辭去，白曰：「大事畢竟如何？」慈明訶曰：「着衣喫飯，不是畢竟；痾屎送尿，不是畢竟。」予嘗游福嚴，覽其山川之形勝，讀思大所記曰：「此山增人之志力，居之者多得道。故祖宗授法，莫不因之。雖大法之興，必依之人。」然馬祖於此受讓公記莂，其道大振於江西。今慈明、黄龍事迹復相類，亦足怪也。

生法師曰：「敲空作響，擊木無聲。」法眼禪師忽聞齋魚聲，謂侍者曰：「還聞麼？適來若聞，如今不聞；如今若聞，適來不聞。會麼？」

有僧嘗登三生藏，取思大平生所持錫立之，疑慮横生，終不能定。忽自念曰：「當一切放下却。」即舉錫置之，錫卓然不傾。以問予：「其故何哉？」予曰：「非特於錫則然，凡事若有心，即成差悮。試觀兒輩剪紙，擬心即失，不擬心徑往無難。故道人不可須臾忘照也。」

《首楞嚴》曰：「汝元不知一切浮塵，諸幻化相，當處出生，隨處滅盡。」《涅槃》曰：「譬如猛火，不能燒薪。」火出木盡，名爲燒薪。《般若燈論》曰：「根境理同然，智者何驚異。」衲子於此見徹，方入阿字法門。

康僧會，天竺人，吴赤烏十年初至建業，營立茆茨，設像行道。孫權疑爲矯異，召問曰：「有何靈驗？」對曰：「如來遷迹，忽逾千載。遺骨舍利，神耀無方。昔阿育王起塔，至八萬四千，塔寺之興，表遺化也。」權曰：「若得舍利，當爲造塔；如其虚妄，國有常刑。」會請期七日，乃謂其屬，共結淨室，以銅瓶加几，燒香禮請。至期無應，會求伸至三七，忽聞瓶中鏘別本作鏗。然有聲，果獲舍利，以示權。權與群臣聚觀，五色燭人。權大驚而起，曰：「希有之瑞也。」釋曇諦，父肜嘗爲冀州別駕，母黄氏晝寢，夢一僧呼爲母，寄一麈尾并鐵鏤書鎮二枚。既覺，而兩物具或作俱。存，因而懷娠，生諦。此二物乃諦前身爲宏覺法師爲姚萇講《法華》所獻。追繹宏覺捨命，正是寄物之日。會以真誠之至，能生致舍利；諦以大死願所持，亦能死將長物。嗚呼！真誠大願之力，尚能反易生死，如意自在，況守護心城者耶？

莊子言：「藏舟於壑，藏山於澤。」釋者遣語如流，至曰「藏天下於天下」，未有不嗒然危坐，置筆而思者。晦堂老人嘗問學者，此義如何？對之甚衆。晦堂笑曰：「汝善説道理。」予作偈記其意曰：「天下心知不可藏，紛紛嗅迹但尋香。端能百尺竿頭步，始見林梢掛角羊。」又問：「《列子》載兩小兒論日遠近，不決，而質於孔子。孔子不答。其意何在？」學者皆曰：「聖如夫子，亦莫能辨此理，是以無説也。」晦堂亦笑之。予作偈釋之曰：「涼温遠近轉增疑，不答當渠痛處錐。尚逐小兒爭未已，仲尼何獨古難知。」

歐陽文忠公昔官洛中。一日，游嵩山，却去僕吏，放意而往。至一山寺，入門脩竹滿軒，霜清鳥啼，風物鮮明。文忠休於殿陛旁，有老僧閲經自若，與語，不甚顧答。文忠異之，曰：「道人住山久如？」對曰：「甚久也。」又問誦何經，對曰：「《法華經》。」文忠曰：「古之高僧臨生死之際，類皆談笑脱去，何道致之耶？」對曰：「定慧力耳。」又問：「今乃寂寥無有，何哉？」老僧笑曰：「古之人念念在定慧，臨終安得亂？今之人念念在散亂，臨終安得定？」文忠大驚，不自知膝之屈也。謝希深嘗作文記其事。

言法華梵相奇古，直視不瞬，時獨語笑。多行市里，褰裳而趨，或舉指畫空，佇立良久。從屠沽游，飲啗無所擇，道俗並目爲狂僧。懷禪師未出家時，師見之，撫其背曰：「德山、臨濟。」丞相吕許公問佛法大意，對曰：「本來無一物，一味總成真。」僧問：「世有佛否？」對曰：「寺裏文殊。」有問師爲凡耶聖耶，舉手曰：「我不在此住。」將示化，作遺偈，其旨不可曉也。已而曰：「我從無量刧來，成就逝多國土。分身揚化，今南歸矣。」語畢，右脇而寂。慶曆戊子十一月二十三日也。

照覺禪師元豐之間革東林律居爲叢林，天下衲子望風而集，咸信敬畏仰，以爲肉身大士。其被賞識者，必名聞諸方。然未嘗輕予人。羅漢小南禪師嗣雲居祐公，道眼明白，未爲人知。嘗至東林，照覺鳴鐘集衆，出迎于清溪之上，其徒大驚。自是南之名日益顯著。佛印禪師再歸雲居，靈源叟初自龍山來，與衆群居，痛自韜晦。佛印陞座白衆，請以爲座元，其禮數特異。靈源受之，叢林學者日親知晦堂老人法道有在矣。嗚呼！先德之成就法器，使增重於世，其法如此。堯非不能誅四凶、舉十六子也，留以遲舜耳。雖古聖人所爲，莫能外是。二老其亦知此者歟？

古塔主去雲門之世無慮百年，而稱其嗣。青華嚴未始識大陽，特以浮山遠公之語，故嗣之不疑。二老皆以傳言行之自若，其於己甚重，於法甚輕。古之人於法重者，永嘉、黄檗是也。永嘉因閱《維摩》，悟佛心宗，而往見六祖，曰：「吾欲定宗旨也。」黄檗悟馬祖之意而嗣百丈，故百丈嘆以爲不及也。

地藏琛禪師能大振雪峯、玄沙之道者，其秘重大法、恬退自處之効也歟？予嘗想見其爲人，城限古寺，門如死灰，道容清深。戲禪客曰：「諸方説禪浩浩地，爭如我此間栽田博飯喫。」有旨哉。

予初居黄龍山時，作《禪和子十二時偈》曰：「吾活計，無可觀。但日日，長一般。夜半子，困如死。被虱咬，動脚指。雞鳴丑，粥魚吼。忙繫裙，尋襪紐。平旦寅，忽欠伸。兩眉稜，重千斤。日出卯，自攪炒。眼誦經，口相拗。食時辰，齒生津。輪肚皮，虧口唇，禺中巳，眼前事。看見親，説不似。日南午，衣自補。忽穿針，全體露。日昳未，方或作初。作破睡。洗開面，摸着鼻。晡時申，最天真。順便喜，逆便嗔。日入酉，壁掛口。鏡中空，日中斗。黄昏戌，作用密。眼開闔，烏崒律。人定亥，説便會。法身眠，無被蓋。坐成叢，行作隊。活鱍鱍，無障礙。若動着，赤肉艾。本無一事可營爲，大家相聚喫莖菜。」

雲峰悦禪師初至高安大愚見芝和尚，芝問曰：「汝來何所求？」對曰：「擬學佛法。」

芝曰：「佛法豈可容易學？趁色力强健，爲衆乞飯一遭，學未晚。」悦天資純至，信受其言，即往行乞。既還，而芝移居翠巖。悦又詣芝所，求入室。芝曰：「佛法且置之。大衆夜寒須炭，更當乞灰一次。學未晚。」悦又行乞。歲晏，載炭歸，且求示誨。芝曰：「佛法不怕爛却，維那方缺人。子當就職，勿辭也。」遂鳴犍椎白衆，請之。悦有難色，拜起，追悔，欲棄去，業已當之，因中休。然恨不曉芝公之意果如何耳。一日，束破桶，引篾觸盆墮地，遂大悟，方見芝公用處。走見芝，芝笑呼曰：「維那且喜大事了畢。」悦未及吐一言，再拜，汗如雨而去。故其門風孤峻，未嘗有構之者。南禪師嘗語大寧老原曰：「渠欲人人悟解如此，豈可得哉？」

神鼎諲禪師少年時與數耆宿游南岳，一僧舉論宗乘，頗博敏會。野飯山店中，供辦而僧論説不已，諲曰：「上人言『三界唯心，萬法唯識，唯識唯心，眼聲耳色』，何人之語？」僧曰：「法眼大師偈也。」諲曰：「其義如何？」對曰：「唯心故根境不相到，唯識故聲色縱然。」諲曰：「舌味是根境否？」對曰：「是。」諲以箸挾菜置口，含糊而言曰：「何謂相入耶？」坐者相顧大驚，莫能加答。諲曰：「路塗之樂，終未到家。見解入微，不名見道。參須實參，悟須實悟。閻羅大王，不怕多語。」

《金剛三昧經》乃二覺圓通，示菩薩行也。初，元曉造疏，悟其以本、始二覺爲宗，故坐牛車置几案於兩角之間，據以草文。《圓覺經》以皆證圓覺、無時、無性爲宗。故經首敘文不標時處，乃考其翻譯之代，史復不書。曉公設事表法，《圓覺》寘合佛意，其自覺心靈之影像乎？

曹溪六祖大師，方其韜晦時，雜居止於編民，混勞倡於商農，十有六年，蠻兒、海豎、販夫、竈婦得以追呼爾汝。及其德加於人，道信於天下也，雖屢朝天子不得而師友之。其行聖賢之分，故莫知貴賤之異也。《大宋高僧傳》曰：「天子累召祖，竟不往？曰：『吾貌不揚，北人見之必輕法。』」是果祖師之言乎？不仁者之言也。至人何嘗以形骸爲恤，況其天形道貌，以慈攝物，其肯不自信耶？

石頭和尚庵於南臺有年，偶見負米登山者，問之，曰：「送供米也。」明日，即移庵下梁端，遂終於梁端，有塔存焉。百丈寺在絶頂，每日力作以償其供，有勸止之者，則曰：「我無德以勞人。」衆不忍，藏去作具，因不食。故有「一日不作，一日不食」之語。先德率身多如此，故六祖以石墜腰，牛頭負米供衆。今少年苾蒭擎鉢，顰頞曰：「吾臂酸。」

雪竇禪師作《祖英頌古》，其首篇頌初祖不契梁武，曰「闔國人追不再來，千古萬古空相憶」者，重嘆老蕭不遇詞也。昧者乃敘其事于前曰：「達摩既去，誌公問曰：『陛下識此人否？蓋觀音大士之應身耳，傳佛心印至此土，奈何不爲禮耶？』老蕭欲追之，誌公曰：『借使闔國人追，亦不復來矣。』」雪竇豈不知誌公没於天監十三年，而達摩以普通元年至金陵，予以是知敘此者非雪竇意也。今傳寫又作「蓋國」，益可笑。又頌洞山麻三斤，曰：「堪憶長慶陸大夫，解道合哭不合哭。」意用長慶語。長慶聞陸大夫此語而哭，乃問衆曰：「且道合哭不合哭？」事見《傳燈録》。而昧者易曰「合笑不合笑」，失其旨甚矣。王文公見禪者，多問韓退之見大顛事，往往對公妄談者。公嗟惜禪者吐辭多臆説，不問義理，故要謗者多以此。有志於宗教者當考證之，不可苟也。

僧問予：「轉八識，成四智，從上宗師頗有釋其義者乎？」予曰曹溪有偈最詳，曰：「大圓鏡智性清淨，平等性智心無病。妙觀察智見非功，成所作智同圓鏡。五八六七果因轉，但轉其名無實性。若於轉處不留情，繁興永處那伽定。」以五識「第八親相分，故曰成所作智同圓鏡」，是皆果上方轉；第六、第七無別體，故但能了知即性平等。是皆因中轉也。

英邵武開豁明濟之姿，蓋從上宗門爪牙也。嘗客雲居，掩室不與人交。下視四海，莫有可其意者，曰：「吾將老死於此山。」偶夜讀李長者《十明論》，因大悟。久之，夜經行，聞二僧舉老黄龍佛手、驢脚因緣，異之，就問：「南公今何所寓？」對曰：「在黄檗。」黎明徑造南公，一見與語，自以謂不及。又往見翠岩真點胸，方入室，真問曰：「女子出定，意旨如何？」英引手搯其膝而去。真笑曰：「賣匙箸客未在。」真自是知其機辯脱略窠臼，大稱賞之，於是一時學者宗向。晚首衆僧於圓通。南公見僧自廬山來，必問曾依覬英首座否。有不識者，則曰：「汝行脚到廬山，不識英首座，是寶山徒手之説也。」南公在世，不肯開法，南公化去，師曰：「大法捨我，其誰能荷之耶？」遂出世，住泐潭。有偈語甚多，今止記其三首，可以想見其爲人。曰：「石門路險鐵關牢，舉目重重萬仞高。無角鐵牛衝得破，毘盧海内鼓波濤。」又曰：「萬煅爐中鐵蒺藜，直須高價莫饒伊。横來豎去呵呵笑，一任旁人鼓是非。」又曰：「十方齊現一毫端，華藏重重帝網寒。珍重善財何處去？青霄風撼碧琅玕。」

達觀禪師嘗竊笑禪者不問義理。如宗門有四種藏鋒，初曰就理，次曰就事，至於理事俱藏，則曰入就，俱不涉理事，則曰出就。彼不視字畫，輒易「就理」作「袖裏」，易「出就」作「出袖」，易「入就」作「入袖」，「就事」不可易也，則孤令之。今德山四家録所載具存，使晚生末學疑長老袖中必有一物出入往來，大可笑也。晦堂老人見禪者汗漫，則笑曰：「彼出家便依誦《八陽經》者爲師矣，其見聞必自有淵源。」南院和尚曰：「問在答處，答在問處。」夾山曰：「明中抽横骨，暗中坐舌頭。上座玄旨是老僧舌頭，老僧玄旨是上座舌頭。」又曰：「坐却舌頭，别生見解。參他活意，不參死意。」達觀曰：「纔涉唇吻，便落意思，並是死門，故非活路。直饒透脱，猶在沉淪。」予嘗怪洞上、臨濟提倡旨歸多相同，蓋得前聖爲物法式之大要。《楞嚴》曰：「此方真教體，清淨在音聞。」故舊説多言達摩乃觀音應身，指《楞伽》可以印心，則其旨蓋嘗曰「佛語心爲宗」故也。又曰南岳讓公亦觀音應身，味其意，若非苟然者也。

有僧謂予曰：「如古人問大修行人還落因果也無？答曰不落。或答曰不昧。問如何是大悲千手眼？或答曰通身是。有聞之者，則曰我則不然，曰徧身是。或問如何是佛？或答曰臭肉等來蠅。有聞之者曰我則不然，破驢脊上足蒼蠅。或問擬借一問，以爲影草時如何？或答曰何必。有聞之者曰何不道箇不必？如諸老宿所示，何以分其優劣？得達其旨，於法無礙。謂一切語言無用揀擇，信手拈來也耶？則彼皆輕重問答，錙銖而較之。謂臨機直須辨別也耶？則彼之理致具在，若無可同異者。此吾所嘗疑，不能釋也。」予曰：「我不解子之疑。然聞世尊在日，有比丘根鈍，無多聞性，佛令誦『苕帚』二字。日夕誦之，言『苕』則已忘『帚』，言『帚』則又忘『苕』，每自尅責，係念不休。忽能言曰『苕帚』，於此大悟，得無礙辯才。子能如誦『苕帚』者，當見先德大慈悲故，爲物之心。」僧讋䧟而去。

法昌倚遇禪師，北禪賢公之子。住山三十年，刀耕火種，衲子過門，必勘詰之。英邵武、聖上座皆黄龍高弟，與之友善，多法句，徧叢林。晦堂老人嘗過之，問曰：「承聞和尚近日造草堂，畢工否？」曰：「已畢工。」又問曰：「幾工可成？」曰：「止用數百工。」遇恚曰：「大好草堂。」晦堂拊手笑曰：「且要天下人疑着。」臨終時，使人要徐德占。德占偕靈源禪師馳往，至則方坐寢室，以院事什物付監寺，曰：「吾自住此至今日，以護惜常住，故每自蒞之。今行矣，汝輩着精彩。」言畢，舉手中杖子，曰：「且道遮箇付與阿誰？」

衆無對者。擲於地，投牀枕臂而化。

首山和尚嘗作《傳法綱要偈》曰：「咄咄或作哉。拙郎君，機或作巧。妙無人識。打破鳳林關，穿靴或作着靴。水上立。」「咄咄或作哉。巧女兒，停或作攧。梭不解織。貪看或作看他。鬬雞人，水牛也不識。」汾陽無德禪師注釋之，然學者猶莫曉。則知古人神悟穎脱之資，今人不可企及遠甚。予嘗嗟誦之。淳化三年十二月五日，謂衆曰：「老僧今年六十七，老病相依且過日。今年記取明年事，明年記着今年日。」至明年時皆無爽，復謂衆曰：「白銀世界金色身，情與無情共一真。明暗盡時俱不照，日輪午後示全身。」日午，安坐而化。

《大般若經》曰：「諸天子竊作是念，諸藥叉等言辭呪句，雖復隱密，而當可知。尊者善現於此般若波羅蜜多，雖以種種言辭顯示，而我等輩竟不能解。善現知彼心之所念，便告之言：『汝等天子，於我所説不能解耶？』諸天子言：『如是如是。』具壽善現復告言：『我曾於此不説一字，汝亦不聞，當何所解？何以故？甚深般若波羅蜜多，文字言説皆遠離故。由於此中，説者、聽者皆能解者，皆不可得。一切如來應正等覺，所證無上正等菩提，其相甚深，亦復如是。』」曹溪大師將入滅，方敢全提此令者，知大乘種性純熟。故僧問歸新州意旨，乃曰：「葉落歸根，來時無口。」至江西馬祖、南岳石頭，則大振耀之。故號石頭爲真吼，馬祖爲全提，其機鋒如大火聚，擬之則死。學者乃欲以意思，不亦悮哉？

嵩明教每嘆沙門高上，大聖慈廕之力也，而晚世紛紛者自卑賤之。其見天子無稱臣禮，臣之爲言公卿士大夫之職，不當僭越，取而有之。唐令瑫暗識，首壞其端，歷世因之不疑。彼山林野逸之人，天子猶不得臣之，況沙門乎？故其進《正宗記》之表，皆首尾言臣某，以存故事。至其間當自敘，則亦止稱名而已。當時公卿閱之，重其高識。予昔游湘中，見沙門作道場，至召南嶽帝君，則屈躬唱曰：「臣僧某。」此又何也？

予頃游京淮、東吴間，法席至盛，然主法者太謙，以壞先德之式。如前輩陞堂，攝衣定，侍者問訊，退，然後大衆致敬，側立肅聽，以重法故，於主法者何有哉？今則不然，長老登座拱立，以遲大衆立定，乃敢坐。獨江西叢林古格不易。然予以今日事勢觀之，恐他日有甚於京淮、東吴也。

仁宗皇帝與大覺禪師爲法喜游，和宸詞句甚多，然皆蹤跡上語，初不敢出新奇宏妙之言。至觀其平日所作，則驚絶之句甚夥。世疑其爲瓦注，非也。昔宋文帝以鮑明遠爲中書舍人，文帝好文章，自謂人莫及。明遠識其旨，故爲文多鄙言。世謂其才盡，實不然也。大覺身世兩忘，非明遠委曲事君之比。而仁宗皇帝生知道妙，嚏唾詞章，决非宋文所能髣髴。然予知璉公之智深，而應機之法不得不爾也。

端師子者，東吴人，住西余山。初見弄師子者，遂悟入。因以彩素制爲皮色，或升堂見客，則披之。遇雪朝，披以入城，小兒追逐譁之。得錢，悉以施飢寒者，歲以爲常。誦

《法華經》有功，湖人爭迎之。開經誦數句，則携錢去。好歌《漁父詞》，月夜歌之徹旦。時有狂僧號回頭和尚，鼓動流俗，士大夫亦安其妄。方與潤守吕公食肉，師徑趨至，指之曰：「正當與麽時，如何是佛？」回頭窘無以對。師搥其頭，推倒而去。又有狂僧號不托者，於秀州説法，聽者傾城。師搊住，問如何是佛，不托擬議，師趯之而去。師初開堂，命秀老作疏，敘其事曰：「推倒回頭，趯翻不托。七軸之《蓮經》未誦，一聲之《漁父》先聞。」師聽僧官宣至此，以手揶揄，曰：「止。」乃登座倡曰：「本是瀟湘一釣客，自東自西自南北。」大衆雜然稱善，師顧視笑曰：「我觀法王法，法王法如是。」下座徑去。章子厚請住墳寺，方對食，子厚言及之，師瞋目説偈曰：「章惇章惇，請我看墳。我却喫素，你却喫葷。」子厚爲大笑。吕延安好坐禪，而子厚喜鍛，師作偈示之曰：「吕公好坐禪，章公好學仙。徐六喻擔板，各自見一邊。」圓照禪師方乞身慧林，南歸姑蘇，見師於丹陽，問曰：「師非端師子耶？」師曰：「是。」圓照戲之曰：「汝村裏師子耳。」師應聲曰：「村裏師子村裏弄，眉毛與眼一齊動。開却口，肚裏直，儱侗不愛人取奉。直饒弄到帝王宫，也是一場乾打閧。」其意復戲圓照嘗應詔往都城故也。

大覺禪師昔居南嶽三生藏有年，叢林號「璉三生」，文學議論，爲時名公卿所敬畏。予嘗得其與孫莘老書，讀之，知其爲天下奇才也。其畧曰：「妙道之意，聖人嘗寓之於《易》。至周衰，先王之法壞，禮義亡，然後奇言異術間出而亂俗。迨我釋迦入中土，醇以第一義示人，而始末設爲慈悲，以化衆生，亦所以趣時也。自生民以來，淳朴未散，則三皇之教簡而素，春也。及情竇日鑿，則五帝之教詳而文，夏也。時與世異，情隨日遷，故三王之教密而嚴，秋也。昔商、周之誥誓，後世學者有所難曉，彼當時人民聽之而不違，則俗與今如何也？及其弊而爲秦、漢也，則無所不至，而天下有不忍願聞者。於是我佛如來一推之以性命之理，教之以慈悲之行，冬也。天有四時，循環以生成萬物，而聖人之教迭相扶持，以化成天下，亦猶是而已矣。然至其極也，皆不能無弊。弊，迹也。道則一耳，要當有聖賢者世起而救之也。自秦、漢至今，千有餘歲，風俗靡靡愈薄，聖人之教裂而鼎立，互相詆訾，不知所從。大道寥寥莫之返，良可嘆也。予讀之不忍置。及觀王文公非韓子，其詞意與此相合。其文曰：「人有樂孟子之距楊、墨也，而以佛、老爲己功。嗚呼！莊子所謂夏蟲者，其斯人之謂乎！道，歲也；聖人，時也。執一時而疑歲者，終不聞道矣。夫聖人之言，應時而設，昔常是者，今蓋非也。士知其常是也，因以爲不可變。不知所變者言而所同者道也。曰：然則孰正？曰：夫春起於冬，而以冬爲終。終天下之道術者，其釋氏乎？不至於是者，皆所謂夏蟲也。」

《大般若經》曰：「應觀欲界、色界、無色界空。善現是菩薩摩訶薩，作此觀時，不令心亂，若心不亂，則不見法；若不見法，則不作證。」又曰：「如金翅鳥，飛騰虚空，自在翺翔，久不墮落。雖依於空戲，而不據空，亦不爲空之所拘礙。」昔洞山悟本禪師立五位偏正以標準大法，約三種滲漏以辨衲子，非意斷苟爲，皆本佛之遺意。今叢林聞滲漏之語，往往鼻笑。雖悟本復出，安能爲哉？

《大般若經》曰：「一切智智，清淨無二。無二分，無別、無斷。」故古之宗師，如臨濟、德山、趙州、雲門之徒，皆洞達此意，故於一切時心同太虛，至於爲物作則，則要用便用。聊觀其一戲，則將摶取大千如陶家手，未了證者，當以事明。鞭草血流，頑石吼聲，則無情非情之異。雪中啼竹，筍爲之茁，則無今昔之時。囓指悟子，蔡順來歸，則無間隔之處。自乳猶子，而德秀乳流，則無男女等相。肇公曰：「傷夫，人情之惑也久矣，目對真而莫覺。」亦以是而已。

山谷禪師每曰：「世以相貌觀人之福，是大不然。福本無象可以觀之，惟視其人量之淺深耳。」又曰：「觀人之壽夭，必視其用心。夫動入欺誑者，豈長世之人乎？」寒山子曰：「語直無背面，心真無罪福。」蓋心、語相應，爲人之常然者，而前聖貴之。有以見世道交喪甚矣！大潙真如禪師一生誨門弟子，但曰：「作事但實頭。」雲蓋智禪師有所示，必曰：「但莫瞞心，心自靈聖。」

予在湘山雲蓋，夜坐地爐，以被蒙首。夜久，聞僧相語曰：「今四方皆謗臨濟兒孫説平實禪，不可隨例虛空中拋筋斗也，須令求悟。悟箇什麽？古人悟即握土成金，今人説悟正是見鬼。彼皆狂解未歇，何日到家去。」僧曰：「只如問趙州：『承聞和尚親見南泉，是否？』答曰：『鎮州出大蘿蔔頭。』此意如何？」其僧笑曰：「多少分明！　豈獨臨濟下用此接人，趙州亦老婆如是。」予戲語之曰：「遮僧問端未穩，何不曰：　如何是天下第一等生菜？　答曰：　鎮州出大蘿蔔頭。　平實更分明。　彼問見南泉，而以此對，却成虚空中打筋斗。」聞者傳以爲笑。

靈源禪師爲予言：　彭器資每見尊宿，必問：「道人命終多自由？」或云：「自有旨決，可聞乎？」往往有妄言之者，器資竊笑之。　暮年乞守湓江，盡禮致晦堂老人至郡齋，日夕問道。　從容問曰：「臨終果有旨決乎？」晦堂曰：「有之。」器資曰：「願聞其說。」答曰：「待公死時即説。」器資不覺起立，曰：「此事須是和尚始得。」予嘆味其言，作偈曰：「馬祖有伴則來，彭公死時即道。　睡裏虱子咬人，信手摸得革蚤。」

予夜與僧閲楊大年所作《佛祖同源集序》，至曰「昔如來於然燈佛所，親蒙記别，實無少法可得，是號大覺能仁」，置卷長嘆。　大年士大夫，其辯慧足以達佛祖無傳之旨。　今山林衲子反仰首從人求禪道佛法，爲可笑也。　僧曰：「石頭大師曰：『竺土大仙心，東西密相付。』豈其妄言之耶？」予謂曰：　子讀其文之誤。　所謂密付者，非若醫、巫家以其術背人相爾汝也。　直使其自悟，明爲密耳。　故長慶皺禪師曰：「二十八代祖師皆説傳心，且不説傳語，但破疑情，終不於佛心體上答出話頭。」如道明上座見六祖於大庾嶺上，既發悟，則曰：「此外更有密意也無？」六祖曰：「我適所説者，非密意也。　一切密意盡在汝邊。」非特然也。如釋迦於然燈佛所，但得授記而已，如有法可傳，則即付與之矣。阿難亦嘗猛省曰：「將謂如來，惠我三昧。」前聖語訓具在，可以鏡心。不然，香嚴聞擊竹聲，望潙山再拜；保壽隔江見德山，即横趨而去。何以密耳語哉？

曹山本寂禪師躭章曰：「取正命食者，須具三種墮：一者披毛戴角，二者不斷聲色，三者不受食。」時會下有稠布衲問：「披毛戴角是什麽墮？」答曰：「是類墮。」進曰：「不斷聲色是什麽墮？」答曰：「是隨墮。」進曰：「不受食是什麽墮？」答曰：「是尊貴墮。」因又爲舉其要曰：「食者即是本分事，本分事知有不取，故曰尊貴墮。若執初心，知有自己及聖位，故曰類墮。若初心知有己事，回光之時，擯却聲色香味觸法，得寧謐，即成功勳。後却不執六塵等事，隨分而昧，任之即礙。所以外道六師是汝之師，彼師所墮，汝亦隨墮，乃可取食食者，即是正命食也。食者亦是。却就六根門頭見聞覺知，只是不被佗染污，將爲墮，且不是同向前均他本分事，尚不取，豈況其餘事耶？」曹山凡言「墮」，謂混不得、類不齊耳。凡言「初心」者，所謂悟了同未悟耳。

唐温尚書造嘗問圭峯密禪師：「悟理息妄之人，不復結業，一期壽終之後，靈性何依？」密以書答之曰：「一切衆生無不具覺靈空寂，與佛無殊。但以無始刼來，未曾了悟，妄執身爲我相，故生愛惡等情。隨情造業，隨業受報，生老病死，長刼輪迴。然身中覺性未曾生死，如夢被驅使，身本安閑；如水作冰，而濕性不異。若能悟此意，即是法身。

本自無生，何有寄託？靈靈不昧，了了常知，無所從來，亦無所去。然多生習妄，執以性成，喜怒哀樂，微細流注，真理雖然頓達，此情難以卒除。須長覺察，損之又損，如風頓止，波浪漸停，豈可一身所修便同佛用。但可以空寂爲自體，勿認色身；以真知爲自心，勿認妄念。妄念若起，都不隨之，即臨命終時，自然業不能繫。雖有中陰，所向自由，天上人間，隨意寄託。若愛惡之念已泯，不受分假之身，自然易短爲長，易麄爲妙。若微細流注，一切寂滅，圓覺大智，朗然獨存，即隨現千百億身，度有緣衆生，名之曰佛。」本朝韓侍郎宗古嘗以書問晦堂老師曰：「昔聞和尚開悟，曠然無疑。但無始以來煩惱習氣未能頓盡，爲之奈何？」晦堂答曰：「敬承中書，諭及昔時開悟，曠然無疑者，不知煩惱習氣是何物，而欲盡之。若起此心，翻成認賊爲子也。從上以來，但有言說，乃是隨病設藥。縱有煩惱習氣，但以如來知見治之，皆是善權方便誘引之説。若是定有習氣可治，却是心外有法，而可盡之。譬如靈龜，曳尾於塗，拂迹迹生，可謂將心用心，轉見病深。苟能明達心外無法，法外無心，心法既無，更欲教誰頓盡耶？伏奉來諭，略敘少答，以爲山中之信耳。」二老，古今之宗師也，其隨宜方便，自有意味，初無優劣。然圭峰所答之詞，正韓公所問之意。而語不失宗，開廓正見，以密較之，晦堂所得多矣。

永明和尚曰：「夫祖佛正宗，則真唯識才有信處【三】，皆可爲人。若論修證之門，諸方皆云功未齊於諸聖。且教中所許初心菩薩皆可比知，亦許約教而會【四】。先以聞解信

【三】則真唯識才有信處　《續藏經》本「識」下有「性」字。

【四】亦許約教而會　「亦」原脱，據《續藏經》本補。

入，後以無思契同。若入信門，便登祖位。且約現今世間之事，於衆生界中，第一比知，第二現知，第三約教而知。第一比知者，且如即今有漏之身，夜皆有夢。夢中所見好惡境界，憂喜宛然，覺來床上安眠，何曾有實，並是夢中意識思想所爲。則可比知覺時所見之事，皆如夢中無實。夫過去、未來、現在三世境界，元是第八阿賴耶識親相分，唯是本識所變。若現在之境，是明了意識分別；過去、未來之境，是獨散意識思惟。夢覺之境雖殊，俱不出於意識，則唯心之旨，比況昭然。第二現知者，即是對事分明，不待立境。且如現見青白物時，物本自虛，不言我青我白，皆是眼識分與同時意識計度分别爲青爲白。以意辨爲色，以言説爲青，皆是意言自妄安置。以六塵鈍，故體不自立，名不自呼。一色既然，萬法咸爾，皆無自性，悉是意言。故曰萬法本閑，而人自鬧。是以若有心起時，萬境皆有；若空心起時，萬境皆空。則空不自空，因心故空；有不自有，因心故有。既非空非有，則唯識唯心。若無於心，萬法安寄？又如過去之境何曾是有，隨念起處，忽然現前。若想不生，境終不現。此皆是衆生日用，可以現知，不待功成，豈假修得，凡有心者，並可證知。故先德云：如大根人知唯識者，恒觀自心，意言爲境。此初觀時，雖未成聖，分知意言，則是菩薩。第三約教而知者，大經云：『三界唯心，萬法唯識。』此是所證本理，能詮正宗也。」予嘗三復此言，嘆佛祖所示廣大坦夷，明白簡易如此，而亦鮮有諦信之者，何也？清涼國師有言曰：「行人當勤勇念知，顯修之儀，以貪等世事、無始惡習離之甚難，過於世間慈父離於孝子，故須精進，方能除遣。勤則欲勤策勵，勇猛不息；念則明記不忘；知則決斷無悔。」予願守清涼之訓，以遵永明之旨，與諸同志入圓寂道場。

嵩明教初自洞山游康山，託迹開先法席。主者以其佳少年，鋭於文學，命掌書記。明教笑曰：「我豈爲汝一盃薑杏湯耶？」因去之，居杭之西湖，三十年閉關不妄交。嘉祐中以所譔《輔教編》、《定祖圖》、《正宗記》詣闕上之。翰林王公素時權開封，爲表薦於朝。仁宗皇帝嘉嘆久之，下其書於中書。宰相韓公、參政歐公閲其文，大驚，譽於朝士大夫。書竟賜入藏，明教名遂聞天下。晚移居靈隱之北永安蘭若，清旦誦《金剛般若經》不輟音，齋罷，讀書。賓客至，則清談，不及世事。嘗曰：「客去清談少，年高白髮饒。」夜分誦觀世音名號，滿十萬聲則就寢。其苦硬清約之風，足以追配鍾山僧遠。予嘗見其手書與月禪師曰：「數年來欲製紙被一翻，以禦苦寒，今幸已成之。想聞之大笑也。」臨終安坐，微笑索筆，作偈曰：「後夜月初明，予將獨自行。不學大梅老，猶貪鼯鼠聲。」師得法於洞山聰禪師，而《宗派圖》系於德山遠公法嗣之列，誤矣。

校勘記

卷下

大覺禪師皇祐二年十二月十九日，仁宗皇帝詔至後苑，齋於化成殿。齋畢，傳宣效南方禪林儀範，開堂演法，又宣左街副僧録慈雲大師清滿啓白。滿謝恩畢，唱曰：「帝苑春回，皇家會啓。萬乘既臨於舜殿，兩街獲奉於堯眉。爰當和煦之辰，正是闡揚之日。宜談祖道，上副宸衷。謹白。」璉遂陞座，問答罷，乃曰：「古佛堂中曾無異説，流通句内誠有多談。得之者妙用無虧，失之者觸途成滯。所以溪山雲月，處處同風，水鳥樹林，頭頭顯道，若向迦葉門下。直得堯風蕩蕩，舜日高明，野老謳歌，漁人鼓舞。當此之時，純樂無爲之化，焉知有恁麽事？」皇情大悦。

杜祁公、張文定公皆致政居睢陽里巷，相往來有朱承事者，以醫藥游二老之間。祁公勁正，未嘗雜學，每笑安道佞佛，對賓客必以此嘲之，文定但笑而已。朱承事乘間謂文定曰：「杜公天下偉人，惜未知此事。公有力，盍不勸發之？」文定曰：「君與此老緣熟勝我，我止能助之耳。」朱讋膺而去。一日，祁公呼朱切脈，甚急。朱謂使者曰：「汝先往白相公，但云看《首楞嚴》未了。」使者如所告馳白，祁公默然。久之乃至。隱几揖，令坐，徐曰：「老夫以君疏通解事，不意近亦例闒茸。如所謂《楞嚴》者，何等語？乃爾躭著！

聖人微言無出孔、孟，捨此而取彼，是大惑也。」朱曰：「相公未讀此經，何以知不及孔、孟？以某觀之，似過之也。」袖中出其首卷，曰：「相公試閲之。」祁公熟視朱，不得已，乃取默看，不覺終軸。忽起大驚曰：「世間何從有此書耶？」遣使盡持其餘來，徧讀之，捉朱手曰：「君真我知識。安道知之久，而不以告我，何哉？」即命駕來見文定，敘其事。安道曰：「譬如人失物，忽已尋得，但當喜其得之而已，不可追悔得之早晚也。僕非不相告，以公與朱君緣熟，故遣之耳。雖佛祖化人，不必藉同事也。」祁公大悦。

荆州福昌善禪師，明教寬公之子，爲人敬嚴，秘重大法。初住持時，屋廬十餘間，殘僧三四輩而已。善晨香夕燈，陞堂説法，如臨千衆，而叢林受用所宜有者，咸修備之。過客至，肅然增敬。十餘年而衲子方集，天下向風長想。南禪師與悦公亦在會下。南公曰：「我時病寒服藥，須被出汗。」遣文悦徧院借之，皆無有，百餘人例以紙爲之。今則又不然，重氈之上，以褥覆之，一日三覺。可謂快活時世也。

《華嚴論》曰：「若隨法性，萬相都無；若隨智力，衆相隨現。隱顯隨緣，都無作者。凡夫執着，用作無明。執障既無，智用自在。」永明禪師曰：「不離一真之境，化儀百變。是以箭穿石虎，非功力之所能；醉告三軍，豈麹蘖之所造。笋抽寒谷，非陽和之所生；魚躍冰河，豈網羅之所致。悉爲心感，顯此靈通。故知萬法施爲，皆自心之力耳。」

金鋒玄明禪師，曹山躭章禪師之嗣。道貌奇古，機辯冠衆。一日陞座，曰：「事存函蓋合，理應箭鋒拄。若人道得，我分半院與伊。」時有僧出衆，明下座約住曰：「相見易得好，共事難爲人。去！」

大本禪師，年八十終於蘇州靈巖山。臨行，門弟子請曰：「和尚道徧天下，今日不可無偈告安座。」本熟視曰：「癡子，我尋常尚懶作偈，今日特地圖甚麽？尋常要卧便卧，不可今日特地坐也。」索紙筆，大書五字曰：「後事付守榮。」擲筆憨卧，若熟睡然。撼之，已去矣。

《首楞嚴經》二種轉依者，一轉染得淨，二轉迷得悟。菩提是生得，謂二障障不生。故今斷障得名生得，涅槃名爲顯得，本性清淨，客塵翳故。今斷而彼顯，名爲顯得。然轉位有六：第一損力益能轉，謂初二位以勝解慚愧力，損本識中染種勢力，益淨種功能，漸伏現行，亦名爲轉也。第二通達轉，由見道達真，力斷二障，麤證一分，真實轉依故。第三修習轉，謂地地漸斷俱生，證真轉依也。第四果滿轉，謂究竟位以金剛定，永斷本來一切麤重，頓證佛果，圓滿轉依也。第五下劣轉，謂二乘厭苦欣寂，證真擇滅，無勝堪能故。第六廣大轉，謂大乘位俱無欣厭，通達二空，雙斷二障，頓證無上菩提，有勝堪能故。

唐高僧號懶瓚，隱居衡山之頂石窟中。嘗作歌，其略曰：「世事悠悠，不如山丘。卧藤蘿下，塊石枕頭。」其言宏妙，皆發佛祖之奥。德宗聞其名，遣使馳詔召之。使者即其窟，宣言：「天子有詔，尊者幸起謝恩。」瓚方撥牛糞火，尋煨芋食之，寒涕垂膺，未嘗答。

使者笑之，且勸瓚拭涕。瓚曰：「我豈有工夫爲俗人拭涕耶？」竟不能致而去。德宗欽嘆之。予嘗見其像，垂頤瞋目，氣韻超然，若不可犯干者。爲題其上曰：「糞火但知黄獨美，銀鈎那識紫泥新。尚無心緒收寒涕，豈有工夫問俗人。」

律部曰：「昔有一國大亂，民爭逃他邦，道旁室廬皆空。一老兵過之，聞呱呱之聲，入視之，有嬰兒仰視屋梁。老兵隨觀之，乃懸飯囊別本作纕，下同。耳。爲解開，視之，則灰也。嬰兒見之即死。蓋其母欲棄去，不忍殺，懸此囊，紿云：此飯也。故其係念不忘。識其爲灰，則無餘想矣。」乃知三界生死留滯，皆想所持。故古之達法大士臨終超然自得者，無別道，但識法根源而已。

叢林相傳石頭和尚施身食虎，祝曰：「我宗如他日大振，必先食吾足。」虎果自足而食。予竊笑之。紹聖初，游南臺，見泰布衲祭石頭明上座文，敘其施身食虎甚詳，乃知後人不能明，遂相傳爲遷禪師也。又曰：清涼法眼禪師，臨終以書別李國主，主幸所居而法眼不去，侍者壓以米囊，乃卒。按本傳，法眼以周顯德五年戊午七月十七日示疾，閏月剃髮沐浴告衆坐逝，未嘗先以書約國主也。而韓熙載作《悟空禪師碑》則曰：「師臨終以書别皇帝，中夜聞鐘聲，御昇元閣，泣而送之。」又曰：「洞山悟本禪師見母行乞，佯爲不識，母竟死於路旁。往視之，有米數合，爲投大衆粥鍋中，以薦冥福。」悟本獨庵寒溪百結最有年，至住新豐已六十餘，自巖頭、雪峰、欽山三人相尋而至，於是積衆幾千人，則母蓋不啻八十歲矣。借使聞其子顯著，自東吳孤行而來，不亦難乎？又曰：「玄沙欲出家，懼其父不從。方同捕魚，因覆舟溺死之。」玄沙天資高妙，必不爾。獨不知何所據，便爾不疑。此直不情者託之以自藏，安知誣毁先德爲罪逆。必有任其咎者，不可不慎也！

香山居士白樂天醉心内典，與之游者多高人勝士。觀其與濟上人書，鈎深索隱，精確高妙，未嘗不置卷長嘆，想見其爲人，恨不見濟公所答耳。因作補濟上人答樂天書一首，并樂天問詞録於此：　月日弟子太原白居易白濟上人侍者：昨者頂謁時，不以愚蒙，言及佛法，或未了者，許重討論。今經典間未諭者，其義有二，欲面問答。恐彼此卒卒，語言不盡，故粗形於文字，願詳覽之。敬佇報章，以開未悟。所望，所望！　佛以無上大慧觀一切衆生，知其根性大小不等，而以方便智説方便法，故爲闡提説十善法，爲小乘説四諦法，爲中乘説十二因緣法，爲大乘説六波羅蜜法，皆對病根投以良藥，此蓋方便教中不易之典也。何者？若爲小乘人説大乘法，心則狂亂，狐疑不信，所謂無以大海内於牛跡也；若爲大乘人説小乘法，是以穢食置於寶器，所謂彼自無瘡，勿傷之也。故《維摩經》總其義云：「爲大醫王，應病與藥。」又《首楞嚴三昧經》云：「不先思量，而説何法？隨其所應，而爲説法。」正是此義耳。猶恐説法者不隨人之根性也，故又《法華經》戒云：「若但贊佛乘，衆生没在苦。不能信是法。破法不信故。」如此非獨慮説者不能救病。亦恐聞者不信，没在罪苦也。則佛之付囑，豈不丁寧耶？何則？《法王經》云：「若定根基，爲小乘人說小乘法，爲大乘人說大乘說，爲闡提人說闡提說，是斷佛性，是滅佛身。是說法人當歷百千萬劫，墮諸地獄，縱佛出世，猶未得出。若生人中缺唇無舌，獲如是報。何以故？衆生之性，即是法性，從本已來無有增減，云何於中分別病藥？」又云：「於諸法中，若說高下，即名邪說，其口當破，其舌當裂。何以故？一切衆生，心垢同一垢，心淨同一淨。衆生若病，應同一病；衆生須藥，應同一藥。若說多法，即名顛倒。何以故？爲妄分別，析善惡法，破一切法故；隨機說法，斷佛道故。」此又了然不壞之義也。《金剛三昧經》云：「皆以一味道，終不以小乘。無有諸雜味，猶如一雨潤。」又《金剛經》云：「是法平等，無有高下，是名阿耨多羅三藐三菩提。」據此後三經，則與前三經義甚相戾也。其故何哉？若云依維摩詰謂富樓那云「先當入定，觀此人心，然後說法」，又云「不觀人根，不應說法」，夫以富樓那之通慧，又親奉如來爲大弟子，尚未能觀知人心，況後五百歲末法中弟子，豈能盡觀知人心而後說法乎？設使觀知人心，若彼發小乘心，而爲說大乘法，可乎？若未能觀彼心，而率己意說，又可乎？既未能觀，與默然不說，又可乎？若云依義不依語，則上六經之義互相違反，其將孰依乎？若云依了義經，則三世諸佛、一切善法皆從此經出，孰名爲不了義經乎？況諸經中與《維摩》、《法華》、《首楞嚴》之說同者，非一也，與《法王》、《金剛三昧》之說同者，亦非一也。不可偏舉，故於二義中各舉三經，此六經皆上人常所講讀者，今故引以爲問，必有甚深之旨焉。今且有人忽問法於上人，上人或能觀知其心，或未能觀知其心，將應病與藥而爲説耶？將同一病一藥而爲説耶？若應病與藥，又是有高下，是有雜味，即反《法王》等三經之義。豈徒反其義，又獲如上所説之罪報矣。若同一病一藥爲説，必當説大乘。大乘即佛乘也，若贊佛乘，且不隨應，且不救病，即反《維摩》等三經之義。豈徒反其義，又使衆生没在罪苦矣。六者皆如來説，如來是真語者，是實語，不誑語、不異語者。今隨此則反彼，順彼則逆此，設有問上人，其將何法以對焉？此其未諭者一也。又五藴者，色受想行識是也。十二因緣者，無明緣、行行緣、識識緣、名色名色緣、六入六入緣、觸觸緣、受受緣、愛愛緣、取取緣、有有緣、生生緣、老死憂悲苦惱是也。夫五藴、十二因緣，蓋一法也，蓋一義也。畧言之則爲五，詳言之則爲十二。雖名數多少或殊，其於倫次轉遷，合同條貫。今五藴中，則色受想行識相次，而十二緣中，則行識色入觸受相緣。一則色在行前，一則色次行後，正序之既不類，逆倫之又不同。若佛次第而言，則不應有此雜亂；若謂偶然而説，則不當名爲因緣。前後不倫，其義安在？此其未諭者二也。上人耆年大德，後學宗師，就出家中，又以説法，而作佛事，必能研精二義，合而通之。仍望指陳，著於翰墨。蓋欲藏諸篋笥，永永不忘也。其餘疑義，亦續咨問。居易頓首。予補其答曰：辱賜書，蒙以教乘爲問。顧惟魯鈍之資，何足以當天縱之辯。然敢不竭疲陋，以塞外議【二】，爲法之勤耶？如居士所論六經二義，與夫行、色不倫之説爲不通者，在不痛思自所問端「方便智」三言而已。了此三言，則

【二】以塞外議　「議」原作「護」，據《續藏經》本改。

雖百千妙義、無盡法門，可不究而解，矧所謂《維摩》、《法王》前後六經相戾之義乎？方便智者，如將將兵，權謀所施，非有定式。其發如雷霆、如機括，故能消禍於未然，折衝於千里，在一時耳，豈據典故哉。夫軍勢之虛實，將氣之勇怯，陣形之可否，成敗之先見，或有定論。例吾教，三乘以觀根授法，不可參亂是也。以勇怯之氣，爲虛實之勢，以施其事，則誤矣。例吾法，謂不可以大乘之法授小乘之人，而小乘之人終不堪授大乘之法，如《維摩》、《法華》等三經所以丁寧告諭者是也。《法王》等三經又明告直指，纖悉蕩除之，亦所當爾。何以知之？如將兵者，意在濟亂以安國，則如來之意，豈非欲開迷以顯智乎？執三乘之語言，違佛之方便智者，失之甚矣！彼持品第衆生根器之説，不能了者，反墮常見，即外道，非佛道也。執衆生佛性，自無始以來，無有是事者，又墮斷見，即外道非佛道也。《華嚴經》曰：『凡愚之人，迷佛方便，執有三乘。』《法華經》曰：『尋念過去佛，亦應説三乘。』來書所疑可以釋矣。《涅槃經》曰「欲得早成佛者與早，欲遲成者與遲成」，《起信論》曰「世尊爲勇猛衆生説，成佛在一念，爲懈怠衆生説，得果須滿僧祇」者，真方便智之旨。神而明之，則能變通與奪施之，以成就衆生也。一代時教，以三宗攝之，所謂法相、破相、性宗也。前之六經二義，乃法相、破相二宗所攝，此二宗自不許相難，以建立蕩除宗異故也。又疑爲法師者，不能定觀人之根過，慮誤授人以法，且有罪苦。夫知法比丘，雖凡夫具足煩惱之軀，然其志好明達，慧辯猛利，非果位小乘可比。如迦陵鳥在鷇，則聲壓衆鳥； 如堅好木茁地，則已秀群木。又況維摩所訶富樓那自言其過，有以也哉。如是而論，恐尚紓疑，請借近事以明之。王公大人之閲天下士，非必龍章玉山，其必先以言語。言語者，德行之候。故曰：「有德者必有言。」又曰：「觀其所由，察其所安，人焉廋哉？」雖古之聖人，莫能外此。則知法者，觀人之根大小，又豈有他術乎？如居士所疑色受想行識，與夫十二有支因緣之法名次不倫，互有錯謬者，未辨名目之理故也。夫色等五藴，乃三苦已成之軀； 十二有支，乃三世生因之法。如《華嚴・十地品》云：「於第一義不了，故名無明。所作業果是行，行依止初心是識，共生四取藴爲名色等」者，其敘本末沿襲，理固然也。《般若經》則曰『色即是空，空即是色。色不異空，空不異色。受想行識，亦復如是』者，破有法不真故也。且色體尚爾，況四藴但名一本有色字。而已哉？《般若》諸經破有之教，故言五藴，則色居行之前。《華嚴・十地品》諸經敘沿襲之因，故色在行之後。非畧言則五，詳言則十二也。法之所本，要本於理，而當於義，不必守名句以自滯。多病久廢講，前之所陳者，皆教乘之深旨，非敢臆斷意諭。至於言謂之不及，而可以模鑄。魔、佛了辨異同者，又未可遽言也。

斷際禪師嘗與異僧游天台，行數日，至江漲，不能濟，植杖久之。異僧以笠當舟，登之浮去。斷際嫚駡曰：「我早知汝，定捶折其脛乃快也！」異僧嘆曰：「道人猛利，非我所及。」雪峯、巖頭、欽山自湘中入江南，至新吴山之下。欽山濯足澗側，見菜葉而喜，指以謂二人曰：「此山必有道人，可沿流尋之。」雪峯恚曰：「汝智眼太濁，他日如何辨人？彼不惜福如此，住山何爲哉？」古之人擇師結友，如是其審哉！

法燈泰欽禪師初住洪州雙林，乃曰：「山僧本擬深藏山谷，遣日過生緣。清涼老人有不了底公案，所以出來爲他了却。」時一僧出問：「如何是老人未了底？」欽曳杖擊之。僧曰：「我有何過？」欽曰：「祖禰不了，殃及兒孫。」李國主從容問曰：「先師有甚麽不了底公案？」欽曰：「現分析底。」國主駭之。欽少年時，其悟解已逸格，然未爲人知，獨法眼禪師深奇之。性忽繩墨，不事事。嘗自清涼遣化維揚，不奉戒律，過時未歸。一衆傳以爲笑，法眼遣偈往呼之。既歸，使爲衆燒浴。一日，法眼問大衆曰：「虎項下金鈴何人解得？」對者皆不契。欽適自外至，法眼理前語問之。欽曰：「大衆，何不道繫者解得？」於是人人改觀。法眼曰：「汝輩遮回笑渠不得也。」

王文公方大拜，賀客塞門。公默坐甚久，忽題於壁間曰：「霜筠雪竹鍾山寺，投老歸歟寄此生。」又元宵賜宴於相國寺，觀俳優。坐客懽甚，公獨作偈曰：「諸優戲場中，一貴復一賤。心知本自同，所以無欣怨。」予嘗謂同學曰：「此老人通身是眼。瞞渠一點也不得。」

臨濟大師曰：「大凡舉倡宗乘，須一句中具三玄，一玄中具三要，有玄有要。」諸方衲子多溟涬其語，獨汾陽無德禪師能妙達其旨，作偈通之曰：「三玄三要事難分，得意忘言道易親。一句明明該萬象，重陽九日菊花新。」非特臨濟宗喜論三要，石頭所作《參同契》備具此旨。竊嘗深觀之，但易玄要之語爲明暗耳。文止四十餘句，而以明暗論者半之。篇首便標曰：「靈源明皎潔，枝派暗流注。」又開通發揚之曰「暗合上中言，明明清濁句」，在暗則必分上中，在明則須明清濁，此體中玄也。至指其宗而示其意，則曰「本末須歸宗，尊卑用其語」，故下廣敘明暗之句，奕奕聯連不已，此句中玄也。及其辭盡也，則又曰「謹白參玄人，光陰莫虛度」，道人日用，能不遺時失候，則是真報佛恩，此意中玄也。法眼爲之注釋，天下學者宗承之。然予獨恨其不分三法，但一味作體中玄解，失石頭之意。李後主讀「當明中有暗」注辭，曰：「玄黄不真，黑白何咎？」遂開悟。此悟句中玄爲體中玄耳。如安楞嚴破句讀，《首楞嚴》亦有明處，予懼學者雷同其旨。宗門妙意指趣，今叢林絶口不言，老師宿德日以凋喪，末學小生日以譁諠，無復明辨。因記先德詮量大法宗趣於此，以俟有志者。

此方教體以音聞應機，故明導者假以語言，發其智用。然以言遺言，以理辨理，則妙精圓明，未嘗間斷，謂之流注真如。此汾陽所謂「一句明明該萬象」者也。得之者神而明之，不然死於語下，故其應機而用，皆脱略窠臼，使不滯影迹，謂之有語中無語。此汾陽所謂「重陽九日菊花新」者也。三玄之設，本猶遺病，故達法者貴知其意。知意則索爾虛閑，隨緣任運，謂之不遺時。此汾陽所謂「得意忘言道易親」者也。古塔主喜論明此道，然論三玄則可以言傳，至論三要則未容無説。豈不曰「一玄中具三要，有玄有要？」自非親證，此道莫能辯也。

廬山玉澗林禪師作《雲門北斗藏身因緣偈》曰：「北斗藏身爲舉揚，法身從此露堂堂。雲門賺殺他家子，直至如今謾度量。」五祖戒禪師，雲門的孫，有機辯，嘗罷祖峯法席，游山南，見林，問作偈之意。林舉目視之，戒曰：「若果如此，雲門不直一錢，公亦當無兩目。」遂去，林竟如所言，而戒暮年亦失一目。今妄意測度先德之旨，疑悮後生者，亦可以少戒。

天台宗講徒曰：「昔智者大師聞西竺異比丘，言龍勝菩薩嘗於灌頂部誦出《大佛頂首楞嚴經》十卷，流在五天，皆諸經所未聞之義。唯心法之大旨，五天世主保護祕嚴，不妄傳授。智者聞之，日夜西向禮拜，願早至此土，續佛壽或作慧。命，然竟不及見。唐神龍初，此經方至廣州翻譯。」今市工販鬻徧天下，而學者往往有畢生不曾識之者。法輕則信種自劣，可嘆也！

古老衲住山，多託物寓意，既自游戲，亦欲悟人。如子湖之畜犬，道吾之巫衣端笏，獨雪峯、歸宗、西院皆握木蛇。故雪峯寄西院偈云：「本色住山人，且無刀斧痕。」予元符間至踈山，見仁禪師畫像亦握木蛇。嘗有僧問曰：「和尚手中是什麽物？」答曰：「是曹家女。」因嘆其孤韻超拔，能清凉熱惱，爲作贊曰：「三支習氣，其毒熾然。薰蒸識心，盤屈糾纏。衆生不明，横生疑怖。忽然見之，輙自驚仆。空華世間，本離生滅。廓然十方，露其窟穴。惟矮師叔，是大幻師。與奪萬法，自在娱嬉。乃知大千，皆公戲具。手中木蛇，是曹家女。」

永明和尚問曰：「此根本識心，既稱爲一切法體，又云常住不動。只如萬法，即此一心有，離此一心有。若即心，萬法遷變，此心云何稱爲常住？若離此心，復云何得爲一切法體？」自答曰：「開合隨緣，非即非離。以緣會故合，以緣散故開。開合但緣，卷舒無體。緣但開合，緣亦本空。彼此無知，能所俱寂。」故《密嚴經偈》曰：「譬如金石等，本來無水相。與水共和合，若水而流動。藏識亦如是，體非流動流。諸識共相應，與法同流轉。如鐵因磁石，周回而轉移。二俱無有思，狀若有思覺。賴耶與七識，當知亦復然。習繩之所繫，無人而若有。普徧衆生身，周行諸陰趣。如鐵與磁石，展轉不相知。」予嘗諦觀一切衆生，迷於動轉遷移之中，生心執著，以爲實然。以是横計，有生有死，罪行福行，如嬰兒自旋，見屋廬轉。諸佛大悲，爲作方便，以無情之類，無有心念，而亦有遷流爲譬。識心本來自寂，即入無生大解脱門。

潭州道吾山有湫，毒龍所蟄，墮葉觸波，必雷雨連日，過者不敢喘。慈明與泉大道同游，泉牽其衣，曰：「可同浴。」慈明掣肘徑去，泉解衣躍入，霹靂隨至，腥風吹雨，林木掀播。慈明蹲草中，大驚，意泉死矣。須臾晴霽，忽引頸出波間，笑呼曰：「囦。」又嘗夜坐祝融峯頂，有大蟒繞盤之，泉解衣帶縛其腰中，夜不見。黎明策杖徧山尋之，帶纏枯松之上，蓋松妖也。又自後洞負一石羅漢像至南臺，像無慮數百斤。衆僧驚駭，莫知其來，後洞僧亦莫知其去，遂相傳至今，號飛來羅漢。又過衡山縣，見屠者斫肉，立其旁，作可憐之態，指其肉，又指其口。屠問曰：「汝啞耶？」即點頭。屠大憐之，割巨臠置鉢中。泉喜出其望外，連呼曰：「感謝！」市人皆笑，泉自若而去。後住南嶽芭蕉庵，遭横逆，民其衣，役郴州牢城。盛暑負土埿城，經通衢，弛擔而坐，觀者如堵。説偈曰：「今朝六月六，谷泉受罪足。不是上天堂，便是入地獄。」言訖，微笑而寂，異香郁然。郴人至今供事之。泉親見汾州無德禪師，南山清涼道人謂予曰：「我十餘年作老黄龍侍者，聞其説見慈明事甚詳。」嘗喟然嘆曰：「我平生不得谷泉、文悦，又爭識得慈明？

靈源禪師謂予曰：「道人保養，如人病須服藥。藥之靈驗易見，要須忌口乃可，不然服藥何益？生死是大病，佛祖言教是良藥，染污心是雜毒，不能忌之，生死之病無時而損也。」予愛其言，追念《圓覺經》曰：「末世諸衆生，心不生虚妄。佛説如是人，現世即菩薩。」《法句經》曰：「若起精進心，是妄非精進。但能心不妄，精進無有涯。」南嶽思大禪師悟入法華三昧，即誦曰：「是真精進，是名真法供養。」汾陽無業大達國師一生答學者之問，但曰：「莫妄想。」是謂稱性之語，見道徑門。而禪者易其言，反求玄妙，可笑也！

三祖《信心銘》、誌公《十二時歌》、永嘉《證道文》，禪者不可不誦。退之見大顛事，傅大士《四相頌》雖不言，於宗門何傷乎？

定上座，不知何許人，臨濟會中號稱龍象。初至，臨濟問：「如何是祖師西來意？」臨濟下座搊住，曰：「速道！速道！」定擬議，濟掌之，輒推去。傍僧呼曰：「何不禮拜？」定拜起，汗如雨，因大悟。巖頭、雪峯、欽山三人往河北，道逢定鎮府來，問曰：「臨濟和尚健否？」定曰：「已化去也。」相顧嘆息，又問：「有何言句示衆？」定曰：「尋常上堂，曰：『汝等諸人，赤肉團上有一無位真人，常自面門出入，未證據者看。』」欽山曰：「何不道赤肉團上非無位真人？」定忽擒住曰：「且道無位真人與非無位真人相去多少？速道！速道！」欽色動，不能對。巖頭、雪峯勸解之。定曰：「若不是遮兩箇老凍膿，揑殺尿床鬼子。」又過橋，見三講人方論法義，定倚杖聽之，講者戲問曰：「禪者，如何是禪和窮到底？」定捉住，欲抛置水中。兩講人驚抱持之哀告。定曰：「若不是汝輩，且教禪和窮到底。」臨濟宗旨，貴直下便見，不復留情。定公所用，舒卷自在，如明珠走盤，不留影迹。可畏仰哉！

南禪師居積翠時，有僧侍立，顧視久之，問曰：「百千三昧無量妙門，作一句説與汝，汝還信否？」對曰：「和尚誠言，安敢不信？」南公指其左，曰：「過遮邊來。」僧將趨，忽咄之，曰：「隨聲逐色，有甚了期？出去！」一僧知之，即趨入。南公理前語問之，亦對曰：「安敢不信？」南公又指其左，曰：「過遮邊來。」僧堅不往，又咄之，曰：「汝來親近我，反不聽我語。出去！」其門風壁立，雖佛祖亦將喪氣，故能起臨濟已墜之道。而今人誣其家風，但是平實商量，可笑也。

予嘗愛王梵志詩云：「梵志翻着襪，人皆謂是錯。寧可刺你眼，不可隱我脚。」寒山子詩云：「人是黑頭虫，剛作千年調。鑄鐵作門限，鬼見拍手笑。」道人自觀行處，又觀世間，當如是游戲耳。

《淨業障經》曰：「世尊謂無垢光曰：『寢夢犯欲，本無差别。一切諸法，本性情淨。然諸凡夫，愚小無智，於無有法，不知如故。妄生分别。以分别故，墮三惡道。』古佛同聲説偈曰：『諸法同鏡像，亦如水中月。凡夫愚惑心，分别癡恚愛。諸法常無相，寂静無根本。無邊不可取，欲性亦如是。』」然教乘所論，開遮不一，故曰九結十纏。性雖空寂，初心學者且須離之。是以諸佛所説深經，先誡不可於新發意。菩薩説「慮種子習重，發起現行，又爲觀淺根浮」，信解不及故也。

道吾真禪師孤硬，具大知見，與楊岐會禪師俱有重名於禪林，當時慈明會中，先數會、真二大士爲龍象。然開法皆遠方小刹，衆纔二十餘輩，諸方來者必勘驗之，往往望崖而退甚多。真卧病，院主問：「和尚近日尊候如何？」答曰：「粥飯頭不得氣力。」良久曰：「會麽？」對曰：「不會。」曰：「貓兒尾後帶研槌。」或問：「如何是佛？」答曰：「洞庭無蓋。」予作偈曰：「洞庭無蓋，凍殺法身。趙州貪食，牙齒生津。」

翠巖真點胸英氣逸群，不虚許可。嘗客南昌章江寺，長老政公亦嗣慈明，性喜講説，學者多尚義學。真一日見政，則以手摳其衣，露兩脛，緩步而過。政怪問之，對曰：「前廊後架皆是葛藤，政恐絆倒耳。」政爲大笑，又問曰：「真兄，我與你同參，何得見人便駡我？」真熟視曰：「我豈駡汝。吾畜一喙，准備駡佛駡祖，汝何預哉？」政無如之何而去。見南禪師，曰：「我他日十字街頭做箇粥飯主人。有僧自黄檗來，我必勘之。」南公曰：「何必他日？我作黄檗僧，汝今試問。」真便問：「近離什麽處？」曰：「黄檗。」真曰：「見説堂頭老子脚跟不點地，是否？」曰：「上座何處得這消息來？」真曰：「有人傳至。」南公笑曰：「却是汝脚跟不點地。」真亦大笑而去。好問學者「魯祖當日見來參者，何故便面壁去」，未有契其機者。自作偈曰：「坐斷千山與萬山，勸人除却是非難。池陽近日無消息，果中當年不目觀。」別本目作自。

衡嶽楚雲上人生唐末，有至行。嘗刺血寫《妙法蓮華經》一部，長七寸，廣四寸，而厚半之，作旃檀匣，藏於福嚴三生藏。又刻八字於其上，曰：「若開此經，誓同慈氏。」皇祐間，有貴人游山，見之，疑其妄，使人以鉗發之。有血如綫出焉，須臾風雷震山谷，煙雲入屋，相捉不相見，彌日不止。貴人大驚，投誠懺悔。嗟乎！願力所持乃爾異也。予嘗經游，往頂戴之細看，血綫依然。貫休有詩贈之曰：「剔皮刺血誠何苦，爲寫靈山九會恐是部字。文。十指瀝乾終七軸，後來求法更無君。」

永明和尚曰：「今之學者多好求解會，此豈究竟。解但爲遣情耳，説但爲破執耳。情消執盡，則説解何存？真性了然，寂無存泯。所以若言即與不即，皆落是非。瞥掛有無，即非正念。故三祖大師云：『纔有是非，紛然失心。』時有僧問：『凡涉有無，俱成邪念。若關能所，悉墮有無。如何是正念而知！』答曰：『瑞草生嘉運，林華結早春。』」此是禪宗之妙，於諸方便中最爲親語。

白雲端禪師作《蠅子透窗偈》曰：「爲愛尋光紙上鑽，不能透處幾多難。忽然撞着來時路，始覺平生被眼瞞。」作《北斗藏身因緣偈》，曰：「五陵公子游花慣，未第貧儒自古多。冷地看他人富貴，等閑不奈幞頭何。」予謂此老筆端有口，故多説少説皆無剩語。

道宣律師作《二祖傳》，曰：「可遇賊斫臂，以法御心，初無痛苦。」蜀僧神清引其説以左書。予讀之，每失笑，且嘆宣暗於辯是非也。既列林法師與二祖聯傳，於林傳則曰：「林遇賊斫臂，呼號不已，故人呼爲無臂林。林與二祖友善，一日同飯，怪其亦以一手進，問其故，對曰：『我無臂舊矣。』」豈有游從之人爲賊斫臂，久而不知，反相問者耶？夫二祖以求法故，世無知者；林公以遇賊故，人皆知之。宣雷同之，厚誣先聖過矣！彼神清何爲者也？據以爲書，又可以發一笑。雖然，孟子曰：「盡信書，不如無書。」學者亦可以鑒於此。

慈明老人性豪逸，忽繩墨，凡聖莫測。初棄南源，歸省其母，以銀盆爲之壽，其母投諸地，駡曰：「汝少行脚，負布橐去，今安得此物？吾望汝濟我，今反欲置我作地獄滓耶？」慈明色不怍，徐收之，辭去，謁神鼎諲公。師叔諲公，首山之子，望高叢林。住山三十年，影不出山，諸方莫有當其意者。慈明通謁稱法孫，一衆大笑。諲公使人問：「長老何人之嗣？」對曰：「親見汾陽來。」諲訝之，出與語，應答如流，大奇之。會道吾虛席，郡移書，欲得大禪伯領之，諲以慈明應召。湘中衲子聞其名，聚觀之。予謂慈明道起臨濟於將仆，而平昔廓落乃如此，微神鼎，則殆亦谷泉之流也。然至人示現，要非有思議心所能知也。

教中有女子出定因緣，叢林商畧甚衆，自非道眼明白親見作家，莫能明也。大愚芝禪師每問僧曰：「文殊是七佛之師，爲甚麽出此女子定不得？罔明菩薩下方而至，但彈指一聲，便能出定？」莫有對者。乃自對曰：「僧投寺裏宿，賊入不良家。」予滋愛其語，作偈記之，曰：「出定只消彈指，佛法豈用工夫。我今要用便用，不管罔明、文殊。」雲庵和尚見之，明日，升座用前話，乃曰：「文殊與罔明見處有優劣也無？若言無，文殊何故出女子定不得？只如今日行者擊動法鼓，大衆同到座前，與罔明出女子定，是同是别？」良久曰：「不見道欲識佛性義，當觀時節因緣？」亦有偈曰：「佛性天真事，誰云别有師。罔明彈指處，女子出禪時。不費纖毫力，何曾動所思。衆生總平等，日用自多疑。」

大愚芝禪師作偈絶精峭，予猶及見，老成多誦之。其作《僧問洞山如何是佛答云麻三斤偈》曰：「横眸讀梵字，彈舌念真言。吹火長尖嘴，柴生滿竈煙。」又作《雲門普字偈》曰：「説佛説法廣鋪舒，矢上加尖也太愚。明眼衲僧旁覷見，一條拄杖兩人舁。」又示衆曰：「沙裏無油事可哀，翠巖嚼飯餧嬰孩。他時好惡知端的，始覺從前滿面灰。」

李留後端愿問達觀禪師曰：「人死，識當何所歸？」答曰：「未知生，焉知死？」對曰：「生則端愿已知。」曰：「生從何來？」李留後擬議，達觀揕其胸曰：「只在遮裏，思量箇甚麽？」對曰：「會也，只知貪程，不覺蹉路。」達觀拓開曰：「百年一夢。」又問：「地獄畢竟是有是無？」答曰：「諸佛向無中説有，眼見空花；太尉就有中覓無，手摣水月。堪笑眼前見牢獄，不避心外見天堂。欲生，殊不知欣怖在心，善惡成境。太尉但了自心，自然無惑。」進曰：「心如何了？」答曰：「善惡都莫思量。」又問：「不思量後，心歸何所？」達觀曰：「且請太尉歸宅。」師初住舒州，繼住潤州浮玉山，禪者景向。嘉祐五年正月元日，登堂，敘出世始末，大衆悲戀。下座，入方丈，趺坐。衆復擁至，以手揮曰：「各就壁立，勿譁。」少頃，寂然而逝。

予讀《大宋僧史會要》，愛隋大臣楊公素識度明正。嘗游嵩山，見畫壁，指問道士曰：「此何像？」對曰：「老子化胡成佛圖。」楊公曰：「何不化胡成道，而反成佛耶？」道士不能答。傳以爲名言。

雪竇通禪師，長沙岑大蟲之子也。每謂諸同伴曰：「但時中常在，識盡功成。瞥然而起，即是傷他，而況言句乎？故石霜諸禪師宗風，多論內紹外紹、臣種王種，借句挾帶，直饒未嘗忘照，猶爲外紹，謂之臣種，亦謂之借，謂之誕生。然不若絲毫不隔，如王子生下，即能紹種，謂之內紹，謂之王種，謂之句，非借也。借之爲言，一色邊事耳。不得已應機利生，則成挾帶。」汾陽無德禪師偈曰：「士庶公侯一道看，貧富賢愚名漸次。將知修行，亦須具眼。」予參至此，每自嗟笑，嗟堂中首座昧先師之意而脱去，笑羅山大師不契而識巖頭。及觀棗栢大士之論曰：「當以止觀力，功熟乃證知。急亦不得成，而緩亦不得。但知常不休，必定不虛棄。如乳中有酪，要須待其緣。彼緣緣之中，本無有作者。故其酪成已，亦無有來處，亦非是本有。如來智慧海，方便亦如是。」是以知古老宿行處，皆聖賢之言也。

幽州盤山積禪師有言曰：「似地擎山，不知山之孤峻；如石含玉，不知玉之無瑕。若能如是，是真出家。」大法眼禪師曰：「理極忘情謂，如何有喻齊？到頭霜夜月，任運落前溪。果熟兼猿重，山長似路迷。舉頭殘照在，元是住居西。」邃導師曰：「老僧平生百無所解，只是日日一般。雖住此間，隨緣任運。今日諸上座，與本無異也。」

古之人有大機智，故能遇緣即宗，隨處作主。巖頭和尚曰：「汝但識綱宗，本無是法。」予嘗與客論靈雲見桃花偈曰：「三十年來尋劒客，幾回落葉又抽枝。自從一見桃花後，直至如今更不疑。」潙山老子無大人相，便云：「從緣入者，永無退失。」獨玄沙曰：「諦當甚諦當！敢保老兄猶未徹在。」客問：「予未徹之處安在哉？」爲作偈曰：「靈雲一見不再見，紅白枝枝不着花。叵耐釣魚船上客，却來平地摝魚鰕。」

五祖戒禪師喜勘驗衲子，時大岳、雪竇號爲飽參，且有機辯。至東山之下，雪竇令大岳先往。岳包腰徑入方丈。時戒歸，自外見之，呼云：「作什麽？」岳回首，以手畫圓相示之。戒曰：「是什麽？」岳曰：「胡餅。」戒曰：「趁爐竈熱，更搭一箇。」岳擬議，曳拄杖趁出門。岳曰：「顯川遮關西子無面目，休去好。」戒暮年棄其徒來游高安。洞山寶禪師，其法嗣也。寶好名，賣之不爲禮。至大愚，未幾倚拄杖於僧堂前，談笑而化。五祖遣人來取骨石歸，塔焉。

溈山大圓禪師曰：「道人之心，質直無僞，無背無面，無詐妄心。一切時中，視聽尋常，更無委曲，亦不閉眼塞耳，但情無附物即得。從上諸聖只是説濁邊過患，若無如許多惡覺情見想習之事。譬如秋水澄渟，清淨無爲，淡泞無礙，唤作道人，亦名無事人。」或問：「頓悟之人，更用修否？」曰：「若真實悟得底，他自知時節，修與不修是兩頭語。今雖從緣得一念，頓悟自理，猶有無始習氣，未能頓淨。須教渠淨除現業流識，即是修也。不可别有一法，教渠修行趣向。從聞入理，聞理深妙，心自圓明，不居惑地，縱有百千妙義，抑揚當時，此乃得坐披衣自解作活計始得。以要言之，則實際理地，不受一塵；萬行門中，不捨一法。若也單刀直入，則凡聖情盡，體露真常，理事不二，即如如佛。」今時學者常疑佛性本來具足，何須復修？設不修行，無緣證聖。情隨向背，終落斷常。不知三世如來，十方菩薩，所有修習，皆自隨順覺性而已。則大潙所謂「修與不修是兩頭語」，不亦宜乎！

法眼禪師之子有慧明道人者，知見甚高，下視諸方。初庵於大梅山，有禪者來游，明問曰：「近離何處？」對曰：「成都。」曰：「上座離成都到此山，則成都少上座，此間剩上座。剩則心外有法，少則心法不周。說得道理即住，不會即去。」禪者莫能對。又還止天台山，有彦明道人者，俊辨自負，來謁師。師問曰：「從上先德有悟者麼？」對曰：「有之。」曰：「『一人發真歸源，十方虛空悉皆消殞。』舉手指曰：『只今天台山嶷然，如何得消殞去？』」明張目直視遯去。又問諸老宿曰：「雪峰塔銘曰：『夫從緣而有者，始終而成壞；非從緣而有者，歷刧而長堅。』堅之與壞即且止，雪峯只今在什麼處？」予謂禪宗貴大機大用，不貴知解。雲庵每曰：「汝輩皆知有，只是用不得。」如慧明道人，可謂善用者也。

予讀《傳燈録》，愛老安之子所謂破竈墮者，深證無生，恨不與之同時而生也。紹聖中，再游廬山，見其畫像，爲作贊曰：「嵩山屋老竈有神，民爭祠之日宰烹。師與門人偶經行，即而視之因嘆驚。此雖土瓦和合成，是中何從有聖靈？以杖敲之輒墮傾，須臾青衣出笑迎。謝師爲我談無生，言訖登空如鳥輕。門人問之拜投誠，伏地但聞破墮聲。君看一體情非情，皎如朗月懸青冥，未證據者以事明。鞭草血流石吼聲，一本作升。涅槃門開見户庭。老安憐兒爲作名，金屑雖貴翳眼睛。」

金華懷志上座性夷粹，飽經論，東吴學者尊事之。嘗對客曰：「吾欲會天台、賢首、唯識三宗之義，折中之爲一書，以塞影跡之諍。」適有禪者居坐末，曰：「賢首宗祖師謂誰？」志曰：「杜順和尚。」禪者曰：「順有《法身頌》曰：『懷州牛喫禾，益州馬腹脹。天下覓醫人，灸猪左膊上。』此義合歸天台、唯識二宗，何義耶？」志不能對。禪者曰：「何不游方去？」志於是罷講南詢。至洞山，時雲庵和尚在焉，從之游甚久。去游湘上，庵於石頭雲溪二十餘年，氣韻閑淡。過客謁之，多不言。侍者問之，答曰：「彼朝貴人多知多語，我粥飯僧，見之自然口吻遲鈍。」予曾問：「住山有何趣味？」答曰：「山中住，獨掩柴門無别趣，三箇柴頭品字煨，不用援毫文彩露。」又曰：「萬機俱罷付癡憨，蹤跡常容野鹿參。不脱麻衣拳作枕，幾生夢在緑蘿庵。」年六十二，思歸江南依故人照禪師。照住龍安，遂坐去。予嘗作偈寄之曰：「看偏三湘萬頃山，江南歸去卧龍安。只將一味無求法，留與叢林作樣看。」又曰：「鬧中抛擲亦奇哉，句裏藏身活路開。生鐵心肝含笑面，不虚參見作家來。」

杭州上天竺辯才法師元淨，悟法華三昧，有至行，弘天台教，號稱第一，東吴講者宗向之。時秀州有狂人號回頭，左道以鼓流俗，宣言當建窣堵波，爲吴人福田，施者雲委，然憚入杭境，以辯才不可欺故也。不得已，先以錢十萬詣上天竺飯僧，且遣使通問，曰：「今以修造錢若干，願供僧一堂。」淨答其書曰：「道風遠來，山川增勝。誨言先至，喜慰可量。承以營建淨檀，爲飯僧之用。竊聞教有明文，不許互用。聖者既遺明誨，不知白佛當以何辭？佇聞報章，即令撰疏文也。」狂人大驚慚，見其徒。然淨之門弟子亦勸且禮之以化俗，淨厲語曰：「出家兒須具眼始得，彼誠聖者，吾敢不恭？如其誕妄，知而同之，是失正念。吾聞聖者具他心通，今夕當與爾曹虔請，於明日就此山與十方諸佛同齋。」即如法嚴敬，跪讀疏文焚之。明日，率衆出迎，而所謂狂人者竟不至。學者皆服。

汾陽無德禪師見七十一員善知識，前後八請，皆不出世。燕居襄陽白馬寺，并汾道俗千餘人詣其居，勸請説法。既至，宗風大振，跡不越閫，自爲《不出院歌》以見志。北地苦寒，因罷夜參。忽有梵僧乘雲而至，問所以不説之意，師以衆僧不可夜立爲詞。梵僧曰：「時不可失，此衆雖不多，然中有六人，異日爲大宗師，道靨人天，可開大慈。爲法施不可悋也。」言卒而没，師明日上堂，曰：「胡僧金錫光，爲法到汾陽。六人成大器，勸請爲敷揚。」時大愚芝、石霜圓、瑯琊覺、法華舉諸公，咸在會下。

永嘉禪師偈曰：「若以知知寂，此非無縁知。如手執如意，非無如意手。若以自知知，亦非無縁知。如手自作拳，非是不拳手。亦不知知寂，亦不自知知。不可爲無知，以性了然故。不同於木石，如手不執物。亦不自作拳，不可爲無手。以手安然故，不同於兔角。」智覺禪師曰：「斯爲禪宗之妙，故今用之，而復小異。以彼但顯無緣真智，以爲真道。若奪之者，但顯本心，不隨妄心。未有智慧照了心源，故須能所平等，等不失照，爲無知之知。此知之於空寂無生，如來藏性，方有妙耳。」智覺之意，欲偈兼言明悟；永嘉止説悟後之病，二老之言皆是也。然天下之理，豈可以一言盡耶？永嘉之偈，不必奪亦可也。

《正宗記》評三祖大師曰：「尊者初雖不自道其姓族鄉邑，後之於世復三十餘載，豈絶口而畧不云乎？此可疑也。」曰：「予視房碑曰：大師嘗謂道信云：『有人借問，勿道於我處得法。』此明尊者自絶之甚也。至人以物跡爲大道之累，乃忘其心。今正法之宗猶欲遺之，況其姓族鄉國俗間之事，肯以爲意耶？」予讀至此，知明教所得多矣。王文公亦曰：「古之有道者，功業有不足以累其懷，況身後之名乎？」如亮公之逃西山，常公之庵大梅，歸宗之眯其目，法正之不言名姓，是諸老皆能踐其所聞者也。故其化去數百年，凜凜尚有生氣。彼無意於此，世爭以此與之，蓋理之固然。

南禪師住歸宗時，遣化至虔上。化人還白，曰：「虔有信士劉君，臨行，送至郊外，祝曰：『爲我求老師偈一首，爲子孫世世福田。』」明年，師以偈寄之，曰：「虔上僧歸廬岳寺，首言居士乞伽陀。授毫示汝箇中意，近日秋林落葉多。」後四十年，雲庵復住歸宗，法席盛於前。劉君之子持此偈來飯僧，敘其事。雲庵上堂，有偈曰：「先師昔住金輪日，有偈君家結淨緣。我住金輪還有偈，却應留與子孫傳。」

《涅槃經》中有聞讚佛爲大福德，怒曰：「生經七日，母便命終，豈謂大福德相？」讚者曰：「年志俱盛，而不卒暴。打之不嗔，駡之不報，是故我言大福德相。」怒者聞而心服。故慈爲無盡福德相，故沙門能世福田者，以慈修身故也。

永明和尚曰：「此重玄門，名言路絶，隨智所演，以廣見聞。唯證方知，非情所解。若親證時，悉是現量之境，處處入法界，念念見遮那。」若但隨文義所解，只是陰識依通，當逆順境時，還成滯礙。遇差別問處，皆是疑情。如鹽官安禪師問講《華嚴》大師云：「《華嚴經》有幾種法界？」對曰：「畧而言之，有十種法界。廣而言之，重重無盡。」鹽官舉拂子云：「是第幾重法界？」大師俛首，擬答之。鹽訶曰：「思而知，慮而解，是鬼家活計。日下孤燈，果然失照。出去。」予聞華嚴宗曰：「勝熱婆羅門火聚刀山，是般若無分別智。」彼疏義者，如葉公畫龍，真龍忽見，投筆怖走。

洞山圓禪師嗣雪竇，年甚少，開先暹道者舉之以應筠人之請。時南禪師住黄檗，因出邑相見於淨戒寺。南公默無所言，但焚香相向，危坐而已。自申時至三鼓，圓公即起，曰：「夜深妨和尚偃息。」趨出。明日，各還山。南公偶問永首座：「汝在廬山，識今洞山老否？」永曰：「不識，止聞其名。」久之，進曰：「和尚此回見之如何人？」南公曰：「奇人。」永退問侍者：「汝隨和尚見洞山，夜語及何事？」侍者以實告，永笑曰：「疑殺天下人。」

誌公和尚《十二時歌》，大明佛祖要妙，然年代寖遠，昧者多改易其語，以徇其私。其大害意者，如曰：「夜半子，心住無生即生死。心法何曾屬有無，用時便用没文字。」乃作「生死何曾屬有無」，言則工矣，然下句血脉不貫，既曰：「生死不屬有無」，又曰「用時便用」，何哉？

予在湘山道林，有僧謂予曰：「吾初看六祖風幡因緣，久之，偶仰首就架取衣，方薦其旨。」予戲曰：「非舉目見風幡時節耶？」僧首肯之。予曰：「祖師夜聞二僧徵詰，即謂曰：『非風幡動，仁者心動。』縱其張目，於暗中，二僧何以識之？」僧大愠而去。無盡居士嘗爲予言：「頃京師見慧林一僧談禪，不肯諸方。吾問蜆子答祖師西來意，乃曰：『神前酒臺槃意旨如何？』其僧張目直視，曰：『神前酒臺槃。』無盡戲之曰：『廟中是夕有燈則已，不然蜆子佛法，遂爲虚施。』」

靈源禪師謂予曰：「吾嘗在龍舒見龍門顯道人發課，莫有能逃其言者，意必有道。顯曰：『但有所見即道，微入思惟，即不靈矣。』」予故人耶溪鄒正臣能言五行，其精妙世以一二數，亦嘗告予以此意。彼術之至者且爾，况有大於此者，而欲以思慮求乎？

鄧峯永庵主嘗問僧審奇：「汝久不見，何所爲？」奇曰：「近見偉藏主有箇安樂處。」永曰：「試舉似我。」奇因敘其所得。永曰：「汝是偉未是。」奇莫測，歸語于偉。偉大笑曰：「汝非永不非也。」奇走質於積翠南禪師，南公亦大笑。永聞之，作偈曰：「明暗相參殺活機，大人境界普賢知。同條生不同條死，笑倒庵中老古錐。」觀其語言，想見當時法喜游戲之逸韻，使永公施於今，則其取詬辱必矣。

臨濟大師臨終付法偈曰：「沿流不止問如何，真照無邊説似他。離相離名如不稟，吹毛用了急須磨。」而傳者作「急還磨」。曹山和尚釋「枯木龍吟，髑髏無識」語，作偈曰：「枯木龍吟方見道，髑髏無識眼方明。喜識盡時消息盡，當人那辨濁中清。」而傳者作「消不盡」。二宗兩偈甚微，而一失其旨，則爲害甚大，故不可不辨。所言「用了急須磨」者，船子曰：「直須藏身處没蹤跡，没蹤跡處莫藏身」是也。「喜識盡時消息盡，當人那辨濁中清」者，達觀所謂「偏正互縱横，迢然忌十成。龍門須要透，鳥道不堪行。石女霜中織，泥牛火裏耕。兩頭如脱得，古木一枝榮」是也。

無盡居士嘗問予曰：「悟本大師作《五位君臣偈》，其正中來曰：『但能莫觸當今諱，也勝前朝斷舌才。』先德之意，雖明妙挾，然『知朝斷舌』必有本據，而言前古無斷舌事。矧又曰『知朝』，尤無謂也。將非後世傳録之誤耶？」予曰：「舊本曰『也勝前朝斷舌才』，意用隋賀若弼之父敦爲宇文護所忌害之，臨刑戒之曰：『吾以舌死。』引若弼舌，以錐刺之出血，使慎口。隋興唐之前，前朝刺舌，非『知朝』明矣。然斷舌、刺舌，意則同耳。」無盡囑予記之。

道圓禪師，南雄州人，性純至。少游方，雖飽參而未大通透。聞南禪師居黄檗積翠庵，往依之。一日，燕坐下版，聞兩僧舉百丈野狐因緣。一僧曰：「只如不昧因果，也未脱得野狐身。」一僧應聲曰：「便是不落因果，亦何曾墮野狐身耶。」圓悚然異其語，不自覺其身之起，意行上庵頭，過澗，忽大悟。見南公，敘其事，未終，涕交頤。南公令就侍者榻，熟寐。忽起作偈，曰：「不落不昧僧，俗本無忌諱。丈夫氣宇如玉，爭受囊藏被蓋。一條楖標任縱横，野狐跳入金毛隊。」南公大笑。久之，又作《風幡偈》曰：「不是風兮不是幡，白雲依舊覆青山。年來老大渾無力，偷得忙中些子閑。」予昔聞雲庵大稱賞之，謂其機鋒不減英邵武。雲庵化去，偶檢故書，見其手疏，此二偈意若欲傳其未果者，於是録之。或聞圓公住大庾雲封寺。

皓月供奉問長沙岑禪師曰：「永嘉云：『了即業障本來空，未了應須償夙債。』只如師子尊者、二祖大師爲甚麽亦償夙債？」長沙曰：「大德不識本來空。」曰：「如何是本來空？」長沙曰：「業障是。」又問曰：「如何是業障？」長沙曰：「本來空是。」乃有偈曰：「假有元非有，假滅亦非無。涅槃償債義，一性更無殊。」龍勝《中觀論》曰：「業不從緣生，不從非緣生。是故則無有，能起於業者。無業無作者，何有業生果？若具無有果，何有受業者？」問曰：「汝雖種種破業果報及起業者，現見衆生作業受果報，是事云何？」答曰：「如世尊神通，所作變化人。如是變化人，復作變化人。如初變化人，是名爲作者。變化人所作，是則名爲業。諸煩惱及業，皆如幻與夢，亦如炎與響。」以龍勝之意，會長沙之言，達無作妙旨。游此世界，如夢中了了，醉裏惺惺。

汾州無德禪師示徒多談洞山五位、臨濟三玄。至作《廣志歌》，明十五家宗風，豈非視後進隨於參尋，得少爲足，警之以偏參耶？今有問知識者，則答曰：「吾家自有本分事，彼皆古人一期建立門庭言語耳，何足究哉？」正如有不識字者，執卷問屋愚子，屋愚曰：「此墨填紙耳，安用問我哉？」三尺童子莫不笑之。昔有僧問雪峰和尚：「臨濟有四喝，意旨如何？」雪峯曰：「我初發足，便往河北。不意中途大師化去，因不及見之。他家宗旨，我所未知。汝尋彼兒孫問之。」僧以問南院，且言雪峰嘗遣之之意。南院望雪峰再拜？曰：「和尚真善知識！」嗚呼！今譊譊語人如屋愚子者，聞雪峰用處，可不面熱汗下耶？

雪峰悦禪師見僧荷籠至，則曰：「未也，更三十年定乘馬行脚。」法雲秀禪師聞包腰至者，色動顔面。彼存心於叢林，豈淺淺哉？今少年苾蒭見其畫像，則指曰：「遮不通方漢也，死耶。」

《首楞嚴經》曰：「一切世間，生死相續。生從順習，死從流變。臨命終時，未捨煖觸。一生善惡，俱時頓現。」古釋至此多畧之，滋以爲恨。及讀《寶積經》有意釋此，今係於其下，曰：「善惡之業所自作時，一生之中何不自見，至捨受時方始頓現者。人生如夢，方作夢時，豈能自知是夢非夢？要須覺時，夢中之事了然自現，不待尋繹。亦復如是。」

福嚴感禪師面目嚴冷孤硬，秀出叢林，時謂之「感鐵面」。首衆僧於江州承天，時佛印元禪師將遷居蘄州，斗方譽於郡守，欲使嗣續之，且召感語其事。感曰：「某念不至此。和尚終欲推出爲衆粥飯主人，共成叢席，不敢忘德。然若使嗣法，則某自有師矣。」佛印心服之。業已言之，因成就不敢復易。遂開法，爲黄龍之子，道價重一時。居常懸包倚杖於方丈，不爲宿夕計。郡將已下皆信敬之。有太守，忘其姓名，新下車，以事臨之。感笑，作偈投郡庭，不揖而去。偈曰：「院是大宋國裏院，州是大宋國裏州。州中有院不容住，何妨一鉢五湖游。」太守使人追之，已渡江去矣。

餘杭政禪師住山，標致最高。時蔣侍郎堂守錢塘，與師爲方外友。師每來謁之，則跨一黄牛，以軍持挂角上，市人爭觀之，師自若也。至郡庭，始下牛，笑語終日而去。一日，蔣公留師，曰：「適有過客，明日府中當有會，吾師固不飲，能爲我少留一日，因款清話？」師諾之，蔣公喜甚。明日，使人要之，留一偈而去矣，曰：「昨日曾將今日期，出門倚杖又思惟。爲僧只合歸巖谷，國士筵中甚不宜。」坐客皆仰其高韻。又作《山中偈》曰：「橋上山萬重，橋下水千里。惟有白鷺鷥，見我常來此。」冬不擁爐，以荻花作毬，納足於中，客至共之。清論無窮，秀氣逼人。秋夏好玩月，盤膝大盆中，浮於水上，自旋其盆，吟笑達旦，率以爲常。九峯鑒韶禪師嘗客門下，韶坦率，垢污不事事，每竊笑之。一夕將卧，師使人呼韶，不得已，顰頞而至。師曰：「好月！勞生擾擾，能幾人暇與之對耶？」韶唯唯。已而，呼行者熟炙，韶方飢，意作藥石。久之，乃橘皮湯一盞。

靈源禪師謂予曰：「有居士吴敦夫才敏，鋭意學道，自以多見知識，心地明淨。偶閲鄧隱峯傳，見其倒卓化去，而衣亦順身不褪，竊疑之，曰：『彼化之異固莫測，而衣亦順之，何也？』以問晦堂老人。晦堂曰：『汝今衣順垂于地，復疑之乎？』曰：『無所疑也。』晦堂笑曰：『此既無疑，則彼倒化，衣亦順體，何疑之有哉？』敦夫言下了解。」故其一時應機之辯，如雷如霆，開警昏墊者多矣。

《金剛經》曰：「爾時慧命須菩提白佛言：『世尊，頗有衆生於未來世聞説是法，生信心不？』佛言：『須菩提，彼非衆生，非不衆生。何以故？須菩提，衆生衆生者，如來説非衆生，是名衆生。』」此意深渺，從上聖賢，語秘旨妙，學者多聽瑩，佛意卒不明。獨定林老人解曰：「以慧命觀衆生，如第五大，如第六陰，如第七情，孰爲衆生？以衆生觀衆生，然後妄見其爲有，則衆生非慧命者之衆生，是衆生之衆生而已。衆生衆生者，即非衆生，然是乃所謂衆生也。則聞説是法，苟能悟本性相，何爲不生信心？以慧命觀衆生，不見其爲有，則云何度衆生耶？曰：衆生有衆生，而衆生非有慧命，無衆生而衆生非無，以是義故度衆生。」大智禪師曰：「此事不是一切名目，何以不以實語答耶？」曰：「若爲雕琢，得虚空爲佛相貌；若爲説道，虚空是青黄赤白。」如《維摩》云：「法無有比，無可喻故。法身無爲，不墮諸數故。」故曰：「聖體無名，不可説如實理，空門難湊。」如喻太末蟲，處處能泊，唯不能泊火焰之上。衆生亦爾【二】，處處能緣，不能緣於般若之上。每見學者多誤領其意，謂衆生於般若不能參求耳。非也，此法非情識所到。故三祖大師曰：「非思量處，識情莫測。」

青龍道氤法師於《金剛般若經》深達妙旨，嘗造疏疏此經，精博淵微，窮法體相，諸師莫能望其藩垣。唐明皇亦留意經義，自注釋之，至「是人先世罪業，應墮惡道。以今世人輕賤故，先世罪業則爲消滅」處，不能自決其義，以問氤。氤對曰：「佛力法力，三賢十聖亦不能測。陛下曩於般若聞薰不一，更沉注想，自發現行。」明皇於是下筆不休。其天縱神悟之辯，一期應答，掃滯惑於言下，揭般若於現前。豈意思義解之徒，可同日而語哉？

雲門大師有時顧視僧，曰：「鑒。」僧擬對之，則曰：「咦！」後學録其語爲偈，曰《顧鑒頌》。德山圓明禪師，雲門之高弟也，删去「顧」字，謂之《抽頭頌》。因作偈通之，又謂之《擡箭商量偈》，曰：「相見不揚眉，君東我亦西。紅霞穿碧海，白日遶須彌。」雲庵亦有偈曰：「雲門抽顧，自有來由。一點不到，休休休休。」今禪者多漫汗之，問其意旨，則往往瞠目怒視曰：「此是道眼因緣也。」不亦誤哉！又其室中語曰：「盡大地是法身，枉作

【二】處處能泊唯不能泊火焰之上衆生亦爾　以上十六字原脱，據《續藏經》本補。

箇佛法知見。如今見拄杖但唤作拄杖，見屋但唤作屋。」而校證者易之曰：「枉作箇佛法中見。」又曰：「自小養一頭水牯牛，擬向溪東放，不免食他國王水草；擬向溪西放，不免食他國王水草。不如隨處納些子，他總不妨。」今本乃曰：「他總不見。」如此之類甚衆。然此二字雖細事，其失先德妙旨，不爲不傷。當有智者知之耳。

英邵武臨終安坐，爲門弟子説出家行脚之因竟，乃曰：「吾即化，骨石可藏於普會塔。吾生平與大海衆居，死不忍與之離，非有他也。古之聖賢，莫不因叢林以折伏情見，成辦道果。今時衲子德薄垢重，志願衰劣，多生厭退，是大可憫笑也。」師既化，衆終不忍，不得已投於水中。故泐潭今無復有英禪師塔。

舜老夫天姿英特飽叢林，初自棲賢移居雲居，授牒陞座白衆，曳杖而去。暮年以身律衆，尤謹嚴。嘗少不安，即白維那，下涅槃堂，病愈即入方丈，惜其傷慈。有所開示，但曰：「本自無事，從我何求？」南禪師時已居積翠，聞之，謂侍者曰：「老夫耄矣，何不有事令無事，無事令有事？是謂淨佛國土，成就衆生。」

三祖大師作《信心銘》曰：「至道無難，唯嫌揀擇。但莫憎愛，洞然明白。毫釐有差，天地懸隔。」故知古之得道者，莫不一切仍舊。有僧問永明和尚：「衆生與佛既曰同體，何故苦樂有殊？」答曰：「諸佛悟達法性，皆了自心源，妄想不生，不失正念。我所心滅，故不受生死，即究竟常寂滅，以寂滅故，萬樂自歸。一切衆生迷於真性，不達本心，種種妄想，不得正念，故即憎愛。以憎愛故，心器破壞，即受生死，諸苦自現。欲知法要，守心第一。若一人不守真心得成佛，無有是處。」

悦禪師妙年奇逸，氣壓諸方。至雪竇，時壯歲。與之辯論，雪竇常下之。每會茶，必令特榻於其中，以尊異之。於是悦首座之聲價照映東吳。及悦公出世，道大光耀。有蘭上座者自雪竇法窟來，悦公勘詰之，大驚，且譽於衆相從，彌年而後去。前輩之推轂後進，其公如此，初未嘗以雲門、臨濟二其心。今則不然，始以名位惑，卒以宗黨膠固，如里巷無知之俗。欲求古聖之道復興，不亦難哉！

舜老夫初自洞山，如武昌行乞，先至一居士家。居士高行，爲郡所敬意，所與奪莫不從之，故諸方乞士至必首謁之。舜老夫方年少，不知其飽參，頗易之。居士曰：「老漢有一問，上人語相契，即開疏；如不契，即請却還新豐。」問：「古鏡已磨時如何？」對曰：「照天照地。」「未磨時如何？」曰：「黑如漆。」居士曰：「却請還山。」舜即馳歸，舉似聰禪師。聰爲代語，舜則趨問曰：「古鏡未磨時如何？」聰曰：「此去漢陽不遠。」「磨後如何？」曰：「黄鶴樓前鸚鵡洲。」舜於言下大悟。聰公機鋒不可觸，真雲門之孫。嘗自植松，口誦《金剛經》不輟。今洞山北嶺號金剛嶺，松皆參天，乃師手植也。筠守許公式以詩贈曰：「語言全不滯，高躡祖師蹤。夜坐連雲石，春栽帶雨松。鑑分金殿燭，山答月樓鐘。有問西來意，虚堂對遠峰。」

南禪師久依泐潭澄禪師，澄已稱其悟解，使分座説法，南書記之名一時籍甚。及其至慈明席下，聞夜參，氣已奪矣。謀往咨詢，三至寢堂三不進。因慨然曰：「大丈夫有疑不斷，欲何爲乎？」即入室。慈明呼左右使進榻，且使坐。南公曰：「其實有疑，願投誠求決。惟大慈悲故，不惜法施。」慈明笑曰：「公已領衆行脚，名傳諸方。有未透處，可以商畧爾，何必復入室耶？」南公再三懇求不已。慈明曰：「雲門三頓棒因緣，且道洞山當時實有喫棒分無喫棒分？」對曰：「實有喫棒分。」慈明曰：「書記解識止此，老僧固可作汝師。」即遣禮拜。南公平生所負，至此伏膺。予嘗聞靈源禪師曰：「昔晦堂老人親從積翠所聞。」因同舊説，併録於此。

福州善侍者，慈明高弟。當時龍象數、道吾真、楊岐會，然皆推伏之。嘗至金鑾，真點胸自負，親見慈明，天下莫有可意者。善與語，知其未徹，笑之。一日山行，真舉論鋒發，善取一瓦礫置石上，曰：「若向遮裏下得一轉語，許你親見老師。」真左右視，擬對之。善喝曰：「佇思停機，識情未透，何曾夢見去。」真大愧悚，且圖還霜華。慈明見來曰：「本色行脚人必知時節。有什麽忙事，解夏未久，早已至此？」對曰：「被善兄毒心終礙塞人，故復來見和尚。」慈明曰：「如何是佛法大意？」對曰：「無雲生嶺上，有月落波心。」慈明瞋目喝曰：「頭白齒豁，猶作此等見解，如何脱離生死！」真不敢仰視，淚交頤，久之，進曰：「不知如何是佛法大意？」慈明曰：「無雲生嶺上，有月落波心。」真大悟於言下。真公爽氣逸出，機辨迅捷，叢林憚之。開法於翠巖，嘗曰：「天下佛法如一隻船，大寧寬師兄坐頭，南褊頭在其中，可真把梢。去東也由我，去西也由我。」善公尋還七閩，佯狂垢污，世莫有識之者。或聞晚住鳳林。

楊岐會禪師從慈明游最久，所至叢林，師必作寺主。慈明化去，託迹九峰。忽宜春移檄，命居楊岐。時長老勤公驚曰：「會監寺何曾參禪，萬一受之，恐失州郡之望。」私憂之。會受請，即陞座，機辯逸格，一衆爲傾。下座，勤前握其手，曰：「且得箇同參。」曰：「如何是同參底事？」勤曰：「楊岐牽犂，九峯拽耙。」曰：「正當與麼時，楊岐在前耶？九峰在前耶？」勤擬議，會喝曰：「將謂同參，却不同參。」自是道價重諸方，衲子過其門，莫不伏膺。嘗因雪示衆曰：「楊岐乍住屋壁踈，滿床盡布雪真珠。縮却項，暗嗟吁，翻憶古人樹下居。」其活計風味類如此。

仰山和尚，僧問：「尋常和尚示人，多作圓相畫作字，意旨如何？」山曰：「此亦閑事，汝若會不從外來，不會亦不失。吾今問汝，汝參禪學道，諸方老宿向汝身上指那箇是汝佛性，語底是耶？默底是耶？總是總不是耶？若認語底是，如盲摸着象耳、鼻、牙者；若認默底是，是無思無念，如摸象尾者；若取不語、不默底是中道，如摸象背者；若道總是，如摸象四足者；若道總不是，抛本象落在空見。正當諸盲皆云見象，安知止於象上名邈差别耶？若汝透得六句，不要摸象，最爲第一。莫道如今鑒覺是，亦莫道不是。所以祖師曰：『菩提本無是，亦無非菩提。更覓菩提處，終身累劫迷。』又曰：『本來無一物，何處有塵埃。』」其弟香嚴老亦曰：「的的無兼帶，獨立何依賴。路逢達道人，莫將語默對。」予嘗問僧：「既不將語默對，何以對之？」僧未及答，忽板鳴，予曰：「謝子答話。」

龍勝菩薩曰：「若使先有生，後有老死者。不老死有生，生不有老死。若使有老死，而後有生者。是則爲無因，不生有老死。」以此偈觀衆生生死之際。如環上尋始末，無有是處。吾以是知古之得此意，於去住之間了不留礙者，特其不二於物耳。

《維摩經》曰：「『善來文殊師利，不來相而來，不見相而見。』文殊師利言：『如是居士。若來，已更不來；若去，已更不去。所以者何？來者無所從來，去者無所至，所可見者更不可見。』」《起信論》曰：「若心有見，則有不見之相。心性離見，即是偏照法界義。故乃知心外無法，偏照義成。苟有去來相見，則遺正義也。」如人言風性本動，是大不然。風本不動，能動諸物，若先有動，則失自體，不復更動。則知動者，乃所以明其未嘗動也，去來相見亦復如是。

洞山聰禪師，韶之曲江人，見文殊應天真和尚。初游廬山，莫有知之者。時雲居法席最盛，師作燈頭，聞僧衆談泗洲僧伽近於揚州出現。有設問者曰：「既是泗洲大聖，爲什麼向揚州出現？」聰曰：「君子愛財，取之有道。」一衆大笑。有僧至蓮華峰祥庵主所，舉似之，祥公大驚曰：「雲門兒孫猶在。」中夜，望雲居拜之。聰之名遂重叢林。祥公，奉先深禪師之嗣，知見甚高，氣壓諸方。嘗示衆曰：「若是此事，最是急切，須是明取始得。若是明得時中免被拘繫，便得隨處安閑。亦不要將心捺伏，須是自然合他古轍去始得。纔到學處分劑，便須露布箇道理，以爲佛法幾時得心地休歇去。上座。却請與麼相委好。」臨終上堂，舉拄杖問衆曰：「汝道古佛到這裏，爲什麼不肯住？」衆莫有對者，乃自曰：「爲他途路不得力。」復曰：「作麼生得力去？」橫拄杖肩上曰：「楖栗橫擔不顧人，却入千峯萬峰去。」言訖而化。嗟乎！今之學者。其識趣與前輩何其相遠耶？如祥公聞聰燈頭一語，知其爲雲門兒孫，其後莫能逃其言。今雖對面終身論辯，莫辨邪正者有矣。其故何哉？以其臨死生之際，超然自得如此，則其平生所養，高妙可知。惜乎莫有嗣之者！師與西峯雲豁禪師，兄弟也。

百丈山第二代法正禪師，大智之高弟。其先嘗誦《涅槃經》，不言姓名，時呼爲「涅槃和尚」。住成法席，師功最多，使衆開田，方説大義者，乃師也。黄檗、古靈諸大士皆推尊之。唐文人武翊黄公撰其碑甚詳，柳公權書妙絶古今。而《傳燈》所載百丈惟政禪師，又係於馬祖法嗣之列，誤矣。及觀《正宗記》，則有惟政、法正，然百丈第代可數。明教但皆見其名，不能辯而俱存也。今當以柳碑爲正。

古佛偈曰：「如人掘路土，私人造爲像。愚人謂像生，智者言路土。後時官欲行，還將像填路。像本無生滅，路亦非新故。」又偈曰：「諸色心現時，如金銀隱起。金處異名生，與金無前後。」故文殊師利言：「此會諸善事，從本未曾爲。一切法亦然，悉等於前際。所以正作時無作，以無作者故；當爲時不爲，以無自性故。任從萬法縱横，常等無生之際，乃知磁石決不吸鐵，無明不緣諸行。」龐公臨終偈曰：「空華落影，陽焰翻波。」永明和尚嘆味其言，曰：「此爲不墮有無之見，妙得無生之旨也。」學者可深觀之。

《大智度論》曰：「復次有人謂：地爲堅牢，心無形質，皆是虚妄。以是故，佛説心力爲大行般若波羅蜜故，散此大地以爲微塵。以地有色香味觸重故，自無所作；水少香，故動作勝地；火少香味，勢勝於水；風少色香味，故動作勝火。心無四事故，所爲力大。又以心多煩惱結，使繫縛故，令心力有漏。善心雖無煩惱，以心取諸法相故，其力亦少。二乘無漏心。雖不取相，以智慧有量，及出無漏道時，六情隨俗方，别取諸法相故，不盡心力。諸佛及大菩薩智慧無量無邊，常處禪定，於世間涅槃，無所分别，諸法實相，其實不異。但知有優劣行般若波羅蜜者，究竟清淨，無所罣礙，一念中能散十方一切，如恒河沙等三千大千國土、大地諸山微塵故，知其心有此大力。衆生妄隔而不自覺知。」我願聞此法者，隨順禪定而自修行，使稱覺體，本來清淨。此非興役功用之難，第約之心耳。今家山徧十方，衣食可終老，人生可憂者皆已免離，於此不以爲意，則非背負佛祖恩德乎？

景福順禪師，西蜀人，有遠識，爲人勤劬，叢林後進皆母德之。得法於老黄龍。昔出蜀，與圓通訥偕行，已而又與大覺璉游甚久。有贊其像者曰：「與訥偕行，與璉偕處。得法於南，爲南長子。」然緣薄，所居皆遠方小刹，學者過其門，莫能識。師亦超然自樂，視世境如飛埃過目。壽八十餘，坐脱於香城山，顔貌如生。平生與潘延之善，將終，使人要延之敘别。延之至而師去矣。其示衆多爲偈，皆德言也。有偈曰：「夏日人人把扇摇，冬來以炭滿爐燒。若能於此全知曉，塵劫無明當下消。」又作趙州勘婆偈曰：「趙州問路，婆子答云：直與麼去。皆云勘破，老婆婆子。無你雪處，同道者相共舉。」又作黄龍三關頌曰：「長江雲散水滔滔，忽爾狂風浪便高。不識漁家玄妙意，偏於浪裏颭風濤。」又曰：「南海波斯入大唐，有人别寶便商量。或時遇賤或時貴，日到西峯影漸長。」又曰：「黄龍老和尚，有箇生緣語。山僧承嗣伊，今日爲君舉。爲君舉貓兒，偏解捉老鼠。」

朱顯謨世英昔官南昌，識雲庵。未幾，移漕江。英以書來問佛法大旨，雲庵答之曰：「辱書以佛法爲問。佛法至妙無二。但未至於妙，則互有長短；苟至於妙，則悟心之人如實知自心究竟，本來成佛。如實自在，如實安樂，如實解脱，如實清淨，而日用唯用自心。自心變化，把得便用，莫問是非。擬心思量，已不是也。不擬心，一一天真，一一明妙，一一如蓮華不着水。所以迷自心，故作衆生；悟自心，故成佛。而衆生即佛，佛即衆生，由迷悟故有彼此也。如今學者多不信自心，不悟自心，不得自心明妙受用，不得自心安樂解脱。心外妄有禪道，妄立奇特，妄生取捨，縱修行，落外道二乘禪、寂斷見境界。」雲庵之言，蓋救一時之弊。然其旨要曉然，可以發人之昧昧，故私識之。

大本禪師被詔住大相國寺慧林禪院，將引對，有司使習儀累日。神宗皇帝御便殿見之。師既見，但山呼，即趨登殿。賜座，即就榻盤足作跏趺。侍衛驚相顧，師自如也。賜茶至，舉盞長吸，又蕩撼之。上問：「受業何寺？」對曰：「承天永安。」蓋蘇州承天寺永安院耳。上大喜，語論甚久。既辭退，目送之，謂左右曰：「真福僧也！」侍者問：「和尚見官家如何？」對曰：「喫茶相問耳。」其天資粹美，吐辭簡徑，真超然可仰。

涿州尅符道者見臨濟，機辯逸格，以宗門有四科簡定佛祖旨要，作偈發明之，曰：「奪人不奪境，緣自帶誵訛。擬欲求玄旨，思量反責麽。驪珠光燦爛，蟾桂影婆娑。覿體無差互，還應滯網羅。」「奪境不奪人，尋言何處真。問禪禪是妄，究理理非親。日照寒光淡，山遥翠色新。直饒玄會得，也是眼中塵。」「人境兩俱奪，從來正令行。不論佛與祖，那説聖凡情。擬犯吹毛劍，還如植木盲。進前求妙會，特地斬精靈。」「人境俱不奪，思量意不偏。主賓言不異，問答理俱全。踏破澄潭月，穿開碧落天。不能明妙用，淪溺在無緣。」洞山悟本禪師作五位君臣標準綱要，又自作偈係於其下，曰：「正中偏，三更初夜月明前。莫怪相逢不相識，隱隱猶懷昔日嫌。偏中正，失曉老婆逢古鏡。分明覿面更無真，休更迷頭猶認影。正中來，無中有路出塵埃。但能莫觸當今諱，也勝前朝斷舌才。偏中至，兩刃交鋒不須避。好手還同火裏蓮，宛然自有衝天氣。無中到，不落有無誰敢和。人人盡欲出常流，折合還歸炭裏坐。」臨濟、洞上二宗相須發揮大法，而是偈語世俗傳寫多更易之，以徇其私，失先德之意。予竊惜之，今録古本於此，正諸傳之誤。

報本元禪師孤硬，風度甚高，威儀端重，危坐終日。南禪師之門弟子能蹤跡其行藏者，唯師而已。師初開法，法嗣書至，南公視其名，曰：「吾偶忘此僧。」謂專使曰：「書未欲開，可令親來見老僧。」專使反命。師即日包腰而來，至豫章，聞南公化去，因留嘆息。適晦堂老人出城，相會與語，奇之，恨老師不及見耳。師道化東吴，人歸之者如雲。嘗自乞食，舟載而還。夜有盜，舟人絶叫，白刃交錯於前，師安坐自若，徐曰：「所有盡以奉施，人命不可害也。」盜既去，達旦，人來視舟，意師死矣，而貌和神凝如他日。其臨生死禍福，能脱然無累如此。

延慶洪準禪師，桂林人，從南禪師游有年。天資純至，未嘗忤物，聞人之善，如出諸己，喜氣津津生眉宇間；聞人之惡，必合掌扣空，若追悔者。見者莫不笑之，而其真誠如此，終始一如。暮年不領院事，寓迹於寒溪寺，壽已逾八十矣。平生日夕無他營爲，眠食之餘，唯吟梵音，讚觀世音而已。臨終時，門人弟子皆赴檀越飯，唯一僕夫在。師携磬坐土地祠前，誦《孔雀經》一遍，告别，即安坐瞑目，三日不傾。鄉民來觀者堵立，師忽開目見笑，使坐于地。有頃，門弟子還，師呼立其右，握手如炊熟，久寂然，視之，去矣，神色不變，頰紅如生。道俗塑其像龕之。予嘗過其廬拜瞻，嘆其平生多潛行密用，不妄求知於世，至於死生之際，乃能超然如是，真大丈夫也。八地菩薩證無生法忍，觀一切法如虛空性，猶是漸證無心。至十地中，尚有二愚入等覺，已則一分無明未盡，猶如微塵，尚能懺悔。準之梵贊，其亦自治者歟？

南禪師居積翠時，一夕燕坐，光屬屋廬，誡侍者勿言于外。嵩明教既化，火浴之，頂骨、眼睛、齒舌、耳毫、男根、數珠皆不壞。如世尊言比丘生身不壞，發無垢智光者。善根功德之力，如來知見之力，故行住坐卧，須内外清淨。彼二大老乃今耳目所接，非異世也，而獨爾殊勝者，非平生踐履之明驗歟？予嘗作二偈，曰：「如來功德力，内外悉清淨。念起勿隨之，自然心無病。」「形與佛祖等，道致人天護。戒淨福人天，心空同佛祖。」

予嘗與數僧謁雲峰悦禪師塔，拜起，拊之曰：「生耶？死耶？」久之，自答曰：「不可推倒塔子去也。」旁僧曰：「今日時節，正類道吾因緣。」因作偈示之，曰：「不知即問，不見即討。圓滿現前，何須更道。維堅密身，生死病老。面前塔子，不可推倒。」

南安巖儼和尚，世傳定光佛之應身也，異迹甚多。亦自有傳，然傳不載其得法師名字，但曰西峯而已。西峯在廬陵，真廟時，有雲豁禪師者，奉先深公之高弟。深見雲門，當時龍象無有出其右者，獨清涼明禪師與之齊名，謂之深、明二上座。儼和尚多以偈示人，偈尾必題四字曰：「贈以之中。」世莫能測。臨終，謂衆曰：「汝等當知妙性廓然，本無生滅，示有去來，更疑何事？吾此日生，今正其時。」乃右脇而卧。予曰方其入滅，乃曰：「吾此日生，今正其時。」

予嘗游東吴，寓於西湖淨慈寺。寺之寢堂東西廡建兩閣，甚崇麗。寺有老衲謂予言：「永明和尚以賢首、慈恩、天台三宗互相冰炭，不達大全。故館其徒之精法義者於兩閣，博閱義海，更相質難，和尚則以心宗之衡準平之。又集大乘經論六十部、西天此土賢聖之言三百家，證成唯心之旨，爲書一百卷傳於世，名曰《宗鏡録》。」其爲法施之利，可謂博大殊勝矣。今天下名山莫不有之，而學者終身有未嘗展卷者，唯飽食横眠，游談無根而已。謂之報佛恩乎？負佛恩乎？

同安察禪師作《十玄談》，大宏正中妙挾之旨。其言妙麗，照映叢林。然歲月寖遠，多失其真。今《傳燈》所載，題目不同。獨達觀所編《五家宗派》，敘之頗詳。予嘗得舊本，與《五家宗派》所傳少差耳。《傳燈》系師爲九峯虔之嗣，而達觀標師爲雲居膺之子。不省達觀何從得其實耶？然清涼法眼去師之世不遠，作贊詞，其敘如《傳燈》所載，則《五家》之論又可疑也。《十玄》之詞，其次敘當視其題目，皆連聯而作。前五首示其旨要，後五首使履踐之。然八首皆兩字爲題，意雖相貫，而詞句疊爲起伏。初曰《心印偈》，末曰「無心猶隔一重關」，故又作《祖意偈》。首曰「真機爭墮有無功」，故又作《真機偈》。首曰「豈與塵機作繫留」，故又作《塵異偈》。中曰「三乘分別强安名」，故又作《三乘次第》耳。此乃其所示之旨要也。至其六，則曰《反本偈》，末曰「還鄉曲調如何唱」，故又作《還鄉偈》。其末曰「更無一物獻尊堂」，是爲正位坐却，則非妙挾。故又作《回機》，機妙則失宗，尚存知見，是謂大病。故又作《轉位》，轉位則所謂異類中行，異類全偏，却須歸正，使血脉不斷。故又作《一色過後》，此乃使之履踐之意也。《五家宗派》亦云「一色過後」，但「塵異」爲「塵中有異」而已。

南禪師風度凝遠，人莫涯其量。故門下客多光明偉傑，名重叢林。有終身未嘗見其破顔者。予聞之：厚於義者薄於仁，師道也，師尊而不親；厚於仁者薄於義，親道也，親親而不尊。南公之意，豈不以是哉？

醉里有狂僧號戒道者，依止聚落，無日不醉。然吐詞怪奇，世莫能凡聖之。有飲以酒者，使自爲祭文，戒應聲曰：「惟靈生在閻浮，不瞋不妬。愛喫酒子，倒街卧路。直待生兜率陀天，爾時方不喫酒故。何以故？淨土之中無酒得沽。」

《金剛般若經》以無住爲宗。以無住爲宗，則宜其所談皆蕩相破有，纖塵不立也。而經贊福勝者半之。持戒修福者，有爲事耳，而世尊答能於此經生信心者，必此人，何也？

王文公罷相，歸老鍾山。見衲子必探其道學，尤通《首楞嚴》。嘗自疏其義。其文簡而肆，畧諸師之詳，而詳諸師之畧，非識妙者莫能窺也。每曰：「今凡看此經者，見其所示『性覺妙明，本覺明妙』，知根身器界生起不出我心。」竊自疑今鍾山，山川一都會耳，而游於其中，無慮千人，豈有千人内心共一外境耶。借如千人之中，一人忽死，則此山川何嘗隨滅。人去境留，則經言山河大地生起之理，不然何以會通稱佛本意耶？

◎陳規撰

守城録

儲玲玲　整理

點校説明

《守城録》，陳規撰。陳規（一〇七二—一一四一），字元則，密州安丘（今山東安丘）人。中明法科，靖康末爲安陸令。金兵南下，荆、湖地區所在盜起，規以安陸令攝守事，連敗劇寇。建炎元年（一一二七），除知德安府，擢鎮撫使。群盜先後來攻，隨機捍禦，皆摧破去。尋召赴行在，又出知順昌。十年，金兵攻城，陳規與劉錡協力督戰，屢挫敵鋒。兀朮自將鐵浮屠軍來援，規勉激諸將，軍殊死鬥，斬獲無數，兀朮宵遁。是爲順昌大捷。高宗詔褒諭之，遷樞密直學士。移知廬州兼淮西安撫使。既至，以疾卒。乾道中追封忠利智敏侯，立廟德安。事蹟具《宋史》卷三七七本傳。

全書分三部分：首爲規撰《靖康朝野僉言後序》。《朝野僉言》本夏少曾作，備載靖康時金人攻汴京之始末。規在順昌見之，痛感當時大臣將帥捍禦失策，因條列應變捍禦之術附於各條下，故謂之後序。次爲規作《守城機要》，皆論城郭樓櫓制度及攻城備禦之方。三曰《建炎德安守禦録》，湯璹作。璹，字君寶。瀏陽（今屬湖南）人。淳熙十四（一一八七）年進士，調德安教授，嘗尋訪規守城遺事，作爲此書。紹熙中除太學録，作爲此書。皆追録陳規守城軼事。本書中有關武備裝置、城池攻守的論述及實戰事例在研究古代軍事、科技及古城池建制方面都有十分珍貴的史料價值。

讀《宋史·陳規傳》知乾道八年（一一七二）詔刻規撰《守城機要》爲《德安守城録》，頒天下爲諸守將法。可見《守城機要》當時獨立成册，已受重視。璹紹熙四年（一一九三）除太學録，上《建炎德安守禦録》一書，距乾道詔刻已二十餘年。故三書本各自爲帙。觀書末識語，乃寧宗以後人輯爲一編。此次整理以《永樂大典》本爲底本，以《四庫全書》（文淵閣）爲校本，並參考了《宋史》等相關資料。

校勘記

【一】此處爲作者筆誤，紹興無己酉年，「紹興」當作「建炎」。

靖康朝野僉言後序

靖康丙午，規以通直郎知德安府安陸縣事。丁未春正月，群盜王在等犯德安府。時郡將闕，規攝府事。賊來攻城，規在城上與賊語，問何因到此？賊言京城已爲虜破。規獨念都城之大，壕塹深闊，城壁高厚，實龍淵虎壘，况禁旅衛士百萬，雖虜人乘我厄運，一時彊盛，亦何能破？殆不足信。二月四日，賊遁，遣人詣都城奏功。還，乃知京城果爲虜陷，徒深痛切，但不知城破之所以然爾。又恨當時不得身在圍城中，陪守禦之士以効緜薄。紹興己酉春三月【一】，朝廷既復河南，規自祠宮，被命知順昌府，夏五月到官。行及期年，暇日會同僚，語及靖康之難，汝陰令云：嘗收《東齋雜録》一編，中有《靖康朝野僉言》，具載金人攻城始末。規得之熟讀，痛心疾首，不覺涕零。嗟乎！治亂彊弱，雖曰有數，未有不因人事得失之所致者。若非人事之失，則天亦不得而爲災。規不揆至愚，竊觀金人攻陷京城，朝廷大臣與官吏將帥應敵捍禦之失，雖既往不咎，然前車之覆，後車之戒，事有補於將來，不可不備論也。朝廷欲再援太原，大臣以謂中國勢弱，夷狄方彊，用兵無益，宜割三鎮以賂之。殊不知勢之彊弱在人爲。我之計，勝彼則彊，不勝彼則弱。若不用兵，何術以壯中國之勢，遏夷狄之彊？用之則有彊有弱，不用則終止於弱而已。彊者復弱，弱者復彊，彊弱之勢，自古無定。惟在用兵之人如何耳。

河東宣撫使統兵十七萬以援太原，又招河東義勇兵五萬，共二十二萬，皆敗績，致太原陷於虜。非兵不多，蓋用兵失也。其所以失者，兵二十二萬直行而前，先鋒遇敵者有幾？一不勝而卻，與其後大兵皆卻，宜乎不能援也。有識者觀之，不待已敗而後知其不能援。殊不知攻城者，分攻城兵、備戰兵、運粮兵、扼援兵，若兵不多，則攻必不久而速退，又不待其援也。假使當時往援者將良得計，雖無兵二十二萬，只十萬，亦可以必援。又無十萬，只五萬，亦可以優爲之援也。又不五萬，至其下亦可援之理。且以五萬爲率，若止分爲五十將，留十將護衛大軍，兼備策應，内分三兩將詣扼援兵前，廣張兵勢，牽制扼援之兵，以二十將分地深入虜境，綿亘可布三五十里，不知虜人用兵多少，便能盡害。以二十將周圍行偏僻小路，尋求鄉導，多遣遠探，向前設伏，伺望敵人打粮兵，多則退藏，少即擒之。但只絶其粮道，不必深入，直抵城下，其賊自退。又且兵既分遣，則人力並用，假令數將失利，其大兵必不至於一齊敗衄，潰散爲盜。京城之難，其源在援太原之失利也。

粘罕攻太原之壽陽，壽陽城小而百姓死守，凡三攻，殘虜之衆萬人而竟不拔。此必守城人中有善爲守禦之策者。《僉言》以謂城小而百姓死守者，非也。攻城者有生有死，善守者有生無死。壽陽之人可謂善守，而不得謂之死守。又或云城小而堅者，亦非也。若城太小【二】，矢石交通【三】，善守者亦難以設險施策。規以謂城大而守愈易，分段數作限隔則易守。若已先策定險備，設使賊欲登城，縱令登城，已登即死，賊欲入城，引之入城，已入即死。今夫百里之城，內有數步之地，賊人登之，守城之人便自甘心伏其城拔，乞命於賊者，非攻之善，乃守之不善也。

九月，按砲於封丘門外，大砲數百座皆在門外，賊至不收，遂爲金人所得，咸謂金人得攻城之具【四】。規以謂城破亦不在此。有善守者，假使更資砲數百座，亦必無害，在於禦砲之術善不善也。統制官辛康宗以賊去城遠，止兵不得發箭，止之甚善。百姓鼓衆擊殺，此亦見其自亂，素治之術失也。

賊先採濕木編洞屋，以生牛皮蓋其上戴之，令人運土木填壕【五】，欲進攻城。守城人若得計，則城內先施大砲碎之，亦可用單梢砲取遠，至二百五十步外制賊首領，用衆之人。所謂砲放遠至二百五十步外，蓋州郡舊有朝廷所降守禦册定格，單梢砲致遠，上等二百七十步，中等二百六十步，下等二百五十步。不知京城當時倉卒之際，用與不用此格？若人稍不用心，則下等二百五十步亦莫能及，若能究心，則二百七十步過之甚易。又以小砲禦近衆，其小砲每十人已上，不過十五人施放一座，亦可以致數十步。勿謂小砲不能害物，中人四支，則四支必折；中腰以上，則人必死；中馬亦然。又況大砲每放一砲，小

【二】若城太小　「太」原作「大」，據《四庫全書》（文淵閣）本（以下簡稱四庫本）改。

【三】矢石交通　「通」原作「過」，據四庫本改。

【四】咸謂金人得攻城之具　「金人得」三字原脱，據四庫本補。

【五】令人運土木填壕　「填」原作「寘」，據四庫本改。

砲可放數砲，兼小砲不必用石，以重三四斤泥團爲之，泥團之利亦博，不獨放時易得無窮，放去中人必死傷，不中，則泥團爲砲擊破【六】，不致反資賊用。若要摧毁攻械，則須用火砲及石。金人攻城用火砲，蓋欲摧壞城樓。守城欲摧毁賊人攻械，火砲與小砲齊用，縱賊在外伐大木爲對樓、雲梯、火車等攻械，可以破盡。金人廣列壘石砲座，尋碑石、磨蓋石、羊虎爲砲，欲攻之所，列砲座百餘，飛石如雨，擊守城之卒，死傷日不下一二十人，此非攻城之能，蓋守禦官一時失計耳。苟守禦官得計，止令卒近女頭牆坐立，城外砲來高，則於女頭牆上過，低則打中女頭牆，擊破在外，無緣中人，一卒亦不至於死傷，又豈有死傷日不下一二十人者？女頭牆稍加高厚，則愈加安堵。又須先用稍大木造高一丈、長一丈、闊一丈上下，外直裏斜，外密裏稀洞子。外密處以大麻繩横編如荆竹笆相似，以備砲石衆多攻壞女頭牆，即於兩邊連珠進洞子向前，以代女頭，若此，則砲、石縱火數多，未易能損，間有損者，即逐旋抽换。假令只以如此禦捍，則砲亦何能害人也？可必其無虞也。

賊以雲梯、對樓攻東水門，其間禦捍，有設重樓獲勝者，固甚善也。又恐人在重樓之上，愈招矢石。又攻東門，守禦官守具亦備，對樓、雲梯至，每以衝木，倒仆死者無數，此亦奇策。然持衝木與對樓上人相對，不免互傷，亦非全勝。金人填壕橋成，運對樓過壕攻城，城下列砲座二百餘所，七梢砲、撒星砲、座石砲並發，又以强弩千餘助之，城上矢石如雨，使守禦卒不能存立，然後推對樓使登城。每對樓載兵八十人，一對樓得城，則引衆兵

【六】則泥團爲砲擊破　「則泥團爲砲」原作「砲爲物」，據四庫本改。

上。此金人攻城之方也。其砲大數多，矢石齊發，只前説女頭牆次備以洞子，皆可隔盡矣。對樓登城，每一對樓果能載兵八十人，樓廣不過二丈，當面立得幾人？與守城人接戰者不過十數人而已，假令八十人盡用力，施設五對樓，止四百人，此外必無伏兵，亦無奇兵。樓高須及五丈，乘高而來，其跡亦自甚危。自履危地，來與城上立平地人接戰，勝負人人可以自決。若守城者於此不勝，則交戰於平田廣野之地，不知其敗若何？況對樓於填平壕上，惟可以直進直退，必不能於城下横行。守城人備禦，不過止備對樓所占之地。假使有十對樓，所占地步數亦不多，不獨接戰可以必勝，縱兵上城，獲全勝者術亦多矣，不思則弗得也。

賊用雲梯，止要登城，每座雲梯須十餘人可以負荷到城，城上禦之，亦難向前來。縱不禦之，使賊倚城登梯上，至城頭，少不死者，何以致之？於女頭牆裏鵲臺上靠牆立排叉木，每空闊三四寸一根，通過槍刀向上高出女頭牆五六尺，賊至女頭牆上，必爲排叉木隔住，背後乘空，守禦人於木空中施槍刀刺擊，豈有刺擊不下者？而不死者鮮矣。

閏十一月二十四日，再攻，推對樓五座，盛矢石來城上，以竿衝倒三座，城上卒爭持草以焚之。對樓木多而草盛火熾，火乘南風遂引燒城上樓子三座【七】。對樓既倒在城外，必不能却囬，亦不能再起。自是堵住賊人攻械來路，可以置而不問。焚者失也，縱不引燒城樓，止燒了賊人對樓。亦是城上人自持草火與賊燒開再進攻械來路，此事大失。所有

【七】火乘南風遂引燒城上樓子三座　「火」原作「木」，據四庫本改。

再造城樓骨格，欲於舊處安立者，以理度之，自是賊必不容，矢石必倍。守禦官若能用前説，造洞子於闕樓子處，兩頭連珠並進，不終日決可蔽合，權代女頭牆，以隔矢石。矢石雖愈倍於前，亦必無害。次於燒了城樓處兩頭，橫直深埋排叉木以防賊急登城上。分甲兵兩向次於城裏，從下斜築向上至城面，外垠向下陡峻，次於城裏腳下取土爲深壕，離壕三五丈築月城圍之，使賊乘對樓到城，如不下對樓，上城却囬則已。若上城，必自立不得，倒入壕内，無不死者。如此一挫，賊必罷攻退兵。當時守禦之人於此失之，以致城陷，豈不痛哉！

凡攻守之械，害物最重，莫甚於砲，然亦全在人用。若攻城人能用，而守城人不能禦之，則攻城人可以施其能；若守城人能用，則攻城人雖能者，亦難施設。竊聞虜人用砲攻城，守禦人於城上亦嘗用砲，城面地步不廣，必然難安大砲，亦難容數多。雖有砲臺，砲臺地步亦不甚廣。又砲欲施放，敵人在外先見，必須以衆砲來擊。又城上砲亦在高處，自然招城外砲敵人用砲，可以直指而擊之。以此觀當時守禦之人，可謂不能用砲也明矣。假令當時於城裏腳下立砲，仍每座砲前埋立小木爲衣，敵人在外不見立砲所在，雖有能用砲者，何能施設？或謂砲在城裏，砲手不能見得城外事，無由取的。每一座砲，别用一人於城上，專管城裏一座，外照物所在，裏照砲梢與外物相對，即令施放。少偏，則令砲手略少那脚；太偏，則就令拽砲人擡轉砲座；放過，則令減人；或用砲稍大者；不及，則令添人，或用砲稍小者。照料得一砲打中，後砲少有不中。又城裏立砲，可置數多。守禦人用砲若止能如此，則攻城人用砲何能爲也。

築城之制，城面上必作女頭牆。女頭中間立狗脚木一條，每兩女頭中掛搭篦籬，惟可以遮隔弓弩箭，於砲石則難以遮隔。若改作平頭牆，不用篦籬，只於近下留「品」字方空眼，與女頭相似，亦甚濟用。

或問何以備禦城外脚下？自有馬面裏，兩邊皆見城外脚下，於牆頭上墜下害賊之物。賊人初到城下，觀其攻械勢恐難遏，宜便於城裏脚下取土爲深闊裏壕【八】，去壕數丈再築裏城一重，對舊城門，更不作門。却於新築城下緣裏壕入三二里地新城開門，使人入得大城，直行不得，須於裏壕垠上新城脚下繚繞行三二里，方始入門。若此，則假使賊善填壕，止不過填得外壕，必不能填得裏壕。賊若由門入城，須行新城脚下裏壕垠上，新城上人直下臨城，何物不可施用？正賊死地，必不敢入【九】，既由正門入城尚不敢入，則豈肯用命打城？入城，但只如此爲備，則賊兵雖多，攻械百種，誠可談笑以待之。

又況京師舊城亦自可守，若逐急措置，便可使勢如金湯，有不可犯之理。兼京城之内，軍兵百姓，金銀粟帛，計以億兆之數，亦莫能盡，若令竭作，不獨添築一城一壕，可不日而成，假令添築城壕數重，人亦不勞而辦。重城重壕既備，然後招敵人入城議事，彼若見之，必不攻而退。俗諺云「求人不如求己」，此之謂也。

【八】宜便於城裏脚下取土爲深闊裏壕　「土」字原脱，據四庫本補。

【九】正賊死地必不敢入　「地」原作「城」，據四庫本改。

京城周圍地約一百二十里，聞當時賊在城外，諸門多閉，有以土實者，止開三兩門通人出入，如此乃是自閉生路，而爲賊開其生路也。爲守之計，不獨大啓諸門，仍於兩門之間，更開三兩門，使周圍有門，數十座齊開，於城内運土出外，填壕作路，使戰兵出入，無至自礙。城上覘望賊人空隙，稍得便處，即遣兵擊殺。或夜出兵，使賊在外所備處多晝夜備戰，無有休息，彼自不能久攻。兼既城内剏開城門，自運土填壕，欲爲出兵計，則賊在外填壕欲入之計，不攻自破。然所以敢自剏開城門出填壕者，非謂賊兵可欺，蓋恃其自於城内設險已備，引賊入城而賊必死耳。晉王後遣都護王昌及鮮卑段就六眷、末柸等部伍萬之衆以討石勒，諸將皆勸勒固守以疲寇，獨張賓、孔萇以謂可速鑿北壘，爲突門二十餘道。勒即以萇爲攻戰都督，造突門于北城，鮮卑入屯北壘，勒候其陳未定，躬帥將士鼓譟于城上，會孔萇督諸門伏兵俱出擊之，生擒末柸、就六眷等，衆皆奔散。萇乘勝追擊，枕尸三十餘里，獲鎧馬五十匹。此乃守中有攻，可謂善守城者也。後之守城者，何憚而不法歟？

州郡城池之制，人皆以爲盡善。城上有敵樓，而虜人用大砲摧擊；城外有壕，而虜人用洞子填壘；城高數丈，而虜人用天橋、鵝車、對樓、幔道、雲梯等攻具登城。據其城池之制作，可以自謂堅固，前古所未有，奈何虜人攻械之備，亦前古所未有。故事貴仍舊，而人憚改作，其間有須更改者，不可不更改也。今之敵樓不可仍舊制【一〇】，宜於馬面上築高厚牆，下留「品」字樣方徑及尺空眼，以備覘望及設施槍路。牆裏近下以細小木蓋一

【一〇】今之敵樓不可仍舊制　「制」下原衍「須更改可也」，據四庫本删。

兩架瓦棚，可令守禦人備風雨。屋在牆裏，比牆低下，則砲在外，雖大而數多，施設千萬，悉莫能及人。

壕上作橋，橋中作釣橋，時暫隔賊則可，若出兵則不能無礙。宜爲實橋，兵出入俱利。城門宜迂迴曲折，移向裏百余步置。不獨賊矢石不入，其舊作門樓處，行入一步向裏，便是賊落陷阱。何謂陷阱？蓋百步内兩壁城上，下臨賊人，應敵之具皆可設施。舊門前横築護門牆，高丈餘，兩頭遮過門三二丈，城門啓閉，人馬出入，壕外人皆不見，孰敢窺伺？

城外脚下去城二丈，臨壕垠上宜築高厚羊馬牆，高及一丈，厚及六尺。牆脚下亦築鵲臺，高二三尺，闊四尺，鵲臺上立羊馬牆，上亦留「品」字空眼，以備覘望及通槍路。一如大城上女頭牆，牆裏鵲臺上栽埋排叉木，以備賊填平壕塹，攻破羊馬牆至城脚下。則賊與羊馬牆内兩邊受敵，頭上大城向下所施矢石，即是賊當一面，而守城人三面禦之。羊馬牆内兵，賴羊馬牆遮隔壕外矢石。是羊馬牆與大城，係是上下兩城，相乘濟用，使賊人雖破羊馬牆而無敢入者。故羊馬牆比大城雖甚低薄，其捍禦堅守之効，不在大城之下也。又羊馬牆内所置之兵正依城下寨以當伏兵【一二】，不知賊人以何術可解？若此，則既有羊馬牆，而鹿角木可以不用。仍於大城多設暗門以備遣兵於羊馬牆内出入。又羊馬牆脚去大城脚止於二丈，不令大遠者，慮大城上抛擲塼石難過牆外，反害牆内人；又不令大近

【一二】依城下寨以當伏兵 「依」字原作「披」，據四庫本改。

者，慮其大窄難以囬轉長槍。又於大城裏城脚下作深闊裏壕，裏壕上向裏度地五七丈，可作往來路，外築裏城，排叉木，但多備下賊攻城應敵處。用此以設備，雖使虜人善攻，不足畏也。

墨翟，宋大夫，善守禦。公輸般爲雲梯之械將攻宋，墨子見之，乃解帶爲城，以褋爲械，九設攻城之機，墨子九拒之。公輸般攻械盡，墨子守有餘。公輸屈曰：「吾知所以拒我者。」以此見攻械者，宜乎古人以爲策之下也。夫守城者每見敵人設一攻械，而無數策以拒之者，未之思也。嗟乎！靖康丙午，虜人以兒戲之具攻城，守禦者一時失計，遂致城拔。迄及一紀有餘，而虜人猶不思當時幸勝，尚以驕氣相陵。規於未知虜人攻城設施之前，每見人云金人攻城，大砲對樓，勢豈可當？貴顯言之，則快然而不敢辯。衆人言之，則亦不敢痛折。今既知其詳，則豈可不盡曲折，剖其所見而言之？然用兵之道以正合，以奇勝。善出奇者，無窮如天地，不竭如江海，千變萬化，人孰能窮之？今止據虜人攻城施設，略舉捍禦之策，至於盡精微，致敵殺敵之方，雖不憚於文繁，而有所謂真不可示人者，未之傳也。又况雖欲傳之，有不可得而傳者矣。惟在乎守城之人，於敵未至之前，精加思索應變之術，預爲之備耳。區區管見，輒序於《僉言》之後。紹興十年五月日，陳規序。

守城機要

城門舊制，門外築甕城，甕城上皆是敵樓，費用極多。以禦尋常盜賊，則可以遮隔箭鑿；若禦虜人大砲，則不可用。須是除去甕城，止於城門前離城五丈以来，横築護門牆，使外不得見城門啓閉，不敢輕視。萬一敵人奔衝，則城上以砲石向下臨之。更於城門裏兩邊各離城二丈築牆長五六十步，使外人乍入，不知城門所在，不可窺測。縱使奔突入城，亦是自投陷穽。故城門不可依舊制也。

護門牆只於城門前十步内横築高厚牆一堵，亦設鵲臺，鵲臺高二尺。牆在鵲臺上，高一丈三尺，脚厚八尺，上收三尺，兩頭遮過門三二丈，所以遮隔衝突。門之啓閉，外不得知。縱使突入牆内，城上砲石雨下，兩邊羊馬牆内可以夾擊。

城門貴多不貴少，貴開不貴閉。城門既多且開，稍得便利去處，即出兵擊之。夜則斫其營寨，使之晝夜不得安息，自然不敢近城立寨。又須爲牽制之計，常使彼勞我逸。又於大城多設暗門，羊馬城多開門竇，填壕作路，以爲突門。大抵守城常爲戰備，有便利則急擊之。

城門舊制皆有門樓，别無機械，不可禦敵。須是兩層，上層施勁弓弩，可以射遠，下層施刀槍。又爲暗板，有急則揭去，注巨木石以碎攻門者。門爲三重，却後一門如常制，比舊加厚【一二】；次外一重門，以徑四五寸堅實圓木鑿眼貫串以代板，不必用鐵葉釘裹，又外一重，以木爲棚，施於護門牆之兩邊。比之一樓一門，大段濟事。

城門外壕上舊制多設釣橋，本以防備奔衝，遇有寇至，拽起釣橋，攻者不可越壕而來，殊不知正礙城内出兵。若放下釣橋，然後出兵，則城外必須先見，得以爲備；若兵已出，復拽起橋板，則緩急難於退却，苟爲敵所逼逐，往往溺於壕中。此釣橋有害無益明矣。止可於門前施機械，使敵必不能入，拆去釣橋，只用實橋，城内軍馬進退皆便，外人皆懼城内出兵，晝夜不敢自安。

干戈板，亦名賺板。舊制用鐵葉釘裹，置於城門之前。城上用轆轤車放，亦是防遏衝突，其礙城内出兵，則與釣橋無異。既於城門裏外安置機械，自可不用干戈板，以爲出兵快便之利。

城身舊制多是四方，攻城者往往先務攻角，以其易爲力也。城角上皆有敵樓、戰棚，蓋是先爲隄備，苟不更改，攻城者終是得利。且以城之東南角言之，若直自東南角攻，則無足畏。砲石力小，則爲敵樓、戰棚所隔；砲石力大，即必過入城裏。若攻城人於城東立砲，則城上東西數十步，人必不能立，又於城南添立一砲，則城上南北數十步，人不能立，便可進上城之具。此城角不可依舊制也。須是將城角少縮向裏，若攻東城，即須近北立砲；若攻南城，則須近西立砲。城上皆可用砲倒擊其後。若正東南角立砲，則城上無

【一二】比舊加厚　「比」原作「皆」，據四庫本改。

敵樓、戰棚，不可下手。將城角縮向裏爲利，甚不可忽也。

女頭牆舊制於城外邊約地六尺一箇，高者不過五尺，作「山」字樣。兩女頭間留女口一箇。女頭上立狗脚木一條，掛搭皮竹笓籬牌一片，遮隔矢石。若禦大砲，全不濟事。又女頭低小，城外箭鑿可中守禦人頭面。須是於城上先築鵲臺，高二尺，闊五尺。鵲臺上再築牆，高六尺，厚二尺。自鵲臺向上一尺五寸留方眼一箇，眼闊一尺，高八寸。一云方徑及尺。相離三尺，又置一箇。兩眼之間，向上一尺，又置一箇，狀如「品」字。向上作平頭牆。賊若登城，只於方眼中施槍刀，自可刺下。方眼向下，自有平頭牆，即是常用笓籬牌掛搭，不必臨時旋施設也。更於鵲臺上靠牆，每相去四寸立排叉木一條，高出女牆五尺，横用細木夾勒兩道或三道。攻城者或能過「品」字眼，亦不能到平頭牆上。更至牆上，又有排叉木限隔。若要越過排叉木，必須用手攀緣，則刀斧斫之，槍刀刺之，無不顛仆。守者用力甚少，攻者必不得志也。

馬面舊制六十步立一座，跳出城外不減二丈，闊狹隨地利不定，兩邊直覷城脚，其上皆有樓子，所用木植甚多。若要畢備，須用氊皮掛搭，然不能遮隔大砲，一爲所擊，無不倒者。樓子既倒，守禦人便不得安。或謂須預備樓子，隨即架立。是未嘗經歷攻守者之言也。樓子既倒，賊必以砲石弓弩併力臨城，雖損害人命至多，亦不可架立。今但只於馬面上築高厚牆，中留「品」字空眼，以備覘望，又可通過槍刀。靠城身兩邊開兩小門，下看城外，可施禦捍之具。牆裏造瓦厦屋，與守禦人避風雨，遇有攻擊，便拆去瓦厦屋。靠牆立高大排叉木，用麄繩橫編，若造巴相似，任其攻擊，必不能爲害。

城不必太高，太高則積雨摧塌，修築費力。城面不可太闊，太闊則砲石落在城上，緩急擊中守禦人。城面通鵲臺只可一丈五尺，或一丈六尺，高可三丈，或三丈五尺。沿邊大郡城壁高亦不過五丈，闊不過二丈而已。

羊馬牆舊制州郡或無之，其有者亦皆低薄，高不過六尺，厚不過三尺，去城遠近，各不相同，全不可用。蓋羊馬城之名，本防寇賊逼逐人民入城，權暫安泊羊馬而已。故皆不以爲意，然捍禦寇攘，爲利甚博。當於大城之外，城壕之裏，去城三丈，一云去城二丈。築鵲臺，高二尺，一云高二三尺。闊四尺。臺上築牆高八尺，一云高及一丈。脚厚五尺，一云厚及六尺。上收三尺。每一丈留空眼一箇，以備覘望。遇有緩急，即出兵在羊馬牆裏作伏兵，正是披城下寨，仍不妨安泊羊馬。不可去城太遠，太遠則大城上抛甎不能過；太近則不可運轉長槍。大凡攻城須填平壕，方可到羊馬牆下，使其攻破羊馬牆，亦難爲入，入亦不能駐足。攻者止能於所填壕上一路直進，守者可於羊馬牆内兩下夾擊。又大城上甎石如雨下擊，則是一面攻城，三面受敵，城内又有小砲可施，凡攻城器械，皆不可直抵城脚。攻計百出，皆有以備之也。

羊馬牆内須均量地步遠近安排叉木，作排叉門，分布安排人兵，易於點檢，兼防奸細入城。

城郭舊制止是一重，城外有壕，或有低薄羊馬城者，使善守者守之，雖遇大敵，攻計百出，亦可退卻。或不經歷攻守者，忽遇大敵圍城，不無畏怯，須是先爲隄備。當於外壕裏修築高厚羊馬牆，與大城兩城相副，即是一壕兩城，更於大城裏開掘深闊裏壕，上又築月城，即是兩壕三城。使攻城者皆是能者，亦無可攻之理。大抵城與壕水，一重難攻如一重。至若裏城裏壕，則必不可犯。計羊馬牆與裏城裏壕之費，亦不甚多，若爲永久之計，實不可缺。

修築裏城，抵於裏壕垠上增築高二丈以上，上設護險牆，下臨裏壕，須闊五丈，深二丈以上。攻城者或能上大城，則有裏壕阻隔，更使能過裏壕，則裏城亦不可上。若此則不特可禦外敵，亦可潛消内患。裏城、裏壕費用不多，不可不設，庶免臨急旋開築也。

修城舊制，多於城外脚下，或臨壕栽丫叉木，名爲鹿角，大爲無益。若城中人出至鹿角内，壕外人施放弓弩，鹿角不能遮隔，若乘風用火，可以燒毁，不若除去爲便也。

今來修城制度，止是在外州軍城池，若作京都會府，須於城内向裏，量度遠近，再於外修築一重【一三】，其外安置營寨，向裏更築一重作官府。若此，豈獨堅固而已哉？内外之患，無不革盡。

攻城用雲梯，是欲蟻附登城。今女頭上既留「品」字眼，又有排叉木，又有羊馬牆，重

【一三】再於外修築一重　「於」原作「如」，據四庫本改。

重限隔，則雲梯雖多，無足畏也。

攻城用洞子，止是遮隔城上箭鑿，欲以搬運土木甎石，填壘壕塹，待其填平，方進攻具，或欲逼城劖掘。今既有羊馬牆爲之限隔，則洞子亦自難用。

對樓則與城上樓子高下相對，鵝車稍高，向前瞰城，頭向下附城脚，天橋與對樓無異，止是於樓上用長板作脚道，或摺疊黐在城上，皆是登城之具。今羊馬牆既有人守，自可兩邊横施器刃。又城上别用撞竿，與其他應急機械，自不足畏。大凡攻城用天橋、鵝車、對樓、火車、火箭，皆欲使人驚畏，有以備之，則不能爲害。

攻城多填慢道，有至三數條者，高與城等，直逼城頭。今羊馬牆中既有人拒敵，又大城上抛擲甎石，自然難近大城。更照所填慢道於城内靠城脚急開裏壕，垠上更築月城，兩邊栽立排叉木，大城上又起木棚，置人於棚上。又於欲來路上多設籤刺，使能登城，亦不能入城。或能入城，亦不能過裏壕。縱過裏壕，决不能過月城。以慢道攻城者，百無一二，今所備如此，亦何足畏？凡攻城者有一策，則以數策應之。

攻城用大砲有重百斤以上者，若用舊制樓櫓，無有不被摧毁者。今不用樓子，則大砲已無所施。兼城身與女頭皆厚實，城外砲來，力大則自城頭上過，但令守禦人靠牆坐立，自然不能害人；力小則爲牆所隔，更於城裏，亦用大砲與之相對施放，兼用遠砲，可及三百五十步外，以害用事首領。蓋攻城必以驅虜脅從者在前，首領及同惡者在後。城内放砲，在城上人照料偏正遠近，自可取的。萬一賊砲不攻馬面，只攻女頭，急於女頭牆裏栽埋大排叉木，亦用大繩實編，如笆相似【一四】，向裏用斜柱撑搶，砲石雖多，亦難擊壞。砲既不能害人，天橋、對樓、鵝車、慢道之類，又皆有以備之，則人心安固，城無可破之理。

攻守利器皆莫如砲。攻者得用砲之術，則城無不拔；守者得術，則可以制敵。守城之砲不可安在城上，只於城裏量遠近安頓，城外不可得見，可以取的。每砲於城上立一人專照斜直遠近，令砲手定放，少偏則移定砲人脚，太偏則移動砲架，太遠則減拽砲人，太近則添拽砲人，三兩砲間便可中物。更在砲手出入脚步，以大砲施小砲，可及三百步外。若欲摧毁攻具，須用大砲，若欲害用事首領及搬運人【一五】，須用遠砲。砲不厭多備。若用砲得術，城可必固。其於制造砲架精巧處，又在守城人工匠臨時增減。製造砲梢，須及時月。夏以六月，冬以十一月、十二月。採取櫟木、檀木，皆一生笋長成少枝節者，置溝渠内淹浸百餘日或半年，取出去皮窨乾，用穩木上下自根至梢按捺，如張盤新弓相似。取署無損者，然後用麻索生皮相間繫扎，以防陰晴緩慢。日晴則皮緊索緩，陰雨則索堅皮緩，若此繫扎，可保無失。

用砲摧毁攻具，須用重百斤以上，或五七十斤大砲。若欲放遠，須用小砲。只黄泥爲團，每箇乾重五斤，輕重一般，則打物有準。圓則可以放遠。又泥團到地便碎，不爲敵人復放入城，兼亦易辨。雖是泥團，若中人頭面胸臆，無不死者；中人手足，無不折跌也。

【一四】如笆相似　「笆」原作「巴」，據四庫本改。

【一五】若欲害用事首領及搬運人　「搬」原作「般」，據四庫本改，下同。

城被圍閉，城内務要安靜。若城外有人攻擊，城内驚擾，種種不便。須是將城内地步，分定界分，差人巡視。遇有人逼城，號令街巷不得往来，非籍定係上城守禦及策應人，不得輙上城。在城上人，不得輙下城。過當防閑，不特可免驚惶，亦可杜絶不虞。

王在党忠寇德安二十日引去

靖康元年十二月二十一日，群賊王在、党忠、閻僅、薛廣等攻陷隨州，守臣陸德先以下俱逃，或盡室遭虜，遂犯德安府。知安陸縣事陳規先被差部押縣兵赴京，行至信陽，群盗梗路。二十八日，承府牒抽囬赴府捍禦。二十九日，還至應山縣七里河。賊火閻僅千餘人在寮子市置酒張樂，邀截歸路。

二年正月初一日，規率同部押官知應城縣宋理、應山縣丞權縣事夏翬，各以所部弓手、土軍、召募人合五七百餘人結甲。定安陸縣弓手節級馬立、黄晃、召募人雷智和、管界巡檢寨土軍劉允、應城縣弓手節級李吉、三州寨土軍向吉、應城縣弓手節級竹清、三縣巡檢寨土軍楊素，凡八人徑領衆入應山縣，掩殺群賊。僅等大敗，餘黨潰散，投入王在火中，王在寨去府百餘里。規尋得路，將所部兵到府。時知德安府李公濟已往諸處招集人兵，通判周子通先往諸縣起發民兵，及士曹張顔悦因賊至驚死，司録、士曹、局務官、安陸縣丞簿尉皆緣故搬家遁去。初三日，城中官吏軍民推規權領府事。初六日，通判周子通囬府，當日規交府事與通判。準府牒，規權通判，仍充統領守禦人兵迎敵。規遂措置修築城壁，召募膽勇，刷差軍兵，勾抽保甲，隄防守禦。十一日，知府李公濟囬，更不交割，牒府乞折資監當，即日離任去。十三日，王在人馬入府界刼掠。十四日，權兵曹應城主簿田綷出城逃走。十五日，賊遊騎數十人至城下，與城上人相射，至晚囬寨。十六日，王在領馬步五千餘人，着顔色衣，各執弓箭、背牌及板門扇來圍城，攻諸門。委管界巡檢胡善、三州都巡檢張惟德出戰。二人先走，匿於孝感縣九峻山寺。是日，賊與守禦人相射，申後賊退，往府東天慶觀、泰山廟等處下寨。十七日，賊又攻城。賊首王在及近上首領多在齊安門外。規與權府周子通城上呼賊與語，喻以禍福，賊暫退。是晚，周子通驚中風疾。十八日，牒府在假。本府止有規及安陸縣尉董貽、兵馬都監趙令戣、監酒税務趙康輔四員而已。於是官吏軍民又推規權領府事。規以城危急不敢辭，遂糾率官吏軍民多方措置，盡死堅守。是日，賊搬積柴草，欲燒齊安門。守門人於未到十餘步，先放火箭爇之。賊又用松柏長木及大竹作雲梯五十座齊力並進，城上人用磚石及連藍棒、長槍、弓弩拒退。良久，遣人縋城，毁斫雲梯。二十日，賊列騎成陣逼城，驅人擡鵝車、洞子數座，用牛皮并氊包，漫攻齊安門。被城上人及城門上開空處先以撞竿、托叉抵定，次用搭鈎鈎去洞子上皮氊，墜大石及磚石推擊，及用弓弩箭射，其賊退去。續次下城，焚燒毁斫盡絶。賊又進雲梯約高二丈，各有梯道，四圍用綿被并氊皮包裹，煙火箭鑿，不可侵近。約用四五十人擡擁向城，被守城人先以長竹併力撞衝，雲梯傾倒，壓死賊數人。次磚石弓弩箭射擊，賊人走退。是日，賊又進天橋約高二丈，闊一丈，以木長四丈餘，可以並行數人，如城之慢道，用以登城。賊衆數十人，擡以向城。被城上人用弓弩、磚石射擊，致擡者止於十步之外，不能前進。又於諸攻具之外，列大砲十餘座，四面向城飛石擊守城人，其城上人存身向篦籬以避之，城下人向木柵存身以避之，致其砲並不曾傷守城之人。是日，賊又前以步，後以騎列陣向城。城内多設砲座，令城上人看覷賊人近遠向着，諭與定砲人向賊放擊，發而多中，其賊遠退，只於城東十餘處下寨。自是每日遣人至城下相射鬬敵，及四散燒刼，畧無退意。三十日早，又有党忠人馬五六千人齊到城下，着雜色衣，與王在兩火同來，爭先攻擊，四面環繞，風水不通。規與機宜閻孝周登城，招王在諸酋至城下，開説大義，薄許犒設，賊意稍觧。又招賊大將蔣宣入城，置酒欵説禍福，却令出城。二月初三日，王在引兵去。党忠人馬仍用洞子、火櫃齊攻城門，被城上人用撞竿、磚石、弓弩箭拒退。當日，景陵門下打死賊五人，并砲打殺鼓賊一名。是夜三更，賊乘暗忽四邊停雲梯上城，被城上人用槍及磚石刺打下。又攢火砲燒望雲【一六】、朝天、齊安等門，又用長鈎鈎城上人，又用竹木縛荻把作火炬，長二丈，列二三百炬如火山，向城門及燒城上竹城篦籬，並被守城人併力用撞竿、托叉抵拒，及用磚石、弓弩箭射，并放砲石，如此鬬敵，自三更至曉，方暫退。初四日早，規見攻擊危急，賊不肯遠退，遂點集第一隊、第三隊人兵開朝天門出，乘賊不備，分頭掩

【一六】又攢火砲燒望雲　「又」原作「及」，據四庫本改。

擊，党賊敗走，即收兵入門。却開景陵門，令第二、第四隊并第一、第三隊併力出門掩殺，其賊大敗，乘勢趕逐，除斬獲生擒外，逼入漬河死者不知其數，餘黨遂潰。是日，奪到旗六十三面、鼓十四面、鉦五面、槍刀二十三條、牌十五面、甲七連、弓三張【一七】、弩二枝、牛五十二頭、馬十九匹、騾五頭、驢十二頭。自正月十五日至二月初四日，凡攻圍二十日，今考具措置于後。

踏逐過往寄居官、進士勇敢者，借補官資，差攝職事。

選募有心力百姓分布諸門，上城禦敵。及分認地頭，機察姦細，及催督修城人夫工役。

差使院典級黄謹等行軍期司，專一行遣防城守禦修城文字，及各帶器甲隨規巡城。

選差安陸縣吏楊玠等提轄防城軍民弓手，日夜巡邏，及催促添修城壁。

差撥軍民弓手分作四隊，及選差弓手節級、長行，每二人共管押一隊，内馬立、馬政管押四百一十五人，李全、許進管押三百一十六人，郭政、田全管押三百六十五人，劉德、李清管押三百五十人，各分布城下準備出戰。

差撥有心力膽勇保正、隊頭黄壽等，部領保甲人兵一十六隊，計八百餘人準備出戰。

【一七】弓三張　「三」原作「二」，據四庫本改。

招集到茶客楊政等自召募人準備出戰，并僧雷智和自召募僧行、百姓二十六人殺賊。

城上極是尖狹【一八】，有不及一尺闊者，其上不容立一人，及無乳頭，尋於城上裏邊用鍬钁直削向下三尺以代乳頭。下城鐙道添造竹木棚棧，令人坐立可以施放弓箭等器械守禦。

城壁卑矮，遂於城外添立竹栅，間安笓籬，外可以遮隔弓箭，内可以施用兵仗。於土城之上又立竹城一層。

城有極卑薄處，遂於城内脚下，離城三尺別立木栅一重，約高一丈五尺，間空五寸立木一根【一九】，於城稍低薄處，無不周遍，係於土城之内又立木城一重。於木城之外，每兩步立一人，與城上人更互上下守禦。

城門薄怯損弊，尋於門外別立小門一重，各以氈皮釘裹，上開門頂空歇以備墜石及下施兵仗。又於門内兩邊栽立枋木，作鹿頂，約高一丈五尺，長五十步，其中路闊六尺，至盡處用木拒馬四五重閉定。每五寸立木一根，兩邊木外，每步立一人持長槍。

城上以《千字文》爲號。每步一字，每字一人，以五人爲一甲，十甲爲一隊，互相統轄，分布城上。又以在城火夫、客户，置籍結甲上城守禦。

選人兵一百五十人，令保正副六人、甲頭二人管押統領，晝夜準備應援。如東壁有報

【一八】城上極是尖狹　「是」原作「有」，據四庫本改。

【一九】間空五寸立木一根　「間」原作「門」，及四庫本改。

驚急，即提兵東應，西則西應。自攻圍二十餘日，每有驚急，無有不至者。

於賊退之後，其未遠止在四外側近。圍繞之中，寅夜偷工開壕築城，仍命工人計城厚薄而中分之，先併力以築其表，高及尋丈，度不可以驟登，則又併力以築其裏，適相當，然後增築以成之。内具畚鍤以督役，外荷戈矛以備警。起五邑之夫，萬人竭作，不淹時而畢。

城壁長八百八十二丈，高二丈五尺，上闊一丈六尺，底闊三丈七尺五寸。及於城壁外開築城壕，繞城壕塹，計長七百八十八丈一尺，上闊三丈，底闊一丈八尺，深一丈五尺。

張世李孝義寇德安四日引去

建炎元年九月二十二日，李孝忠餘黨張世、李孝義賊馬五萬餘衆已破襄陽、荆門軍、荆南府、郢、復州，遂寇德安府。先行文字，稱欲就招安，一面擺拽兵馬環繞府城。本府以方議招，未敢禦敵。是夜五更一點，忽同時發喊，雲梯、火砲、弓弩箭鑿攻城，勢焰兇猛。本府官吏軍民以死禦賊，至二十三日巳時，賊始退。是日，矢石殺死賊兵三百餘人。賊拽屍以去，沉之河，及積薪焚之。被傷一千餘人。諸門奪下雲梯七十餘座。二十四日夜，賊兵又乘暗至西、北兩門，以城上肅静隄防，不能下手，夜半引去。其時，有御營使司同都統制范瓊討捕李孝忠等，領兵在府北，累遣至城下應援掩擊，連日攻擊不下。二十五日，拔寨南去。

楊進寇德安一十六日引去

建炎二年三月初四日，群賊楊進號「没甲牛」，領衆至本府城外，四面下寨，遣人齎文字來，稱有衆一百五十萬，馬三萬五千餘匹，自京東登、萊、沂、密、濰、淄、徐等州前來，逐州官員盡皆勦殺。本府視賊寨約有十餘萬人，馬三千餘匹。是日，畧來脅城，不多時，各退歸寨。初五日以後，朝暮繞城，矢石所不及處，擺布人馬三五重，更番替换。又於前分布攻城，人馬大振，金鼓喝喊，馬軍在後，用刀槍擁逼步人，并力攻城，一齊發弓弩及神臂弓箭鑿射城上人，并持雲梯四面奔城，被城上守禦人弓弩箭鑿，砲石磚石雨下，賊並不曾得利。城中時出兵衝殺，賊遂少退。四五日後，賊復添立攻具，高起望樓下瞰城中，并造戰棚、對樓、洞子，用牛皮包漫，又用夾布作遮箭幕，約高三丈，闊二丈，箭鑿皆不能害。又立大砲，攻具日增。夜遣人搬柴草向羊馬城，并城門放火，亦被守禦人救護撲滅，并矢石禦退，賊不得利。十七日，增望樓四座、大砲五十餘座、洞子一百餘箇、遮箭布幕三十餘座、大戰棚一座、對樓一座及雲梯不知其數，其戰棚約高二丈，四方各闊一丈六尺有餘。先用人裹外擡奔向城【二〇】，被城上人用弓弩箭鑿并砲先射打退擡奔人，及打得傾側，使

【二〇】先用人裹外擡奔向城　「奔」原作「夯」，據四庫本改，下同。

用不得，棄下退去。其對樓約高四丈，闊一丈五尺有餘，作五層，縛木梯斜上，高過如城，其勢太重，推拽難行，兼被城上守禦人施放矢石射打推拽，人莫能進前。其餘遮箭幕盡被砲石打得碎破。其洞子凑城，又被城上墜下柴草積火焚燒，皆不得近前。其砲亦被城內放砲，多打殺定砲人。其賊凡所立攻具，一一施用，數日皆不能傷城上人。自初四至十九日，計十六日，逐戰鬬殺，傷賊數多。賊知城不可攻，二十日方遣人至齊安門下高聲呼城上人且不要放箭防禦，教來打話。當時城上人問打甚話？其人言：恁也不出來共俺廝殺，我也打恁城不破，有招安官來也，俺只待要些犒設受招安。城上人答：待恁受招安了，與恁犒設。其人便去。至晚，有一人着紫道服領二十餘人持東京留守司請召旗一面，向城隔壕與城上人説話，稱是東京留守宗元帥使臣成忠郎王申元帥遣來招安楊防禦，高聲讀示宗元帥咨目并劄子，言楊防禦今日方肯受招安，待問本府要些犒設，并出券往東京。本府許之。二十一日，送犒設在城外，其楊進領人親到齊安門下，收受致謝而去。是日，楊進領衆起離向信陽軍前去。契勘，楊進自三月初四日圍城，攻具甚盛，被城上人施用弓弩箭鑿、砲石磚石射打，死損賊人數多，及出兵衝殺入壕，渰溺死者五十餘人。及於壕內滂漉到賊屍，於沿身搜到借補使臣文帖四道。及被虜人回，稱楊進被箭射着頭。又被塼砲打着額，倒卧累日後起來，嗔在邊將官不來扶救，斬之。又聽得楊進言：自出京以來，不曾折了人，却到這裏折却許多，反折了强將四員。見得楊進計窮力盡，方受招安。

孔彥舟三次寇德安皆不克引去

建炎二年十二月二十八日，有北來一項群賊數萬人，稱是單州團練使、郢州鈐轄孔彥舟，在黄州麻城縣作過。至三年正月初七日，賊至黄州，皆剃頭辮髮，作金人裝束。是夜，填塞壕塹，用雲梯及牛皮洞子，安立砲座，攻圍黄州城，及肆掠黄陂縣，并侵犯德安府孝感縣界。本府慮賊來犯城，遂分布官吏軍民於諸門地分，嚴行隄備。其賊迤邐至孝感縣東舊鎮，殺人放火，刼掠財物。二十四日，到環河鎮，殺傷已受范瓊招安下吴錫人馬。二十六日，到府東十八里下寨，稱是武經大夫、榮州團練使、東平府兵馬鈐轄、京東西路統制軍馬孔彥舟。二十七日，領全軍數萬至府城下四外，占岡擺布搭立施設弓箭射城上守禦人，被城上人齊發砲石、弓弩，賊衆不敢近，當夜遁走，向隨州前去。至閏八月十一日，復自光州回至本府應山縣作過，再占據隨州。九月初一日，分遣賊騎侵犯本府圍城，本府乘時出兵掩殺。初八日，賊遁去，復回占隨州。十一月初一日，彥舟又自隨州領人馬至本府城下，圍繞劄寨。初八日，大隊併至攻城，被本府守禦人施放弓弩箭鑿、砲石禦敵，至晚退却，止在城外。初九日，拔寨南去，占據復州。又往占據荆南府。正月二十七日，攻城，當夜引去。九月初一日，攻城。初八日，引去。十一月初八日，攻城。次日，引去。

董平寇德安三萬人即日敗去

建炎三年三月，群賊董平，部領人馬至應山縣，稱勤王兵，沿路刼掠。四月初八，日夜掩刼，孝感縣官吏居民逃走有不及者，悉爲驅虜，及燒盡一縣官私屋宇。是日，在本縣東舊鎮剳寨，分遣賊徒剽掠。本府差發人兵六頭項前去掩殺，董平起離取唐州去。九月十二日，有宣撫處置使司差知信陽軍武經郎孫璘到本府，差兵護行至信陽交割。至十二月二十日，董平破信陽，璘僅以身脱，其家并官屬皆没于賊。平差官占據信陽，自往唐州大義山剳寨，令隨、唐、信陽三郡人户送納粮草，并收逐處税錢。四年三月十六日，平領三萬餘衆到本府，本府差正將辛選發兵往應山界迎敵，戰數合，賊大敗走，殺賊千餘人，鉦、鼓、旗、槍、弓、箭、器械、輜重，棄之滿道。平尋走往西京界，爲鄉村把隘人所殺。

趙壽寇德安三日引去

建炎四年五月十二日，群賊趙壽號「不忙」，自黄州領衆數萬餘人，至孝感縣界刼掠，遣人至本府，欲就招安。是月，有朝奉郎守尚書兵部員外郎、福建、廣南東西、荆湖南北等路撫諭使馮康國到府，守臣陳規白馮乞行招安，會趙壽亦遣人以書與馮，願受招安。規復遣人往壽寨，説以撫諭肯行招安之意。六月初二日，壽領衆至城外，是晚，馮親出城見壽。初三日，壽攜數隊入城，聽撫諭聖訓，謝恩招安了當，馮牒壽令權於江州、黄州駐劄，聽候朝命。本府亦支給錢粮犒設訖。十二日，壽起發至東四十里環河鎮劄，忽夜遣人馬分頭項於本府八門，改换色衣號，僞作民兵裝束，一擁奪門，賴諸門守禦素備，即時以死捍禦，旋增弓弩、砲石鬬敵，至巳時方退。復於箭砲不及處擺布圍城，迭来攻打，被城上弓弩、砲石不歇，及遣兵披城出戰三晝夜，計窮力盡。二十日，賊拔寨南走。

曹成李雄寇德安自六月至二月引去

建炎四年六月，有曹成、李宏賊自舒州，歷光州、信陽至本府，衆數十萬，布滿諸縣，直抵襄、隨、郢州界，駐劄三龍河。時旱禾始熟，廣被芟掠。本府以賊兵衆盛，不輟隄備。七月三十日，賊衆至城下，攻打府城。本府一面施放弓弩箭鑿砲石，一面發兵出外，披城鬬敵。賊不能破，巳時方退。八月十四日，成衆又至城下，本府再發人兵出城迎敵，賊復退，於近城桐栢廟下立寨，分遣騎於八門一二里外立小寨，困圍本府，不通往還。本府官吏軍民以死捍禦，間出兵掩殺，每夜遣兵刼擾小寨，奪糧入城。晝夜相拒六十餘日。是時，成等人馬實多，本府兵極少，其勢不敵，遂設計謀，差人齎公文前去問當成等，誘以禍福利害，指其自新之路，成等始退。十月初三日，遣人入城商議，稱一行兵衆，元非爲賊，止爲鄉中不可居止，遂前来尋有糧處喫用，却蒙朝廷收還招安之後，所授官職，止乞元来官資，湔洗招安之名，及齎到成等申狀。本府於初五日備録奏聞，成等始於十六日復還三龍河大寨，仍不住於府城四外燒刼，又因本府抄截掩殺之故。十一月二十四日，復領衆来攻城，本府出兵迎敵，至午方退。五年二月十九日，成等領衆起離三龍河，往漢陽軍渡江前去。

桑仲下邢尚孫群賊寇德安三月引去

紹興元年十二月初四日，有信陽軍邢舍人、尚統領等部領二千餘人至本府城下焚掠，本府即時閉門捍禦，雖稍退，未肯遠去。十七日，又有隨州孫彪統領人馬三千餘人，亦來圍城，本府閉門捍禦，及遣兵出城戰，殺傷百餘人方退，亦未肯遠去。二賊梗路不通。二十日夜，賊齊至城下，弓弩箭鑿、雲梯、布牌攻諸門，本府官吏軍兵拒敵。二十一日早，始退離城百步外圍繞。是夜，信陽軍賊馬前去攻孝感縣，不克，復囬本軍。隨州賊馬前去攻復州，陷之。

二年正月二十八日，再發人馬兩路前来本府近城四外焚刼，本府官吏軍民晝夜上城，不曾解甲，以死捍禦，及時出兵掩殺。三月初間，始退向隨州去。續據忠訓郎權孝感縣韓適狀，准鎮撫使差權縣事，踏逐到離舊縣一十里臨溳河，地名紫溳，就周圍積水爲壕，刱築城壁，欲就緒間。十二月二十四日，有信陽軍賊馬二千餘人自府城来奔本縣，先二百人到城北，遹即分布守禦，發兵迎敵，賊敗走五里，逢賊大隊至，復圍縣城，施放弓弩，尋於壕外呼曰：憨是信陽大後軍邢舍人尚統制人馬，向北打了一百八十座山寨，壞了鄧州、信陽軍并天目山寨，今決要取本縣，屯泊人馬，就糧贍軍。圍至夜，只於壕外分布劄寨。二十五日，賊掠浿河客船載兵入壕，及用布牌、木牌遮箭，擡夯雲梯十五座向前，水陸攻縣城，被本縣人施弓弩、砲石併力捍禦，至晚，賊退向寨。二十六日，賊多拽河内船舫五七隻爲一絞，用大竹絞成竹牌立於船頭，旋添船併作浮橋，於北壁壕内攻縣城。城上弓弩砲齊發，敵不能近，復拽船泊岸，只攻東壁，亦被禦退，至夜回寨。遹恐賊别生計，遂親領兵三更出刼賊寨，殺賊三百餘人，及收到被虜男女五百餘人入城。二十七日，賊於壕外添砲數座，及分布船隻向前攻城，至午禦退。二十八日，又以雲梯向前并力攻城，至夜禦退。二十九日，賊又用船六十餘隻通作一絞，用板釘鋪船面，船頭並用竹、木、布牌兩頭遮箭，後立長槍五百餘人，撑拽攻西壁，勢兇猛。遹激厲人兵決死迎敵，西門放出戰船十五隻，於壕内及城上弓弩砲石齊發，至未時，賊大敗，渰溺無數，盡奪所絞船舫。其岸上擺立賊兵，即時回寨，至夜拔寨遁去。

李横寇德安六十五日引去

紹興二年六月十三日，桑仲餘黨知鄧州李横，號「九哥哥」，領襄陽府、鄧、隨、郢州所管軍馬及逐州百姓，共約五六千人，内正兵約四千人，前來德安府近城下寨，大小七十座。賊首李横大寨在城西隔河，早晚舉平安火，諸寨相應，遇夜諸寨有警，即時舉火。每寨各立望樓，樓上人執白旗，城北、東、西三面各正視城門，門内人出入必先見。出稍多，即舉旗向門，本寨及兩邊連寨人，競出掩撲。或城内出兵迎敵及刼寨，即時諸寨舉旗指示，悉來應援。城南有望樓四座，占高阜下瞰，城内街巷，往来動息，皆見之。城上守禦，人人可數，纔見城内稍似擺拽，即舉旗諸寨各爲備。夜於四外更互相應【一二】，用人把斷出入之路，圍閉府城，内外風水不通。本府雖不住出兵鬬敵，終是兵少難勝，亦嘗於城上招到横親近打話，諭以禍福。横只以本府收藏霍明爲辭，誣執本府順番，必要打城。

七月初三日五更一點，城外發喊，用弓弩箭射城上人，及將雲梯到城，搬草擁門火之。城上人用弓弩、砲石、塼石射打，不能上城。至辰時，賊退雲梯六十餘座皆棄下。初四日，横親領衙兵往隨州至襄陽府，唤木匠、鐵匠搬取牛皮繩索及於大洪山取氈及索十餘日，回来再造天橋、洞子、三梢大砲及雲梯等攻城器械。八月四日，攻具成，津至城西南角下寨，裝鬬天橋，衆填壕，一夜平。初五日，入遠壕内立大砲七座，攻打城上人。其砲石小者不

【一二】夜於四外更互相應　「相應」兩字原脱，據四庫本補。

下十斤，大者四五十斤。用大木造四脚洞子一箇，長約二丈，闊丈五，脊高丈二以上，用濕栢木大椽密牌、牛皮漫之，面與兩邊用木椽并厚氊簾，其脚高四尺五寸，厚似癡車脚，其狀如兩間屋，推臨裏壕，用大木椽絞成狗脊洞子，連接兩行，各長五十餘步，并厚木板牌二百餘面遮護。賊人搬運草木、塼石填裏壕，數日，鬬就天橋脚共六隻，高五尺，厚薄一如洞子。脚長六丈以上，闊二丈，高三丈五尺以上，近及四丈，上闊一丈以上，當頭自下至上斜高向前約一丈以上，中下三層，當面并兩邊及頂上皆用牛皮、厚氊毯被掛搭。其天橋底盤上後繫大竹索兩條，各長二十餘丈，每條百餘人牽拽。規暗料賊必是欲以砲打城門并城上人，使住立不得，然後進洞子向前填平裏壕，便推天橋就城，因以上城。規即時令人於城上照賊所填壕處相對用大木置起戰棚一座上下兩層，其上橫鋪大木三重；及於城裏脚下深栽高木棚一所，以防賊人萬一上城後若便下城，則必陷在棚中。又於城上兩邊匝女頭牆密用大木埋起高排叉柱，遮隔砲石。又於戰棚南北各東西橫埋排叉柱兩重，柱外各分布長槍手并斬馬刀。又於柱外各東西更置戰棚一座，棚上各備磚石、弓箭以備賊人萬一上城分頭兩向沿城殺人，及防戰棚上下人有不盡死禦敵者，致於必死之地，使之無不用命。又於城裏相對賊砲并填壕處亦立大砲七座，内三座，亦可施放，砲石重三五十斤至五六十斤者。又於砲架前并兩邊高埋大木砲架，中心拽砲人上橫排木椽作砲棚遮隔賊砲。每砲一座，用砲手三人，更互使用城上照料城内放出砲石遠近偏正。一人城上戰棚下用大木兩條各長二丈四五，橫用括木兩條各長六尺，當頭用橫木一條長一丈，造就托竿一所，又以乾竹柴草造下火牛三百餘箇，又以大枋木三條合就長板一片約長一丈五尺有餘，又以火砲藥造下長竹竿火槍二十餘條，撞槍鈎鎌各數條，皆用兩人共持一條準備天橋近城於戰棚上下使用。又於兵衆中選用有膽勇人分爲十四甲，逐日輪當戰棚上下，并排叉柱外及羊馬城外及準備諸處緊急應援，以安陸縣尉李居正統領。又以副將馬立統領一項人兵專點檢四壁守禦及攻城緊處策應。幸而其賊所置攻城器具前来，一一皆如所料。賊所立砲七座不住施放一十四晝夜，雖打壞城上門樓并城門護板及打折排叉柱并戰棚上橫鋪木植【二三】，但逐旋打壞，逐旋添補立起，並不曾正打着城上城內一人，惟是城裏放砲出外，遠近偏正有城上照砲人招呼，令逐旋那移轉動砲架及添減拽砲人數或砲石大小施放，所以城外賊人稍有攢聚，砲力可及處即時打散，其賊砲手并拽砲人多被打殺，所有賊人狗脊洞子只於當日盡皆打倒，并人亦打殺，更不能使用，惟有大洞子臨壕，約中城內大砲三二百下，方始打動上蓋，少有損壞，其當面椽簾、氊簾一齊打碎。砲入洞子內打殺人多，却推向前再修，別用牛皮作簾，并簾裏硬排立木又向前来，再打損壞，方推拽向後不用。只擁驅虜到老小婦女搬運草木、塼石填壕，並不顧城上箭砲打殺。若是打殺近上首領并親近正賊，即䭾背或舁去窖埋；若是打殺驅虜人并已下人，即時剮肉食用。其壕相近填滿，方再以土傅城。城上人併射火箭在所填草木上，偶值風順，其賊衆向前打撲不及

【二三】雖打壞城上門樓并城門護板及打折排叉柱并戰棚上橫鋪木植　「護」原作「攙」，據四庫本改。

被火燒着，兩三晝夜尚未燒盡，其賊又只用塼石并土相兼再填，又兩三日相近填滿，其老小婦女死損外，見存無幾。兼近城脚，難向前來，遂選壯健人與正賊牙兵相兼以布袋盛土走夯前來，并布袋様下，急走回去。其搬土填壕，并定砲【一三】、拽砲，及城下往来之賊中箭并砲前後死損甚衆。其賊漸窘，少闕糧食，襄、鄧、隨、郢四郡界内人民田種萬無一二，回去亦難得食，打刧已徧，並無可刧。除正賊近上甲頭人有些裝着，餘人並藍縷，惟指望打城後爲飽暖之計，所以其賊攻城，亦不惜他人命，用意堅確，不肯輕退。

八月十五日，宣撫使司送到襄、鄧、隨、郢州鎮撫使司書寫機宜文字譚憲公文，稱朝廷已差李横充襄、鄧、隨、郢州鎮撫使，又將譚憲文字付李横照驗，横言：「便是朝廷差我做鎮撫使，教我去那裏喫着甚底，我也不能做得他鎮撫使，我待打城破後相度。」十八日，賊衆遂填平裏壕。十九日，四面分布打城。賊安排下雲梯，伺候同時下手。及四外高阜處并要路上各布馬軍，準備稍截城破走出之人。至午時，推天橋湊城西南角，正是所填壕上於天橋兩邊擡雲梯三十餘座，後布長槍手約一千餘人，發喊并鉦鼓齊發及弓弩箭、砲石一齊施放，射打城上守禦人。其天橋已是近城，規即於城上戰棚脚下推長板出城頭數尺於板上，併手推衮下大石於城外脚下，打推天橋賊衆及推出托竿托住天橋，爭一丈有餘不能到城，其戰棚上下方欲施用火槍、撞牆、鈎鐮之次，其天橋脚下人倒推，并牽拽竹索人倒拽天橋急回約五十餘步方住，得一辰時以上，却向前來於天橋先行路稍近南行，意欲閃避托

【一三】并定砲　「砲」原作「破」，據四庫本改。

竿，無可行得。近南地步丈尺稍多，所填壕不甚實處致陷住天橋東南前脚，前来不得，却向後拽，又因人衆用力太多，拽斷竹索，進退不得，致羊馬城内兵出，與天橋下賊人用命鬬敵，并城上磚石、弓弩箭鑿，城裹砲石併下，移時方始殺退賊兵。尋於城上推下「火牛」柴草，被羊馬城内人並出搬柴草積在天橋脚下焚之，其天橋上并中隔内賊兵方始慌忙走下，一齊退却。并遶城四外賊兵，各被城上守禦人施放弓弩、塼砲射打退走，棄下雲梯，及向外高阜處并要路上分布人馬，一齊回寨。其賊大敗，當夜遁去。契勘：其賊初来之時，止有五六千人，自入府界百餘里，驅虜人數甚衆，皆以正賊監押，收刈稻谷，搬材木，置造攻城器具，後來收盡田稻并梨棗等，及造就攻具，一齊追收回寨，併使打城，共數實有一萬餘人。雖人數不爲甚多，然所造攻具雄壯，擺布施設次第似乎不容人力可敵，兇焰實爲可畏。加之城内人飢餓，雜草木皮葉食之，凡守禦六十五晝夜，横之攻城也，久之不下。一日，遣人請議事，規在城上見之，横曰：願得粟二百斛而去。左右請勿與。規曰：我糧無幾，横来請，是伺我虛實。不與，即謂我糧乏，攻益力，去愈緩；與之，則遁有日矣。即送與之。明日，横衆攻城，規坐城樓，砲折足指，容色不變。圍益急，糧不繼，諸將請搥牛以食。規曰：殺牛代食，敵聞之，圍猝未解矣。乃盡取酒務麴蘖分給之，仍搜家財得萬緡以犒軍。横又遣人来諭，願得府之魁妓而後罷攻。諸將曰：城圍七十日矣，以一婦人活一城之衆，不亦可乎？規曰：使横即退，是我以婦人求和，况未必退乎！其再来，當斬妓首以遺之。孝感縣令韓遹来告曰：縣有粟百斛，路絶不通。規命乘風雨呵殿而來，賊軍疑其有神，不敢睥睨。横以天橋、鵝車逼城。規曰：技止此爾。縱火焚之。即退。規歎曰：使横更七日不解，麴蘖亦盡矣。

湯璹，字君寶，潭州瀏陽人。淳熙十四年進士，授德安府教授。先是建炎間陳規守德安，屢經大寇，皆應以閒暇，於城上築鵲臺，城外築羊馬城。又於羊馬城外設木棚，賊至輒敗。後知順昌府，府多儲粟，計議司來起粟赴河上。規請代以金帛。已而金人圍城竟賴其粟以充軍食，卒以破虜。璹訪尋其事，編爲《建炎德安守禦録》。紹熙四年，璹除太學録，表上其書。

右陳規守城法，用於倉猝無備之中。九攻九拒，應敵無窮，十萬百萬，靡不退卻。程式具存，剖析尤備。凡沿邊守宰，紬繹此書，思過半矣。

◉李獻民撰

雲齋廣録

儲玲玲　整理

點校説明

《雲齋廣録》又作《雲齋新説》，八卷，李獻民撰。李獻民，字彦文，開封府酸棗縣（今屬河南）人。據作者自序言：本書完成於政和元年（一一一一），又據文獻記載：靖康之變後，獻民南渡江淮；後定居江西吉州，紹興間曾游湖湘之間，作者當爲兩宋之間人氏。

本書所記内容豐富。《士林清話》專記朝野名士逸聞軼事，《詩話録》記詩歌及詩歌本事，其餘則分靈怪、麗情、奇異及神仙四類傳奇小説。本書既有研究宋代歷史人物的史料價值，又有詩話研究，詩歌輯佚和傳奇小説研究的文學價值。

於《郡齋讀書志》、《直齋書録解題》兩書目中，本書均記爲十卷，分九門；《宋史・藝文志》記《雲齋新説》十卷，據此可知其在宋元時之狀况。今存本祇六門，九卷。而末卷《盈盈傳》又見於洪邁的《夷堅志》，洪注：「山（王山）有《筆奩録》，詳記所遇。」則《盈盈傳》實爲王山所作，非本書原有，蓋明人誤增而已。此次整理以中山大學圖書館藏民國二十五年上海中央書店排印本爲底本（爲保留版本原貌，《盈盈傳》未删），以《續修四庫全書》本（即滂喜齋舊藏，後人稱金刻本）、《説郛》（宛委山堂本）作校本，並參考了相關文獻資料。從其他文獻中輯得佚文二則，附於書後。

校勘記

序

夫小説之行世也多矣。國朝楊文公以《談苑》行，歐陽文忠公亦以《歸田録》行，其次則存中之《筆談》，師聃之《雜紀》類，皆摭一時之事。書之簡册，用傳於世，此亦古人多愛不忍之義也。其論次有紀，辭事相稱，品章不紊，非良史之才，曷以臻此哉？如僕者寡學陋儒，誠不敢議其髣髴，然嘗觀《唐史·藝文志》，至有《甘澤謡》、《松窗録》、《雲溪友議》、《戎幕閑談》之類，敘述遺事，亦見採於當時。僕雖不揆，庶可跂而及也。故嘗接士大夫緒餘之論，得清新奇異之事頗多，今編而成集，用廣其傳，以資談議，覽者無誚焉。政和辛卯五月八日，廩延李獻民彦文序。

校勘記

卷一

士林清話

陳文惠公

陳文惠公堯佐，閬州人，諫議大夫省華之子也。與其兄堯叟俱位至宰相。初，諫議退居於家，惠公兄弟皆在侍下，有賓客則衣金紫立於左右，天下以爲榮。惠公弟堯咨尤精弧矢，天下謂神射，自號「小由基」。祥符中，守荆南回，其母馮氏問曰：「古人居一郡一邑，必有異政。汝典名藩，有何異効？」堯咨曰：「荆州路當衝要，郊勞宴餞，殆無虚日。然稍精弓矢，衆無不服。」馮氏曰：「汝父以忠孝裨補國家，今不務仁政善化，而專卒伍一夫之技，豈汝先人之意耶？」以杖擊之，金魚墜地。

王内翰

内翰王禹偁，性剛簡傲物，嘗對僚屬曰：「三班奉職，其卑賤可知。」當時盛傳此語。未幾，公坐罪，貶爲解州團練使，意甚不樂。一日，從太守赴生辰行香，見一人衣紫袍，貌甚端麗，舉止可觀，秉笏而立於佛殿之側。公意謂官資崇重，未敢遽處其上，因問其官品，其人斂板曰：「某即可知也。」公不諭其言，而詰其何謂可知？其人曰：「舍人嘗言三班奉職，卑賤可知。某今官爲奉職，即是可知也。」公爲之憮然，聞者莫不發笑。

趙密學

趙密學諱卨，字公才。元祐初，出帥延安。後歲餘，公忽染疾，數月方愈，復起視事。一日至辰巳間，乃謂一廳吏曰：「汝俟午時，速當來報。」頃之，吏報曰：「時已午矣。」遂命左右取公裳服之，乃秉笏正身，端坐於府，若有所待。復謂其吏曰：「汝出望北方，有紫雲至，亦當來報。」吏出望數四，未有所覩。公令再望之，果有紫雲自北而來將臨公署，吏乃急報曰：「雲已至矣。」公乃離坐，即薨於室。蓋朝庭股肱之臣，山嶽降靈而生，則其逝也，烏得無異焉？

吕許公

馬尚書亮以員外郎直史館，使淮南時，吕許公夷簡尚爲布衣，方侍父罷江外縣令，亦在淮南，上書求見。尚書一閱，知其必貴，遂以女妻之，後許公果爲宰相。

晏獻公

曾諫議致堯，性剛介，少許可。一日，在李侍郎虛己席上見晏獻公殊，晏公，虛己壻也，時方爲奉禮郎。諫議熟視之，曰：「奉禮他日極貴，但老夫耄矣，不及見子爲相也。」晏公後果至宰執。

龐丞相

夏英公竦守黄州日，龐寺丞籍爲司理參軍。英公常曰：「龐司理貴人也，異日遠過於我。」既而英公止爲使相，龐至真宰。

陳恭公

馬尚書亮知江寧府，陳恭公執中以光禄寺丞經過，尚書一見曰：「寺丞他日必至真宰。」令其數子出拜之，曰：「他日盡在陶鑄之下。」恭公始不敢當，既而果兩爲元輔。

范文正公

范文正公仲淹，少時極貧悴，依睢陽宋氏家，常與一術者遊。會術者病篤，使人呼文正至，告曰：「吾平生得煉水銀法，吾兒幼，不足以付，今以授子。」即以其方與所煉成白銀一斤餘封識内文正懷中。文正方欲辭避，而術者已絶。後十餘年，文正爲諫官，術者之子已長，呼而告之曰：「汝父有神術，昔之死也，以汝尚幼，故俾我收之，今汝成立，當以還汝。」取其方并白金授之，封識宛然。

王平甫

王平甫以熙寧六年冬直宿崇文院，夢有人邀之至海上，見海中宫殿甚盛，其中樂作，笙簫鼓吹之技甚衆，題其宫曰「靈芝」。邀平甫者欲與之俱往，有美人在宫側隔水止之曰：「時未至矣，且令復回，他日迎之。」至此，平甫恍然夢覺，時禁中已鳴鐘矣。平甫頗自負其不凡，爲詩以記之曰：「萬頃波濤木葉飛，笙簫宫殿號靈芝。揮毫不似人間世，長樂聲鐘夢覺時。」後四年，平甫疾卒。其家哭訴之曰：「君嘗夢遊靈芝宫，其信乎？當以兆告我。」是夕暮奠，若有聲音接於人者，其家復哭，以錢卜之曰：「往靈芝宫其果然乎？」卜之曰：「然。」昔有人至海上蓬萊，見宫殿中有題曰「樂天之院」，樂天自爲詩，以誌其事，與此夢實相似。蓋二人皆天才秀逸，則精神所寓，必有異者。又二年，太常丞曾阜夢與平甫會，因弔之曰：「平甫不幸早世，今所處如何？」但見平甫笑而不止。傍一人謂曰：「平甫已列仙宫矣。其樂非處世之比也。」阜方喜而寤，然則靈芝之夢，果然無疑矣。

郭延卿

錢文僖公惟演，生貴家，文雅樂善，出於天性。晚年以使相留守西京，通判謝絳、掌書記尹洙、留守推官歐陽修，皆一時文士，遊宴吟詠，未嘗不同。洛下多水竹奇花，凡園囿之勝，無不到者。有郭延卿者，少與張文定、吕文簡公遊，累舉不第，以文行稱於鄉間。張、吕相繼作相，更薦之，得職官，然延卿不樂仕宦，隱於洛城外。葺園亭藝花竹以居，足跡未始及城市。至是，年八十餘。一日，文僖公率僚屬往遊，去其居一里餘，即屏騎從，腰輿張蓋而訪之，不告以姓氏。洛下士族多，延卿未嘗出謁，蓋莫知其何人也，但欣然相接，道服對談而已。數公皆疏爽闓明，語言可聽。延卿曰：「某之所居，固罕有到者，而前後接人亦無若數君，老夫甚愜，願少留對花小酌。」於是以陶罇侑菓蔌而進。文信愛其野逸，遂同酌。久之，日向晚，有吏報申牌，而府史牙兵列於庭下，延卿徐曰：「公等何官，而從吏之多也？」尹洙遽指告曰：「廼留守相公也。」延卿笑曰：「不意相國肯顧野人。」遂相與大笑。又曰：「尚能飲否？」文信欣然無忤，又引數盃。延卿之禮數及杯盤，皆無加，似前談笑自若。日暮，文信辭歸，延卿送之門，顧曰：「老病不能造謝，希勿訝也。」文信登車，茫然自失。翌日，語僚屬曰：「此真隱者也。彼視富貴爲何等物耶？」歎息累日不止。

張俞

康定間，益州書生張俞嘗獻書天子，由是朝廷知其名，然不喜仕宦，常隱於青城山白雲溪。樞密使田况守成都日，與詩曰：「深慙蜀太守，不及採芝人。」又謂僚佐曰：「斯人用之，便可作正言司諫；不用之，則巖谷之病叟耳。」有文三十卷行於世。

石曼卿

石延年，字曼卿，康定二年【一】，以殿中丞卒於京師。曼卿歌詩筆札皆極其妙。時參政范文正公嘗以文祭之，其辭曰：「曼卿之才，大而無媒。不登公卿，善人爲哀。曼卿之筆，顏精柳骨。散落人間，寶爲神物。曼卿之詩，氣雄而奇。大愛杜甫，獨能嗣之。曼卿之心，浩然忘機。天地一醉，萬物同歸。不見曼卿，憶兮如生。希闊之心，必爲神明。」其爲名臣所重如此。

【一】康定二年　「二」原作「三」，宋仁宗康定年只有二年，據改。

校勘記

卷二

詩話録

王荆公

王荆公初罷相判金陵，有詩曰：「投老歸來一幅巾，君恩猶許（按全集本作「尚私榮禄」。）備藩臣。芙蓉堂下流秋水，聊（按全集本作「且」。）與龜魚作主人。」及再罷相，遂乞宫觀，以會靈觀使居於鍾山。又有詩曰：「乞得膠膠擾擾身，江湖波浪替埃塵。（按全集本作「五湖煙水替風塵」。）只同鳧雁爲閑侣，（按全集本作「祇將鳧雁同爲侣」。）不與龜魚作主人。」此蓋不以爲守也，而前詩尚有所累耳。

陳惠公

陳文惠公堯佐退居鄭下，尤好篇詠，時宰相張士遜判西京，三月，嘗以洛下姚黄魏紫及酒遺之，公答詩曰：「有花無酒頭慵舉，有酒無花眼倦開。正向西園念蕭索，洛陽花酒一時來。」當時盛傳之。

李學士

皇祐三年三月中，後苑生雙竹，宣宰臣兩制觀瑞竹賦詩，知制誥李絢有「日回龍並影，風過鳳聯聲」之句，衆嗟賞者久之。絢平生長於篇什，後和致仕杜衍相公詩云：「收得桑榆歸物外，種成桃李滿人間。」天下稱之。

馮參政

参知政事馮京，慶曆八年秋，鄂州首預鄉薦，即日赴闕，以俟春試。北至大江，風濤洶湧，衆不敢臨岸。公特令整棹，遽然升舟，傾危之甚殆於沈没，憂懼終日，方濟北岸。舟人曰：「君行之速，幾累我等，異日過此，君宜慎焉。」公至來春，名魁南省，及奏賦宸廷，爲天下第一。公受恩還鄂，復過大江，風微浪穩，舟楫安然，移刻已濟岸矣。公乃題詩於江亭云：「江神也世情，爲我風色好。」

唐御史

御史唐介，一日挈家渡淮，至中流，忽有大風，波濤泛溢，舟人甚恐，以爲不免飼魚鼈矣。公乃朗吟詩云：「聖宋非狂楚，清淮異汨羅。平生仗忠信，今日在風波。」日暮，舟濟南岸，衆乃欣然以謂復生。公因憩於旅亭，遂繼其詩云：「舟楫顛危甚，黿鼉出没多。斜陽幸無事，沽酒聽漁歌。」蓋情動於中而形之言。其詩無諂，可以感格神明，故得免禍。

吕狀元

景祐五年春，廷試進士，以「鯤化爲鵬」爲詩題，狀元吕溱詩云：「九霄離海嶠，一宿過天池。」議者曰：「此詩意自當爲第一人也。」

曹封州

太子中舍曹覲，皇祐年守封州日，爲儂寇所害，臨死不屈，嫚駡其賊，忠義之節，世所共聞。其後有士大夫贈詩者甚衆，僅及千首。惟元絳厚之一篇最爲奇絶，無復有繼者。近得從事郎李擇思中詩一首，方與厚之才氣相敵矣。今録二公詩於後。

元厚之　轉戰譙門日再晡，空拳猶自冒戈鈇。身垂虎口方安坐，命棄鴻毛更疾呼。柱下杲卿存斷節，袴間杵臼得遺孤。可憐三尺英雄氣，不愧西山士大夫。

李思中　賊壯兵孤衆膽驚，忠臣此日見專城。負君罪大寧如死，守土誠堅不問生。報國寸心無自愧，呼天洪氣幾時平。潺湲多少英雄淚，千古封江不斷聲。

蘇内翰

蘇内翰易簡罷參政爲禮部侍郎，知鄧州日，年未及强仕，而其心悒鬱，有不勝閑冷之歎。鄧州有一老僧獨處郊寺，頗通儒典，亦時時爲詩，有可觀者。蘇公贈詩曰：「憔悴二卿三十六，與師氣味不爭多。」未幾而卒。蓋大臣出處，亦事之常，蘇公一出，遂有憔悴之言，無異乎賈誼之在長沙，爲賦以自悼，非特數之使然，亦其志不能自廣爾。

宋尚書

工部尚書宋祁與其兄樞密使郊以文章齊名，天下稱爲「二宋」，以比「二陸」。祁守蜀日，嘗有詩三百首，名曰《猥藁》。其初有詩云：「碧雲漫有三年信，明月空爲兩地愁。」後竟不入兩地，愁憤而薨，人以爲詩讖。

王元澤

王元澤少時嘗吟《白紵行》，有云：「君心莫厭歡樂多，請看雲間日西入。」當時議者以謂美則美矣，然日之西入，光景無多，意近乎讖。後元澤壽果不永。

鄭毅夫

鄭毅夫初及第時嘗吟詩云：「春風得意馬蹄疾，一日看盡長安花。」時有識者云：「長安花一日看盡，則意已足矣。」故毅夫止於内翰而終。

洪浩

餘杭進士洪浩者，熙寧間負笈抵太學，勵精篤業，而命奇不偶，數黜春官，十年不省侍。浩非不孝也，將以衣錦故鄉以榮其親耳。然其父垂白，殆過從心之年，天性之情，思之常切，又恐一日父子不能相見，乃爲詩以寄浩，其詩曰：「太學何藩且一歸，十年甘旨誤庭幃【一】。休辭客路三千遠，須念人生七十稀。腰下雖無蘇子印，篋中幸有老萊衣。歸時定約春前後，免使高堂賦式微。」浩得之泣下，翌日乃歸。蓋其辭意悲切，感激人心，

【一】十年甘旨誤庭幃　「旨」原作「昔」，據《説郛》（宛委山堂本）（以下簡稱説郛本）改。

使浩處上庠，將有萬鍾之禄實不足戀也。後聞而去者十有三焉。

周式

成都進士周式有才調，尤工於詩。嘗有《春》詩云：「珠簾繡户遲遲日，柳絮梨花寂寂春。」時刑部尚書王拱辰入蜀，見留題其詩於廉讓驛，甚愛之。及式謁見，以此詩爲獻，拱辰曰：「予以爲晏丞相之詩，乃子之佳句乎？」甚延譽之，式後得四門助教。

楊軒

淇水進士楊軒，嘗吟《牡丹詩四韻》，其詩曰：「楊妃歌舞態，西子巧讒魂。利劍斬不斷，餘妖鍾此根。光華日已盛，欄檻豈常存。寄語尋芳者，須知松桂尊。」唐羅隱有詩云：「若教解語應傾國，任是無情也動人。」何二人之用意不同也如此？然軒之詩雖挫風花，而甚有警戒，亦可尚焉。

白昊

太原白昊子西久有詩名，往往膾炙士人之口【二】。昊嘗有《秋日郊步》詩云：「鶴盤遠翅投孤島，蟬曳殘聲到別枝。」歐陽文忠公見之稱善，曰：「此誠佳句也。」

【二】膾炙士人之口　「炙」原作「炎」，據《青瑣高議》前集卷九《詩淵精格》改。

卷三

詩話録

錢待制

龍圖閣待制錢勰尹府日，嘗遇誕辰，其僚屬盡以烏龜白鶴爲獻，用表祝壽之意，獨楊傑次翁止以《老子出關圖》并作小詩以贈之，詩云：「祕藏函谷關中子，將獻蓬萊閣上仙。願得鬚眉如此老，却教龜鶴羨長年。」錢公大悦。

李元膺

山東李元膺，清才俊逸，辭藻過人，嘗吟遊春詩云：「夾道桃花三月暮，馬蹄無處避殘紅。」具標致如此。

杜默

唐杜甫，詩之祖也。臨樽對景，攄懷寓興，長篇短什，奚可勝紀。至於蟲魚草木皆有賦詠，獨海棠無詩焉。嘉祐間，鄆州太守王公春宴後圃，時濮州杜默亦預之，太守乃命默賦海棠詩，默詩云：「倚風莫怨唐工部，後裔寧知不解詩。」坐客皆稱爲奇句。

寒亭

荆門軍玉泉山寺構一亭曰寒亭，過客題詩者甚衆，獨一篇最爲佳句，而忘其名氏。詩云：「朔風凛凛雪漫漫，未是寒亭分外寒。六月火雲天不雨，請君來此凭欄杆。」

侯穆

蔡州進士侯穆，字清叔，有詩名於時。容貌山野，語言質樸，似非儒者。常與一村童偕行，因寒食閑步郊外，覩數少年風韻俊爽，陳列盃盤，飲於梨花之下，清叔長揖就坐，衆謂之曰：「君爲誰也？而不召自至。」清叔曰：「僕稍能吟詩，故敢造坐末。」衆皆哂之。或曰：「能詩者飲，不能者起。」意爲清叔不能而必起也。乃以「梨花」爲題，用「香輪莫碾青青破，留與愁人一醉眠」爲韻。清叔探得「愁」字韻，顧謂其童曰：「吾懶於筆，汝爲我書。」童乃濡毫疊紙以俟。清叔曰：「共飲梨花下，梨花插滿頭。」衆曰：「此常常之語也。」頃之，曰：「清香來玉蕊，白釀泛金甌。」衆相視，頗有驚色。徐又曰：「粧靚青娥妬，光凝粉蝶羞。年年寒食夜，吟遶不勝愁。」吟訖，清叔連引數盃，不揖而退。衆皆嘆服。後數日，方知其侯清叔也。

梅聖俞

嘉祐中，梅聖俞與陸詵、張師中、胡時同試館閣，止得賜進士出身，改屯田員外郎，依前國子監直講，翰林學士胡宿，以聖俞不得館職，以詩寄之曰：「賦就甘泉客薦雄，獨攀仙桂向秋風。抽毫同預三英坐，换骨纔爭第一功。瞥見靈鼇居水下，恍聞仙犬吠雲中。

常娥應有憐才意，唯許詩人到月宮。」其爲名臣所重如此。

程㬎

程㬎，字明甫，酸棗縣人也。初舉進士，不預鄉選，乃倦爲時文，遂不以進取爲意，日縱琴棊爲樂，名利榮辱不足以介懷，年八十餘，常怡怡自若。㬎有詩自詠曰：「雖無事業傳千古，却得安閑過一生。」非老子所謂知足常足，終身不辱者乎？

臧謀

臧謀，字志道，南燕人也。少孤力學，閒於詩筆。負郭有良田數頃，其家園囿一旦盡爲季父所鬻。至來春，園囿之間桃李花盛，其叔因攜謀往觀焉，謀乃吟詩云：「故園桃李雖無語，似對東風笑主人。」叔聞之，頗有慙色。又嘗作《梅花》詩云：「緑楊解語應相問，漏泄春光却是誰。」人多稱之。

楊萬畢

淇川進士楊萬畢，字通一，博學巨儒也。平生酷好吟詠，篇篇可采，實爲過人。嘗有《聞梧桐上雨》詩云：「千里暮雲山已黑，一燈孤館酒初醒。」索寞之意，盡於此矣。

方子通

吴人方子通，隱居不仕宦，工於詩，以詩知名。嘗吟《古柏》詩云：「四邊喬木盡兒孫，曾見吴宫幾度春。若使當時爲廈榭，也應隨例作埃塵。」其寓意之深如此。又嘗過灩濵堆，吟詩一絶云：「湍流怪石礙通津，一一操舟若有神。自是世間無妙手，古來何事不由人。」荆公一見大愛之。

僧仲殊

世傳僧仲殊清才麗藻，雅能綴屬小辭，每一闋出，人爭傳玩，世未嘗知其能詩也。潤州有北顧樓，一日，太守宴賓其上，而仲殊預焉。酒行，太守命坐客各賦詩一篇，以發揚雅趣。頃之，仲殊詩成，以上太守，詩云：「北顧樓前一笛風，碧雲飛盡建康宫。江南三月多芳草，盡在濛濛煙雨中。」太守歎賞久之，轉觀僚屬，滿坐爲之閣筆。蓋其天才縱逸，不獨小辭爲美，而詩亦佳篇也。

道士姚太虚

華州華陰縣宰許戈於公署之内嘗修一軒【一】，南望華岳巍然在目，名之曰增明。蓋取韓愈《城南》聯句：「遥岑出寸碧，遠目增雙明」之意也。過客留題者甚衆。一日，雲臺觀道士姚太虚謁見許公，會話於增明軒，太虚因覽其題詠久之，遂書一絶於壁間云：「遥岑寸碧尚增明，何况雲峰三十六。」許公曰：「先生之詩，雄壓諸公矣。」

高氏

淮南有士人之妻姓高氏，頗工詩什，人多傳之。近得《春怨》詩一首，最爲佳句，云：「楊花日日常無定，海燕年年却有歸。一瞬青春速於電，等閑寬盡縷金衣。」

【一】華州華陰縣宰許戈於公署之内嘗修一軒　「陰」原作「陽」，據金刻本及《宋史》卷八七《地理志》改。

卷四

靈怪新説

嘉林居士

張平先生，江南人也。志傲羲皇，性樂水石。嘗誅茅構舍於廬山之下，或琴或酒，時歌時詠，惟意所適，可謂逍遥之人矣。彼冠蓋車馬，當世士流，亦罕到焉。一日，有客候之，稱嘉林居士盧甲，視其人，烏巾玄服，目圓而腰大，倨然長揖，略無卑折。平解榻與之坐，乃曰：「甲，朔方人也。世以卜筮爲業，萍梗於兹，已十年矣。嘗竊慕君之高義，延頸而願交者固非一日也。此乃不避僭易之罪，以款從者。」平曰：「某逃跡山林，陸沉藪澤，春耕秋斂足以糊口，冬裘夏葛足以蔽身。志存物外，未嘗從顯者遊。不意足下親屈高步，以光弊廬，豈勝幸甚。」平因與論《易》，甲乃考隱推顯，原始見終，爻盡其變，象門其幽，窮消長於剥復，辨去來於否泰，憂虞莫不極其理，悔吝莫不究其義。至於日月星辰之運，不待旋璣土圭之制而後可知。與夫黄帝老子之書，皆造其妙。平乃忽而自失，芒乎無色，徐謂之曰：「平，山野鄙人，忽聞高論，實有開發，則足下之學，固以見矣。」嘉林居士復謂平曰：「吾之所藴，無事於學。孟子所謂『良能良知』者是也。以其性中所有，故不學而能，不慮而知，此吾所以爲物之靈。」平曰：「今朝廷廣開入仕之路，悉延百端之學，占小善者率以録，名一藝者無不庸，寸長小道，咸得自効。如公者。博聞遠見，何韜光晦跡而不求於進乎？」甲曰：「吾昔居北方之時，嘗得服氣長年之法，因避九江納錫之患，竄居民間，潛伏於老人床下，遂獲脱焉。每思事君立朝，則復懼其臣下有如衛子之多言，故讀莊周書，見其『曳尾於塗中』之説，竊有取焉，吾不復云仕矣。將寄跡於江上編户之家，可使主人大富，唯恐其背德。又嘗蓄奇藥，凡人之瞶者，治之無不痊焉。以此居世，而又厭其勞苦。近者復起江湖之興，流連之遊，固可以全身遠害，終其天年矣。」平曰：「如公之術，能知吉凶，固足以衛身，何急急於避世乎？」曰：「吾之所謂知吉凶者，蓋能知於人而未能知己，此吾所以求隱也。」問答移時，甲乃告别，曰：「今與君幸有一日之雅也，君若有毛公之難，則必能濟君之險，以酬今日見遇之意。」平不解其旨，但謝之而已。遂相送至前溪，忽留行而不進，頃謂平曰：「吾於此住矣，子無嗤焉。」平始訝其言，則翻然入水，化爲一大龜，浮於溪面，平嗟異驚駭，久而方回。行數十步，反顧其龜，猶舉首而望平，有戀故人之意。平歸舍，復省其論情敘事，無非龜也。夫狐狸歷世之久，尚能變化爲殊色以惑人者多矣，況龜之爲物又靈於狐狸者哉，嘉林居士誠不謬焉。

甘陵異事

供奉官宋潛，授河北路七州巡檢，公署在甘陵。將行，有故人趙當者，久貧，求依栖於門館訓其子弟，潛欣然相許，遂同之任。既至，廳事西偏一位闃然，乃前政學序之所也。潛乃令趙生居之，越三宿，生欹枕間，有一美婦人綽立燈下，纖腰一搦，顔色動人，舉手唱曰：「郎行久不歸，妾心傷亦苦。低迷羅箔風，泣背西牕雨。」遂滅其燈，移就趙寢。生喜其容質豔麗，乃與之偶。良久，生乃詢其所從來，則曰：「妾，君之隣也。妾本東方人，不幸失身流落至此，遂鬻身於彭城郎。妾在後房，獨承寵顧，郎少年好書，每至中夜，覽究經史，雖妻子不得在左右，惟妾侍焉。其或春宵命客，月夕邀賓，妾無不預席上。今郎觀光上國，歲久未還，寂寞一身，孤眠暗室，其誰知我。近聞君子至斯，無縁展見，適乘月暗，不免踰垣。輒造齋黌，私薦枕蓆，此誠多幸，願君密之，恐事露即不得來也。」天未及曉，婦人辭去。約翌日再至。達旦，生乃起，教授子弟。至夜，生乃高燭危坐以俟之，婦人果來。又唱曰：「一自别來音信杳，相思瘦得肌膚小。秋夜迢迢更漏長，守盡寒燈天未曉。」遂與生卸衣就寢。久之，斜月尚明，寒雞未唱，婦人辭去，又約再至。是夜，生亦候焉。頃之，婦人自外而入，徐行而唱云：「世間誰有相思藥，無奈薄情棄後約。有時緩步出蘭房，傍人竟笑身如削。」乃褰幃就枕，又宿生館，因泣謂生曰：「妾之爲人，性靈而心通，非愚者也，唯恐溺於恩愛，惑於情慾，終必喪身。彼大本之樗，以臃腫而全，不才之木，以拳曲而壽，蓋其無知而不靈也。」言訖，齦欷不已。生曰：「兩意方濃，雙鴦正美，何遽言此也？願無他念，以盡今夕之歡。」婦人乃推枕相就，語笑和洽。玉漏未殘，婦人告去，乃撫生曰：「每至夜頭，郎留户以俟妾。」及曉，生乃起，訓導諸生，言辭舛錯，衆皆疑焉。抵暮，生乃促弟子還舍，設榻以待之。婦人俄至，又唱云：「獨倚柴扉翠黛顰，傷嗟良夜暫相親。如今且伴才郎宿，應爲才郎喪此身。」生聞之，意頗不樂，乃謂之曰：「汝何屢出不祥之語，使吾惑也？」婦人不答，乃與生就寢。更漏四鼓，婦人辭去。翌旦，生意緒恛惶，精神恍惚，諸生大怪之，乃以所疑具告於父，宋度其有濫，乃曰：「俟晚吾必潛往觀焉。」入夜，宋乃私詣生所，映立牕外，窺見趙生挑燈排榻，若有所待。宋乃四望無人，忽於西北隅，有一婦人飄然而至，直詣燈下，唱曰：「向晚臨鸞拂黛眉，紅粧妖豔照羅幃。不辭夜夜偷相訪，只恐傍人又得知。」婦人吹燈，復欲就寢，宋乃大呼遽入，以手抱之，覺所抱之婦人甚細，命燭視之，乃一燈擎耳。尋取火令焚之，其怪遂絶。喪身之説，不其驗歟？趙被大疾，越明而卒。

校勘記

卷五

麗情新説上

西蜀異遇

宣德郎李褒，字聖與，於紹聖間調眉州丹稜縣令，下車日，布宣詔條，訪民利病，居數月，邑人大稱之。其公舍之後有花圃，圃之中築一亭，名曰「九思」。其子達道每進修之暇，以此爲宴息之地。達道一日獨坐於其間，忽於花陰柳影之中聞撫掌輕謳，其音韻清婉可愛，生遂潛往觀焉，見一女子年十四五許，緩移蓮步，微嚲香鬟，臉瑩紅蓮，眉勻翠柳，真蓬島之仙子也。生復避於亭上，沉思久之：以謂娼家也，則標韻瀟洒，態有餘妍，固非風塵之列；以謂良家也，則行無侍姬，入無來徑，亦何由而至此？疑念之際，則女子者嶷然已至於亭下，生謂之曰：「娘子誰氏之家，而獨遊於此地？」曰：「妾，君之近隣也。姓宋名媛，敘行第六，適因蘭堂睡起，選勝徐行，覩麗景和風，暖煙遲日，流鶯並語，紫燕交飛。妾乃春思蕩摇，幽情拂鬱，攀花折柳，誤踰短垣，入君之圃。不爲從者在玆，豈勝羞愧。」生曰：「汝必嚴親在堂，久出而不返，寧無怪耶？」曰：「妾幼失怙恃，繼亡兄嫂，今姊妹數人，唯妾爲長。」生復詢之曰：「汝還有所適否？」媛逡巡有赧色，乃謂生曰：「妾未嘗嫁也，然則君嘗娶乎？」生應之曰：「方議姻連而未諧佳匹。」媛乃微笑，顧謂生曰：「如妾者，門閥卑微，容質鄙陋，還可以奉蘋蘩者乎？」生曰：「某孱弱之軀，幸無見戲。」媛曰：「第恐兔絲蔓短，不能上附長松，安敢厚説君子？」生竊自喜，遂與過亭之西，欲與之合，則曰：「寧當款曲，容妾歸舍，近晚復來於此，君無他往。」言訖而去。生候之，坐不安席，側身以待。頃之，紅日西下，碧雲暮合，鍾動盡□□□樓古木，而星斗燦然。生忽聞異香馥郁，乃拭目而望焉，則媛冉冉而至矣。生起迎之，謂媛曰：「子之來此，得無貽婢僕之疑乎？」媛曰：「無畏無畏。」乃相與攜手，入生之寢所，須臾，生備嘉肴旨酒，相與敘話，各盡所懷。至夜闌，衣卸薄羅，裀鋪市繡，芙蓉帳悄，雲雨聲低，曲盡人間之歡。及曉，媛乃辭去。自是晨隱而往，暮隱而來，宿於生之第者，幾一月矣。有日，生神疲意怠，乃隱几晝瞑於齋室，忽夢一人通刺，稱李二秀才候謁。生出迎之門，見其人風觀極麗，舉止甚偉，生與之坐，乃曰：「某常蒙尊丈見待殊厚，無以爲報，今知君爲妖所惑，故來拯君之難。」生曰：「何謂也？」客曰：「君嘗與會遇之女子，非人類也，還欲察其狀否？」生曰：「唯。」客乃勑左右使擒來。少頃，則媛爲一力士驅至矣，玉慘花愁，蘭柔柳困，羞容寂寞，粉淚闌干。客乃叱之，則媛化爲一大狐，狼狽而去。生起謝之。客乃出一符，留於几上，曰：「君當佩之，則可絶也。然有少懇，復得浼君，某弊廬近市，湫隘囂塵，不可以居，加之人民雜蹂，榱桷隳廢，還能爲我完之，使左右肅清，則君之惠也。」生曰：「蒙君見憐，脱此患難，豈敢背德，當即圖之。」客乃告去。生欻而夢覺，涣然汗流，危坐而思，曉然無所忘。及於几上得符，生視之，乃《易》之坤卦也。生大惶恐，遂以其所遇之事，并夢中之語，具以告父，父驚異之，乃謂生曰：「見夢於汝者，自謂李二秀才，又稱『尊丈見待』，得非吾所事灌口神君者乎？」褒遽詣其祠，觀其殿陛廊宇，悉皆頹毁，命工葺焉。生乃佩其符而不敢暫捨，後當見媛，雖咫尺之間，卒不能相近，生亦不與之語，媛但揮涕而已。如是者旬日，生乘閑獨步後圃，於小徑傍得花牋一幅，生覽之，乃媛所作之詞也，詞寄《蝶戀花》：

雲破蟾光穿曉户，攲枕淒涼，多少傷心處。唯有相思情最苦，檀郎咫尺千山阻。莫學飛花兼落絮，摇蕩春風，迤邐抛人去。結盡寸腸千萬縷，如今認得先辜負！

生諷詠甚久，愛其才而復思其色，方躊躇之間，忽見媛映立於垂楊之下，鮮容美服，甚於曩昔。生乃仰天而歎曰：「人之所悦者，不過色也。今覩媛之色，可謂悦人也深矣，安顧其他哉！然則吾生之前死之後，安知其不爲異類乎？媛不可捨也。」遂毁其符而再與之合，媛且喜且愧，乃謂生曰：「妾之醜惡，君已備悉，分甘委棄，望絶攀緣。豈意君子不以鄙陋見疏，猶能終始爲念，戴天履地，恩可忘乎？」因泣數行下，生遽止之曰：「第無見疑，吾終不負子矣。」遂相與如初，而繾綣之情，則又彌篤。如是者閲月，生容色枯悴，肌肉瘦削，父母恐其疾不起，遂召師巫禁治，終不能制，乃閉生於密室中，則媛不得而至焉。翌日，怪變大作，有羣猴數百攀緣屋舍，百術不可止，但累累然懸於户牖之間，褒大以爲撓。一日，褒獨坐於書室中，忽於牕隙間有人擲書一通於坐側，褒急出視之，了無形跡，乃啓其封而觀之，云：

夔州進士孔昌宗，謹裁書投獻於李公閤下，某啓：欽服高義久矣，素以不獲一覘犀角爲恨，豈勝悵然。昌宗兖聖之後裔，徙居巴川，故今爲巴川人也。家素以儒爲業，衣冠世系，紆朱搢紳者多矣。曩昔以才調自高，風韻絶人，不幸爲妖物所媚，耽惑沉溺，歲月既久，則與之俱化，同爲醜類。竊聆閤下之子亦然，久而不去，亦將與之俱化矣。昌宗與之爲伉儷者，迺宋媛之妹也，姊妹朋濟，變爲妖麗以惑人者多矣。閤下之子，至於毁符除禁，蹈死而不悔，可不哀耶！又聞妖狐不獲所欲，爲癘現怪，沐猴纍罍，此易爲耳，可多畜鷹犬以禦之，則無患矣。足下以父子之相親，某與公人獸之殊途，哀君子之無辜，傷我生之異類，不敢不告也。狂斐惟足下裁之。

公覽畢，驚異甚久，乃用其言，多致鷹犬以懼之，而羣猴稍息。一夕，公夢人謂己曰：「我孔昌宗也，嘗爲書獻公，以泄羣狐之機。羣狐恚怒，乃殺我於西溪之側，且生不得齒於人倫，死不得終其正命，魂煢煢而無所歸焉，公豁達抱義，能濟人之難，周人之急，此吾所以有望於公也。某之遺骸，暴露原野，腐在草莽，公能閔而葬之，則荷德於九泉之下矣。」公許之而寤，及明，遍詣西溪，求其屍而弗得，因爲飯僧數十，持誦佛書以追薦焉，并作文以祭之，其辭曰：

萬物盈於天地兮，莫知去來之因。謂大鈞之可度兮，曷變化之無垠。形非可以長久兮，造物與之而棲神。周旋上下無不知兮，乃獨棲此而不去者蓋以吾之有身。孕陰陽而更寒暑兮，是未離乎死生之津。凡物隨緣而異觀兮，然自宇宙言之，不啻乎太山之與微塵。彼動植與飛走兮，忽然化而爲人。安知人之去世兮，不爲木石之類、鳥獸之羣。睠兹理之固然兮，則又何戚而何欣。痛夫君之不幸兮，百年怨結而聲吞。捨大廈之處兮，伏丘原之荒榛。志儒服而規行兮，逐醜類而馳奔。今以余爲可訴兮，故投書而慇慇。觀其言之反復兮，知君平昔之能文。悵西溪之遺骸兮，數往來而不存。苟前形爲不足愛兮，奚事覆土而爲墳。惟佛果之妙兮，可以薦君之幽魂。君慎所往兮毋失門，秋天淒兮雲昏昏，君安在兮聞不聞。

祭訖後數日，又現怪百端，鷹犬所不能制。公知其無可奈何，因縱達道，不復檢轄，怪遂寧息。媛既復得與達道相見，歡愛益甚，乃持繒綺毛罽之屬，以謝舅姑。褒始不欲受，復恐其怒而現怪，故不得已而留之。有日，達道母暴發心痛，幾致殞絶，徧召名醫，皆不能已。媛謂達道曰：「姑之病不足爲也，子可持此藥，急以湯煑之，令進少許，則可差也。」生受其藥，發而視之，則見青木葉如錢許，生不之信而漫從之，因使其母服，不食頃而其疾立愈。一家盡驚，以爲媛通神矣。自是家屬稍稍與之親密，而無疑忌焉。時抵暮春，生與媛同遊後圃，飲於荼蘼花下，盃盤間列，絲竹遞奏，放懷攄思，各極其歡。媛既醉，乃作詩一絕，詩云：

緑鞅盤紆成紺幄，屑玉紛紛迎而落。美人欲醉朱顔酡，青天在作劉伶幕。

生大賞其才，因戲謂媛曰：「還可對屬否？」媛曰：「請。」於時欄有芍藥，方葩而未坼，然蝴蝶團飛，已集其上矣。生乃曰：「芍藥欄邊春蝶亂，」媛應聲曰：「海棠梢外曉鶯啼。」少選，生復曰：「垂楊夾道裊青絲，」媛復應聲曰：「嫩竹出欄抽碧玉。」生愈服其敏捷而律切也。於是謳吟諧謔，終日而罷。他時，生有幹入眉州，乃與媛約曰：「我此行十日定歸，無見訝也。」生既抵州，賓朋故舊喜生之來，曲留二十日，方得返舍，媛謂生曰：「何愆期之甚也？」生曰：「朋友見留耳。」媛曰：「自君之行，閑窗晝永，芳閤無人，膏沐不施，鉛華不御，離恨之深，思君之切，因成《落花辭》一闋，用以見意。」辭寄《阮郎歸》：

東風成陣送春歸，庭花高下飛。柔條繚繞入簾幃，斑斑裝舞衣。雲鬢亂，坐偷啼，郎來何負期。人生恰似這芳菲，芳菲能幾時。

讀訖，生謝不敏焉。時邑中有鄉先生張其性者，就僧寺中下帷講學，後進多往從之。褒聞，乃遣生受業，媛每至夜，常潛往與生寢，其同輩悉知之，爭來一見，而媛亦不之避，皆得與語。媛性慧敏，能迎合衆意，人人自以爲媛親己，而莫肯爲先生言者，以故媛常得與生會聚于彼。會有進士楊彪者，自輦下歸，聞生之遇，遂求謁達道，因欲見媛，媛乃許之，彪因起謂媛曰：「某自出京日，嘗致金縷花鈿，頗極工巧，山邑麁醜，念無足以稱者，欲奉左右，願得佳篇以易之。」媛欣然，乃命牋管，立成詩一首云：

妙手裝成顔色新，東君别付一家春。勸君莫與情人戴，戴着搴簾惱殺人。

楊歎服而去，媛後誕一子，已及晬矣。一夕，媛忽悲跪，哽咽不能語，生怪而問之，媛乃洒涕，默而不答，生再四叩之，徐謂生曰：「妾與君相遇，事非偶然，今冥數已盡，當與子别。」遂斂袂振衣而言曰：「古人謂女爲『悦己者容』，妾幸得附託君子，歡愛之私，始終無嫌，雖粉骨亡身而無恨矣。昔鵲橋之誓【一】，間闊雖久，仍有後會之期；錦字之詩，哀怨雖深，終有再來之意。妾與君敘别之日甚邇，相見之期無涯，離魂片飛，愁腸寸斷，常爲恨别之人，永作銜寃之物。」言訖而翠黛頻蹙，珠淚滿襟，生亦爲之涕泣。又曰：「昔孔昌宗以無稽之言見讒於舅姑，而舅姑終不以賤妾見疑，乃得與君奉枕席。歲再暮矣，情深義重，雖人間夫婦，亦所不及此，恨無以報德，豈肯賊人之命，傷人之生，使聞之者惡也。彼昌宗腐儒耳，庸詎知我耶？」又叮嚀復謂生曰：「君方少年，可力學問，親師友，以榮宗族，以顯父母，則盡人子之道。願勿以妾爲意，餘冀自愛。」生曰：「後會復有相見之期乎？」媛乃援筆爲詩一絶，以示生云：

二年衾枕偶多才，此去天涯更不回。欲話他時相見處，巫山嶂外白雲堆。

敘話久之，乃各就枕，達旦，生起晨省，復歸於室，則媛與其子俱不復見矣。生不勝感

【一】昔鵲橋之誓　「橋」原作「巢」，據金刻本改。

恨歎息，臨風對月，每想芳容豔態，竟絶耗焉。

丁生佳夢

進士丁渥，家世揚州，年方弱冠，賦性純厚，舉止詳雅而又與人多至誠。元符間肄業太學，雖佳時令節亦嘗少出，而修爲不輟，實有志於學者也。忽一日，收家君書，令趣歸，以成婚媾之禮。生遂謁告，僦僕税馬，治裝而南，及抵侍下，父母謂生曰：「吾爲汝約里巷崔氏之女爲姻，彼亦簪纓之後，抑所謂慶門者也。」乃擇良日，刲羊刺豕，肆筵設席，備童僕車馬迎崔氏於其家。至中夜，行姑舅之禮畢，生見其妻單帔曳霞，羅裙繡鳳，飄飄然若神仙中人。及侍妾皆散，崔欲就枕，鴛帳褰紅，鸞篦抽翠，則生心已醉矣，於是低幃眠枕，極盡歡愛，雖相如文君、弄玉簫史未足以比此，真所謂佳人才子之匹也。崔氏又善於翰墨，尤工於爲詩，每臨風對月，更相酬唱，同以爲樂，其眠食坐卧，未嘗相捨，意以謂永奉合歡，終諧比翼。有日，家君召生於庭下，謂生曰：「子可旦暮備行計，赴輦下參告。」生雖有慘色而不敢拒，回謂其妻曰：「適家君召我，令朝暮赴太學參告，決與爾别矣，此將奈何？」崔曰：「子以少年欲射策甲科，致身於青雲之上，則君之志也。豈可以男女之慾，重違嚴君之命而墮其志耶？《傳》不云乎：『懷與安，實敗名。』子其行矣。妾嘗聞帝闕有花衢酒市，年少輩往往控馬攜金，秦樓縱飲，薄倖於夫婦之間者多矣。君若篤志於學，不以此爲心，時以我爲念，則雖與君别，妾亦何恨？」後數日，生遂辭親，與崔氏泣别，生謂其妻曰：「如鱗鴻有便，頻嗣好音，貴知動靜，慰我翹想耳。」言訖，生乃策馬而進，既抵太學，生以乍別，不勝索寞，及數月，思念之心不已，恨不能御風縮地一至其家。魚沉鴈遠，杳無音耗。一日遇上巳，車馬駢闐，士女和會，同舍皆出，生獨處黌館，轉增鬱結。及夕，乃神凝心想，就枕而寐，忽夢其家，見崔于燈下，方披牋搦管爲書以寄生，其辭悽惻，其情周至，生謂之曰：「我已至矣，何用書爲？」告之數四，崔但揮淚而不答，又於別幅見詩一絶，其詞曰：

淚濕香羅袖，臨風不肯乾。欲憑西去鴈，寄與薄情看。

崔方緘題次，生倏然而醒，傍徨失志，展轉不瞑，生乃追憶其夢，但忘其書，惟記其詩耳。質明，乃録其詩於紙，以示同舍，具道其所以。同舍曰：「蓋以君思念之極，以至於此，非有他也。」後經旬日，生收家信并崔氏書，啓緘，詳味其旨，皆髣髴夢中所見之書也，生固已疑之，及展別幅，有詩一絶，乃夢中所記之詩，無少差焉。生愕然大驚，以示諸友，衆莫不爲嘆息，并讀其書月日，乃上巳之夕也，以是知生之夢乃神往矣，何其異焉。

評曰：《易》之語神，有曰：不疾而速，不行而至。非若萬物滯于形體，疾而後能速，行而後有至也。故其俛仰之間，可以再撫四夷，惚恍之際，足以經緯萬方，神之妙物，有如此者。丁生一念，瞬息千里，所記短章，悉合符節，非神往焉，曷以臻此？乃知華胥之夢，化人之遊不誣矣。

卷六

麗情新説下

四和香

孫敏，字彦明，河朔人也。父守官於淮陽，敏住太學爲外舍生，乃於崇寧乙酉上元前一日，請告出城西省謁一親。其親乃貴戚，而族屬甚厚，其族之長，乃生之姑丈也。既至，接坐於堂上，備有酒，敘話甚久，時見綺羅珠翠，交雜於堂下，往往皆妙齡秀色，生亦不敢顧視。及酒罷，生告歸，乃取道於閶闔門，因遊啓聖禪刹，過法堂之後，軒窗四敞，竹檻相對，生乃憑欄而坐。久之，見一麗人，衣不尚彩，但淺紅淡碧而已，然而姿色殊絶，生目所未覩也，與一侍妾同行，徐止於生旁，乃憩於坐末，數眄生微笑，與其侍妾竊竊有語。生疑之，以爲所謁貴戚之家耳，然不欲問其故，乃起遊别殿，徘徊周覽，復憩於前竹軒之地。少頃，其麗人又至，似相親密，適會一鬻茶者過其側，姬乃呼茶以飲生，敏不敢措辭。茶徹，遂遽起，因遊伽藍，入東塔院方行於廊上，後有一女使呼生甚急，生回視，乃啓聖麗人之侍妾也，言：「娘子在前殿奉候，令妾邀君子敘話，幸無見疑。」生驚喜交集，隨侍妾至前殿，

校勘記

麗人凝立於堦下，見生乃嫣然微笑，曰：「適邂逅相遇，傾慕風采，雖不待援琴之挑，而已有竊香之志，君何避焉？」生對以素非識面，實不謂有意於疏拙。姬乃斂眉籌思，復謂生曰：「妾之微誠，已聞左右，然繾綣之情，未暇款曲，君可來日於崇夏寺西廂以南□上，尋第二院老李師，則妾在彼矣，可與君相見，願無愆期。」生曰：「敏，河朔鄙人也，重辱垂顧，雖千里之遠，亦當從命，况咫尺之間，而敢愆期乎？願效尾生之信。」言訖，遂各別去。抵暮，生歸太學，是夜心意恍惚，坐以待旦。及曉，乃出齋，迤邐詣崇夏，訪老李師院，則姬之侍妾，斜倚朱扉，見生至，則含笑入報曰：「郎至矣！至矣！」姬出以迎，相見，皆不勝其喜。生亦慰謝於李師。李師乃令一女童設飲饌於小閣中，師與姬邀生於席上，視其珍品異菓皆殊方絶域所有，與其器皿什物迥遠塵俗。酒行數四，互相勸勉，談笑熙熙，莫不盡其樂。至中夜酒闌，姬乃促生歸寢，至其寢所，則燭摇紅彩，麝裊清煙，帳掩流蘇，衾鋪繡鳳，生意愈惑，遂相與就枕，雲情雨意，不可具道。生問其居處姓氏，但笑而不答，叩之尤切，乃曰：「君他日當自知，願無相詰。」不久，寺鐘鳴曉，姬與生同起，乃謂生曰：「君能不以菲薄見外，如欲相見，請於皇建院前賣時菓張生處先達一信，則妾翌日至此，以俟車馬，君千萬無稀闊也。」曰：「敬聞命矣。」生乃辭去。後數日，生乃訪問皇建院前果有張生者，遂令通耗。翌日，生至李師之院，則姬已至矣。又命生於小閣中，杯盤間列，水陸畢具，甚於前日。是夜，又同寢焉。爾後每令張生通耗，會遇於李師之院者，月内不下數四。敏累於張生處窮詰麗人姓氏，則托以他故而不言，生常以此爲不足。一日，生在太學與同舍聚話，忽有一老僕持一小盒子言以遺生，用碧紗緘封，上書「香和」二字，生不解其旨，然已知其麗人所贈也。同舍共觀，或曰：「此四和香也。」啓封，乃四和香也。衆以謂敏有佳約，悉皆奪去，生私竊自喜，以謂麗人姓名因可得也，乃避衆竊問其僕曰：「誰遣汝送是香至此？」曰：「崇夏寺老李師也。」他皆不知焉，則麗人居處姓氏，生又不可得而知之。至六月間，生忽抱疾，容采憔悴，飲食頓減，同舍趣令歸侍下，生但佯諾之，而終不成行。同舍有與生素相善者，乃寓書與生之父，具道疾狀，父乃遣僕馬召生歸，生不得已而備行赴焉。乃令張生預約麗人於水櫃街一祖宅內敘別。至期日，姬乘一小轎詣生所。生延入，飲食草略，意緒愁慘，生謂姬曰：「此者家君召我歸侍下調攝，暫當暌闊，實非所願。」姬乃躊躇，顧謂生曰：「君此行固不可抑留，如不相忘，能於中秋日復至京輦，則可得相見，如或過期，則不得與郎再會矣。千萬自愛，以副卑願。」相與泣別，久之而去。生後到淮陽，軀漸康愈，時將及中秋，恐負麗人之約，乃辭親欲赴太學參告，父母以爲敏未甚平復，故强留之，乃不遂其志，但鬱鬱而已。至重陽，父母方遣生成行，及抵都下，首詢皇建院張生處求麗人之耗，則是年皇建院爲火焚，張生不知其所，敏亦未以爲怪。乃訪崇夏寺老李師，至其院，則無老李師焉。乃問其在院者，則云：「老李師非本寺中尼，稅此院居半年餘，今去已二旬矣。」生錯愕失措，盤桓於昔所聚小閣中，於壁間有《留示故人》詩一絶，乃麗人所題也。詩曰：

雨滴梧桐韻轉淒，黄昏凝竚倚朱扉。相期已過中秋後，不見郎來泪濕衣。

生覽訖，驚駭無地，以此熒惑，幾及周載，後亦無他焉。

評曰：孫敏之遇，竟不知其誰氏之家，亦不知其居處何地。暨敏之歸，謂過中秋之後無復再會。及重陽，敏方抵闕下，則張生失在，李師遽往，麗人之耗，不復聞矣。何言之驗也？然則敏之所遇，人耶？鬼耶？仙耶？此不可得而知也，豈不異哉！

雙桃記

太原王氏，廪延人也，小字蕭娘，年未及笄，色已冠衆，眉掃春山之翠，目裁秋水之明，香體凝酥，垂螺綰黛，雖古名姝不足以擬其豔麗。有里巷李生者，世系頗著，不欲書其名，諱之也。生賦性不羈，豐姿茂美，氣宇擴清，辭章華麗，卓犖豪邁，非塵土中人。生嘗見蕭娘出入於門户間，固有意挑之而未敢，然私慕之情，已不自勝矣。時抵禁煙，夭桃灼灼，嫩柳盈盈，風日如芳酒之濃，郊原如錦繡之焕，寶鞍驕馬絡繹道路，紛如也。生忽於路傍遇蕭娘，領一青衣緩步於途，生不勝其喜，乃以微言少露其意以感之，蕭乃微笑而言曰：「遽敢爾耶！」迫於羣目所視，不暇留行，故無他語，徒目成而已。自是之後，日夕於户牖間但相窺視，終未遂一語，然眷戀之情，魂飛神往矣。同里有一老嫗，嘗出入於蕭之館，生欲使之通慇懃而未欲逕言，乃召嫗與語，多問其所闕，因厚賂之，以懷其心。至於再，至於三，嫗乃謂生曰：「妾本微賤，閭巷之貧婦也，每辱郎君賙其不給，雖粉骨碎身將何以報？如可備驅策，雖赴湯蹈火，惟君命之。」乃邀嫗於密室中，因語及悦蕭之意，使之致繾綣焉。嫗曰：「蕭賦性持重，不妄笑語，豈敢直言其事乎？俟方便間試爲郎君以言誘之，亦不可必也。」嫗乃辭去，遂往蕭之館，時蕭晝寢方興，雲鬟堆鴉，月眉斂黛，臨鸞無緒，若有所思。嫗適止其傍，謂蕭曰：「娘子數日來玉腨清減，得非天氣乍暖，飲食之間有愆調御乎？」蕭曰：「然。此一端耳。」因起，乃執嫗之臂曰：「爾可與有言乎？」嫗曰：「如有所託，當盡力以圖之。」蕭曰：「我前因禁煙，出遊西圃，偶於路隅邂逅李生，實有意於彼。彼以數言及我，我亦言賦之，迫以車馬往來，不遑款語，自此心常不釋。臨風對月，不覺失聲，其誰知我哉？今日之事，緣汝慎言人也，故我及之。」嫗曰：「知之久矣。彼李生者，亦嘗謂我言，而某以微賤，不敢具道。」蕭喜曰：「李生何言？」嫗曰：「李生自謂數日行止都乖，飲食俱廢，至有達旦而不瞑者。」蕭曰：「誠如是乎？我亦如之。」乃祝嫗曰：「我舍之西短牆可踰，後三日，可令生來，我當伺於其側。少攄□花，以慰相慕之誠，幸爲我成之。如果能相遇，不敢忘德。」嫗遂他往見生，李生曰：「事如之何？」嫗曰：「諧矣。」生大喜，徐謂嫗曰：「所期何處？」嫗道其處，生乃潔容鮮服以俟。於時乃壬午季春之晦也。至期抵暮，街鼓聲遲，萬籟俱息。生乃潛往蕭舍之西，逾其短垣，則蕭已至矣，於是與生入一小室中，生以手擁抱之，嬌羞融洽，喜而復驚，翠羅微解，香玉乍倚，眉黛輕顰，花心已破，生以人間天上無以易之。蕭曰：「我家君素嚴毅，不敢久留，若或見疑，則不得出矣。如再有便，當令嫗報。」乃忽忽别去。爾後寖歷歲月，情慾所使，都無避忌，所不知者父母也。生嘗得一並蒂雙桃，並作詩以寄之。詩曰：

可憐物態能儔匹，故念人生忍别離。爲寄佳人當愛惜，願同偕老亦如斯。

蕭得之，不勝其喜。一日，生謂蕭曰：「我欲出妻而娶爾，可乎？」蕭曰：「不可。夫男子以無故而離其妻，則有缺士行；女子以有私而奪人之夫，則實愆婦德。顯則人非之，幽則鬼責之，此非所宜言，願君自持，無復及此。」生大服其説，而前意遂已。頃之，蕭乃斂眉歎息，徐謂生曰：「我同里有劉氏者，近通媒妁【二】，欲以其子而娶我，我家君諾之矣，而阿母稍加防閑，不同曩日，又常令姊妹輩隨我，第恐自此後不復見郎矣。事當奈何？」言訖，不勝哽咽，生亦爲之泣下。久之，乃别去。自後雲天杳隔，邈無見期，然音問往來，亦所不絶。有日，嫗款生傳蕭之意，言：「近日多與姊妹輩遊戲於郎所期之地，郎若不忘疇昔之情，入夜可潛依短牆之側，萬一無人在左右，當略與郎敘契闊之意，使郎知我情悰也。千萬千萬。」生乃抵暮，潛至其所，蕭固知生之在側也，乃謳寓情之曲，其辭激切，其聲哀怨，若不自勝。又多歎息以見其意，使生知其愁戚也。如是月餘，其姊妹輩未嘗少離其傍，故終不獲一語。生乃作《漁家傲》一闋以寄之。其辭曰：

庭院黄昏人悄悄，兩情暗約誰知道。咫尺蓬山難一到，明月照，潛身只得聽言

【二】近通媒妁　「妁」原作「灼」，金刻本同，據文意改。

笑。　特地嗟吁傳密耗，芳衷要使郎心表。此際歸來愁不少，縈懷抱，卿卿銷得人煩惱。

蕭覽之，涕淚交頤，幾至暈絶。翌日，復令嫗以謝生曰：「妾後月當與劉氏之子成姻，迫以父母之命，不得與君子相見矣。□仰之心，痛入骨髓。花前月底，徒自感傷。郎千萬自愛，幸無以妾爲念而致憔悴也。」無何，秦晉之期至，蕭乃執嫗之手，喟然歎曰：「文君，一寡婦也，慕相如之高義，卒往奔之，遂見棄於父母，取譏於後世，爲天下笑，此我之所不能也。緑珠，一賤妾也，蒙石崇一顧，當趙王倫之亂，猶能効死於前，義不見辱，後世稱之。我縱不爲文君之奔，願效緑珠之死，以報李生遇我之厚也。」言訖，欷歔流涕，嫗遂以言解之。其鬱鬱之懷，終不可易。嫗具以此告生，生聞之，愈不樂，然不以謂蕭果如此也。翌日，劉氏遣其子親迎蕭於王氏之館，比至，則蕭已自縊於室中矣。嗚呼！人之有情，至於是耶。觀其始與李生亂，而終爲李生死，其志操有所不移也。使其不遇李生，以適劉氏之子，則爲貞婦也明矣。可不尚歟！

王魁歌并引

故太學生王魁，嘉祐中行藝顯著，藉藉有聲，先丞相文公愛其美才，奏賦宸廷，爲天下第一。中間坎壈失志，情隨物遷，遂欲反正自持，投迹功名之會，而卒致妖孽，以殞厥身。可勝惜哉。賢良夏噩嘗傳其事，余故作歌以傷悼之云爾。

嘉祐成均有詞客，儒林獨步聲輝赫。春官較藝重遺才，歎息瑜瑕成指謫。却來江左依親闈，家君叱奴令掩扉。丈夫志氣高名節，何事區區猶卜歸。趨庭就養翻離別，再拜出門增蘊結。一朝驅馬次萊陽，日與朋簪醉花月。愛有青娥名桂英，芳年豔冶傾陽城。邀郎不惜千金笑，吐盡芳衷無限誠。來生未省雲諧雨，不識相思最云苦。可憐窺宋謾銷魂，登盡粉牆猶未許。蘭心蕙性縈多才，清歌緩送傳金杯。曲終乞得新詩好，香羅紗翰生瓊玫。更闌稍稍人分散，衆客相將趨寶帳。闔闢歸去鎖蘭房，宛轉芙蓉翻繡浪。世間所樂新相知，美人才子當佳期。鸞翔鳳舞交綵頸，宛在舟山騰□儀。佳人笑展春山緑，擬謝風塵効東曲。與□□□正相宜，好自汙泥濯明玉。從兹燕婉相追隨，嬋媛一心遵婦儀。粧奩寶篋堆珠玉，願從資給無違疑。明年詔促西歸騎，寶馬東瀧摇玉轡。人生樂極多悲來，還就虚祠結盟誓。亭皐祖帳揚秋風，丹誠敍別神感通。徘徊入暮不能去，良宵繾綣情何窮。臨行更祝東歸早，後會夤緣恐難保。曾占異夢定非祥，從君未必能偕老。良人乍聞疑且□，身非木石安無情。誓言皎日神所監，况我與子非要盟。離愁別恨淪肌骨，月斷飛黄騰滅没。一鞭行色縱長途，萬里秋風飛健鶻。歸來滿目西風酸，嬌波淚落揮汍瀾。朝來暮去朱顔削，香肌漸覺羅衣寬。沉沉夜永青釭滅，腸斷羅緯夢雙闕。憶將桃臉笑春風，忍把蛾眉皺秋月。清晨報喜飛虚禽，尺素西來傳好音。榮名薦書聊自賀，兩情迤邐調鳴琴。獻歲南宫策高足，殿前作賦鏘金玉。名傳桂苑摩青空，聲落人間動殊俗。迴紋錦字書綢繆，封題□旨羅星稠。賀榮至恭情所記，香牋尚阻來青樓。旋聞調職徐州幕，緩步青雲下寥□。誤憑青翼致羅襦，擲置公庭肆威虐。端來復命何蒼惶，始知恩愛成參商。拊膺高蹈屢欲絶，顛作强起踰周章。虚神暗許攄遺恨，尚有盟言要可信。誓將心曲訴重泉，發匣金刀鳴利刃。侍兒欲拯悲填膺，□衣濺血呼憑陵。朝雲已散高唐影，但餘精爽通神明。神□鬼馭無遺□，髣髴虚空馳繡鑾。朱門深處下雲軿，暗度疏簾郎未識。停停獨影揺新粧，依稀麗質飄紅裳。禮□深邃人跡絶，爾曾無恙來何方。寃聲夜久聞低訴，半露酥骨鮮血污。妾緣非命爲終來，次第與君非命去。郎心恍惚含驚憂，辭窮理奪空夷猶。意迷精喪神不懌，欲保性命知無由。歸去朝昏忘食事，恛惶頃刻無生意。尚憐慈母痛傷懷，欲話當年只歔欷。黄冠設醮達三清，精神下感通幽冥。爲言寃會不可拔，酆都結髮當同庭。殘骸半死憑誰決，素□縈空成殞滅。慈親動哭更堪論，志士傳聞亦嗚咽。皇家結網羅英才，沉迷喪真誠可哀。施爲未盡經濟策，空餘腐骨埋黄埃。

卷七

奇異新説

錢塘異夢

賢良司馬槱，陝州夏臺人也。好學博藝，爲世巨儒，而飄逸之材尤爲過人。元祐中，應方正賢良科，君以第三人過閣中第，天下之士，莫不想望其風采。君衣錦還鄉，里人迎迓，充塞道路。翌日，君乃遍詣親戚故舊，至於閭巷屠沽之輩，莫不往謝，鄉人以此知其大度。君一日在私第賜書閣下晝寢【二】，乃夢一美人翠冠珠耳，玉佩羅裙，行步虚徐，顔色豔麗，徘徊閣下，頃謂君曰：「妾幼以姿色名冠天下，而身無所依，常以爲恨，久欲託附君子，未敢面問，餘俟他日。今輒有小詞一闋，寄《蝶戀花》，浼黷左右，爲君謳焉。」乃命板緩歌之，唱訖，復爲君曰：「君異日受王命守官之所，乃妾之居也。當得會遇，幸無相忘。」君欲與之語，遂飄然而去。君乃欻然而覺，嗟異久之，因省其詞，唯記其半，詞曰：

妾本錢塘江上住，花落花開，不管流年度。燕子銜將春色去，紗窗幾陣黄梅雨。

君愛其詞旨幽淒，乃續其後云：

校勘記

【一】君一日在私第賜書閣下晝寢　「君」原作「第」，據金刻本改。

斜插犀梳雲半吐，檀板朱脣，唱徹《黄金縷》。望斷行雲無覓趣，夢回明月生春浦。

君後常以此夢爲念，及君赴闕調官，得餘杭幕客，挈舟東下，及過錢塘，因憶曩昔夢中美人自謂「妾本錢塘江上住」，今至於此，何所問耗？君意淒惻，乃爲詞以思之。詞寄《河傳》：

銀河漾漾，正桐飛露井，寒生斗帳，芳草夢驚，人憶高唐惆悵。感離愁，甚情況？春風二月桃花浪，扁舟征棹，又過吴江上。人去雁回，千里風雲相望。倚江樓，倍悽愴。

君謳之數四，意頗不懌。是夕君寢，復夢向之美人喜謂君曰：「自别之後，睽闊千里，春風秋月，徒積悲傷，然感君不以微賤見疏，每承思念，加以新詞見憶，足認君之於妾亦以厚矣。則妾之於君奉其帚，薦枕蓆，安可辭也。」君曰：「昔獲相遇，不暇款曲，使我愁憤。今再辱過訪，幸無遽去，願接歡愛以慰疇昔之心。」美人微笑曰：「此來妾亦願與郎爲偶，况時當諧矣，又何避焉？」乃相將就寢。雖高唐之遇，未易比也。及曉，乃留詩爲别。詩曰：

長天書闊雁來盡，深院落花鶯更多。發策決利君自爾，求田問舍我如何。

君曰：「吾方以少年中第，始食王禄，將致身於公輔而後已。子何遽爲此詩，以勸吾之退也？」美人曰：「人之得失進退，壽夭貧富，莫不有命。君雖欲進，而奈命何？此非君所知。如妾與君遇，蓋亦有緣，豈偶然哉？」美人告去，君乃覺焉。及抵餘杭，每夕無間，夢中必來。君遂與僚屬言，具道其本末，衆謂之曰：「君公署之後有蘇小墓，君初夢之日言【二】『幼以姿色名冠天下』，又稱『君守官之所，乃妾之居』，得非是乎？」坐客或謂君曰：「此誠佳夢，吾雖願之，安可得也？」君爲之一笑。君後刱一畫舫，頗極工巧，每與僚屬登舫，遊於江上，罇酒之間，吟詠景物，終日而罷，常令舟卒守之。一日昏後，舟卒行於江上，復至岸側，見一少年衣緑袍，攜一美人同赴畫舫，卒遽往止之，則舫中火發，不可向邇。頃之，畫舫已没，卒急以報，比至公署，則君已暴亡矣。

【二】君初夢之日言　「日」原作「言」，據金刻本改。

玉尺記

海州舉子王生者，寓迹僧舍爲學。一夕，行吟月下，有一女子立於廊廡之間，神閑而清，色美而清，弱質輕盈，如不勝衣。生乃近之，略無避忌，因笑謂生曰：「須臾求謁君子。」生還舍待之。不久，女子者果至。曰：「兒，良家子，居君舍之東，映竹朱門，即兒家也。每聞絃誦之聲，復窺君風采，特相慕而來，固不異東隣之子登垣矣。君其許乎？幸無見鄙。」生曰：「兒女之情，嗜慾之性，誠不可遏，然恐汝父母兄弟幸而知之，則子愛我之情，反爲禍我之實矣。悔其可追，願無及亂。」女子曰：「妾不得久違侍下，兄弟異處，獨居於此已數年矣。今日幸接賢者，實慰蕭索。」生喜其顔色殊絶，言語敏慧，遂扃户與之寢。女子曰：「兒幼喜筆硯，經史傳記，亦所嫻習，至於歌詩，粗能髣髴。」及曉辭去，乃留詩以贈生，詩曰：

芳姿況晦幾經秋，風響梧桐夜夜愁。惆悵平生渾如夢，滿懷幽怨甚時休。

自茲朝往夕來，未嘗愆期，每從容與生究古論今，吟風詠月，雖巨儒宿學，未易過也。一日，攜一白玉尺謂生曰：「此妾平昔所寶。又玉，君子用以比德，持以贈君，用以見意。尺若常在，君應不我忘也。」時逼寒食，因謂生曰：「君久客於此，而佳節密邇，得無衣服製浣乎？願以見委。」生授以素縑，令作單衣之類。復云：「近節多事，不能數來，當清明前一日，攜衣奉謁。」去三日，有客來館於隣室，生揖之，因問其所來，復有何幹？客曰：「有亡妹殯此，將展寒食奠禮。」客夜過生閑話，見生几上玉尺，驚而問曰：「此尺君從何而得之？」生曰：「此吾家舊物耳。」客曰：「非也。此吾亡妹柩中之物，子必發吾妹之殯而竊取之，不爾，安得至此耶？」客遂欲質生於有司，以劾其情。生不獲已，具告以實。客曰：「豈有是哉！」乃率寺僧共視其殯，封識如故。客頗疑訝，遂啓殯，發棺視之，其亡妹面色宛然如生，惟玉尺不在，所製單衣已成，客默然掩封設奠而去。生亦徙居他所。蓋鬼神幻化，人所不知，夫玉尺與縑之出入，略無竇迹，抑有何理也？豈不異哉！豈不異哉！

無鬼論

進士黄肅，字敬之，隴右人也。素剛介，尤悍勇，然蹉跎場屋十餘年，志無少挫。常謂人曰：「吾不第則已，一旦使吾遇知音，必獲甲科，坐致青雲之上，以快恩讎。此大丈夫得志之秋也，吾今之貧，實暫耳。」生無妻子，久寓都下，厭其塵冗，遂謀居京之西入角店，以聚學爲業。一日，謂其弟子曰：「孔子不語怪、力、亂、神，吾爲正人端士，誠不敢外聖人之教，亦未嘗談此，吾將著《無鬼論》以解天下之惑。」時抵清明，生徒皆散，生乘閑乃濡毫運思，方欲下筆，忽有一人自户而入，舉止蒼惶，生驚視之，乃一村僕耳。生問其故，僕云：「某主人有二子方幼，知先生在此，欲令從學，故遣某奉召。」生曰：「主人姓氏爲誰？」僕曰：「王大夫也。此去其居數里而已，君無憚勞焉。」生念其二子欲從己學，遂具冠帶隨僕以往。果行數里，至一大莊，溝池環而竹木周布，場圃築於前，果園樹於後，葱葱鬱鬱，真幽勝之地也。僕乃止生於遲賓之館，曰：「俟某先入以報。」頃之，僕出曰：「大夫請見。」生入，視其人紫袍金帶，風觀甚偉，邀生就坐。生察其進退揖讓，雍容可觀。大夫曰：「某村居性懶，有倦出入，所以坐屈長者，豈勝惶懼。」生曰：「某連蹇寒儒，特辱見召，誠爲過幸。」須臾，命僕進茶，乃謂生曰：「某有二子甚頑劣，欲遣就學，又憚其往來之遠，不罪率易，敢屈致從者於敝止，訓誨二子，不識尊意如何？所有費用，某雖貧家，當得盡力，必不致菲薄也。」生曰：「第恐學業荒蕪，才能疏略，不足以表率後來，爲人師範，如果不見棄，固所願也，敢不奉命！」大夫遂命二子出拜，生視二子皆垂髫，眉目俊爽，殆非凡類。二子復入，大夫曰：「從者可暫歸，來日甚吉，即得使人邀先生矣。」生辭出，大夫送之門。生由前徑而還，及抵其舍，則生怳然夢覺。生曰：「吾方著《無鬼論》，而遽有此夢，何其怪也？吾以謂夢邪？則所由之徑，所覩之人，明然在目，其間揖讓之儀，論議之事，皎然在懷。彼大夫云：來日使人邀君就館，吾試俟之，當復如何。」翌日生起，至辰巳間，生乃正色危坐以待焉。良久，其僕果至。謂生曰：「大夫請先生就館。」生熟其僕，而私自念曰：「吾方正色危坐，略不瞑目，此非夢也。」乃隨僕而前，至其所，宛然昨日所詣之地也。生又疑爲夢，徘徊不進，瞪目回顧，野色明朗，嘉禾葱倩，曉明非夢也。僕乃促入，大夫出迎曰：「越宿無恙乎？」遂引生入廳事東偏一小室中，陳設盃皿，間列海陸。命生就席，仍出二青衣以侑酒，生顧視青衣，皆殊色也。酒行數四，生意愈惑，但默而不語。大夫曰：「先生殊不語笑，席上無歡，何以終日？」乃命青衣一捧觴，一執板，以勸生酒。生不能辭，如是者再，大夫復令青衣求生爲詩，生不獲已，遂爲詩云：

主人高義惜多才，時遣青衣勸巨盃。莫訝書生無語笑，只疑身是夢中來。

大夫見詩，笑謂生曰：「君豈不知頓悟之後，浮生之事皆夢也。又何疑也？」再命青衣連勸至數盃，大夫徐謂生曰：「吾有一女，予素所鍾愛，今始笄矣，未有佳配，遴選雖衆，頗難其人，念無足以相稱者。竊觀足下儀容秀穎，德量淵深，學爲人師，行爲世表，真佳士也。如不鄙門閥卑微，世系寒落，使得親箕帚，侍巾櫛，則吾女可謂得夫矣。君其許乎？」生猶豫未有以應。大夫曰：「君豈非疑吾女子陋質，不堪爲配乎？」遽令二青衣扶女子者出，生瞥視之，鬐鬟峨峨，星眸瀲瀲，香腮瑩膩，芙蕖綽約於秋江；體態輕盈，雛燕翔飛於曉霧。婉媚橫生，嬌羞可掬，立於座間，如不勝衣。生乃神盪魂逸，幾不自持。大夫曰：「某常奇此女，欲與貴人，而未□□付，非君多才多藝，吾寧肯令女子出乎？中饋之選，必不累君矣。如之何？」生曰：「敬奉教。」青衣乃復扶女子者入。大夫顧左右曰：「可召來家時媼來，令作媒。」頃之媼至，縞服練帨，垂白而傴立於其前。大夫曰：「吾欲納壻，令子作媒，可乎？」媼曰：「固所願也。」乃視生曰：「此非新郎乎？」大夫曰：「然。」媼遂入室，取一絳綃香囊，悉以蟬胎爲飾，窮極精巧。笑授生曰：「請以爲定。」大夫復謂生曰：「後三日宿直甚良，可就此吉日爲禮慶之期。」因以花牋贈生詩一首，其辭曰：

忽忽席上莫相疑，百歲光陰能幾時。攜取香囊歸去後，吾家風誼亦當知。

生未悟其旨，但遜謝而已。日暮酒闌，媼曰：「新郎請歸。後至日當遣騶從迎君就槽幸是□□。」生辭出，大夫曰：「醉中不及攀送，希無訝也。」生亦被酒，及尋舊徑歸。豁然乃省，又其夢也。生大嗟異，而酒□未散，香囊在懷。生□□日□始過午矣。因諷大夫詩曰：「攜取香囊歸去後，吾家風誼亦當知。」生乃歎而言曰：「吾常讀《左傳》，見晉狐突之遇申生，鄭伯有之殺帶段，皆紀爲鬼之説。吾甚不取，以謂左氏豔而富，其失也誣，正爲此等事耳。今吾身自遇之，然後信其言爲不謬矣。」越三日，凌晨，生起盥漱，則已聞車馬喧闐，徒隸紛擾之聲。生心疑念之際，忽聞擊户之聲，生未敢應。一人大呼曰：「王大夫遣人來取新郎，請早備辦，恐日晚大夫見責。」連呼不已。生乃啓户，見僕從皆鮮衣美服，簪花□首，填塞門外，若錦繡焉。媒氏時媪前謂生曰：「時將至矣，可速行。」乃命左右控馬而前，狨鞍金勒，玉蹬繡韉，被褥華麗，生乃攝衣上馬，徒隸呵喝道路，供給之人，各執其物，擁衛而前，其去如飛，頃刻而至。生入户，見庭宇嚴潔，陳設文綉，倡優□□鶩列以俟。頃之，大夫命生就席，酒行樂作。至暮，一青衣出，請生□□行禮，生乃避席而起，二青衣者導引而前，至其室，則紋燭摇□□香囊碧，珠翠縱横，羅綺充仞，生意謂人間天上無以過也。侍兒侍母，環列於前。結縭合巹，一如世俗之禮。於是鴛帳低紅，鸞衾重繡，如紋禽比翼，玉樹連枝，加以漏永更遲，衾香枕穩，雨意雲情，不可名狀。至曉，媪促生起謝姻屬，内外更相稱慶。大夫乃留生舍於其家，生以新婚之際，情意頗密。朝遊夕宴，未嘗暫捨。居月餘，大夫忽謂生曰：「某近承彌命，功忝汀南憲使，仍疾速起發，不敢稽留，朝暮成行，復以少事，義不得與子偕往，女子驕騃，難以留此，須當挈行。子可復歸，容吾到任，來歲清明日，遣兵卒令迓子，可乎？」生曰：「既承尊命，安敢違迕，當静居以俟。」大夫乃大會賓客，敘别于家。抵暮，賓客既散去，□□□□妻乃命青衣復令具酒展别，愁容慘淒，芳辭愁抑，徐謂生曰：「妾以疏容陋質，幸得託附君子，終身之望足矣。今當有江□□□□□經歲佳時令節，枕冷衾孤，何以消遣。」言訖泣下，生亦□□□□□謂生曰：「妾居常女功之暇，尤喜讀書，至於歌詩，粗能髣髴，來日遂當隔闊，離情別恨，無以攄發，因成小詩一章，用以見意。辭鄙義拙，幸無見笑也。乃出其詩以示生，其辭曰：

人別忽忽□□□，須知後會不爲賖。黄斑用事當青皦，騂騎翩翩踏落花。

生覽後不勝咽哽。因各就寢。拂旦，則大夫已具車馬，令送生之家。生乃與妻訣，并辭其大夫。復至其家，又悟其夢也。因以所遇之事，并其妻所贈之詩，以示友人何皐。皐嗟異久之，而皆莫曉其詩之意。及來歲清明，生忽暴亡，皐乃悟生妻之詩，皆隱肅死之年并其月日，無少差焉。初生之遇也，以紹聖之丁丑，及生之卒，以元符之戊寅。其詩曰：「黄斑用事當青皦」，蓋「黄斑」者，黄虎也，戊之色黄，寅之辰虎，則黄斑爲戊寅年也。「青皦」者，青兔也，乙之色青，卯之辰兔，則青皦爲乙卯月也。戊癸之年二月建乙卯故也。又曰：「騂騎翩翩踏落花」，「騂騎」者，赤馬也，丙之色赤，午之辰馬，則騂騎爲丙午日也。生以其年二月二十七日告終，其日丙午，始得清明之節。「翩翩踏落花」，則長往之意也。一何異哉。皐字唐臣，河朔人，賦性敏慧，俶儻不拘，與生友善，具道本末，故予得而書之。

豐山廟

書生呂焕，西蜀人也，萍梗天下，五十年矣。一日遊滁州，過豐山，謁漢高祖廟，乃題其壁云：「野禽殫，走犬烹，敵國破，謀臣亡，蒯通之言，誠不謬矣。」是夕，生乃寢於逆旅，夢一力士謂生曰：「漢祖召子。」生辭以他事，不欲往。力士乃執生之臂，生力不能拒，因隨至廟中，見高祖負扆而坐，陛戟百重，禦衛甚嚴，叱謂生曰：「汝一書生，輒敢容易譏訕寡人，汝豈不知韓信教陳豨背漢，而信爲内應乎？豈朕以敵國之破而故誅謀臣也？汝之所題，不揣其本，而輕過朕，可乎？」生大有慙色。高祖曰：「汝腐儒寡聞，吾與項羽得失，應不得而知之。」生曰：「臣雖蹇淺，漢史亦嘗涉獵，至於陛下之得，項羽之失，粗能知之。」高祖曰：「汝能陳之則生，不能即死。」生乃頓首曰：「夫鴻門之會，范增數目項羽，示以玉玦，羽有不忍之心，增乃使項莊舞劍，意在陛下。張良知其事急，出召樊噲，因以誚羽，得與陛下間行，故得脱禍。此楚之一失也。陛下初入關，財物無所取，婦女無所幸，約法三章，以收民心。及羽入關，殺降王子嬰，燒其宫室，取其貨物美女，□君□□失望，此楚之二失也。韓信事楚，數以計干項羽，羽不用信，信乃歸漢，遂并三秦，燕、趙、齊、魏爲信所取，此楚之三失也。項羽放逐義帝，天下怒之，後遭英布之難，陛下爲之縞素，以從民望，此楚之四失也。又陛下滎陽之困，命垂虎口，危在旦夕，用陳平之計，以黄金四萬間楚君臣，而羽果疑之，故紀信詐以出降，以欺項羽，而陛下得出，此楚之五失也。項羽戰勝而不與人功，得地而不與人利，故人多怨而莫從，此楚之六失也。」高祖遽止生曰：「汝之所陳，皆項羽之失。吾之所得，卿能陳之乎？」生曰：「陛下隱約之時，則有雲氣之異，斷蛇之祥；　及入關之後，五星聚於東井，此受命之符，昭然可見。　則天命已歸矣。　彼區區項羽，雖陸梁中原，而塗炭生靈，適足以爲陛下敺民耳。　何能爲也？　則大王所得，爰俟多云。」高祖喜，遂賜生巵酒，生飲訖，而復令力士送生出門，則欻然而覺。　乃以其夢告其友人，余聞而異之，故爲好事者言。

校勘記

卷八

神仙新説

華陽仙姻上

蕭防，字仲幾，世居南昌，本衣冠之裔，美風調，麗辭藻，博學强志，好黄老書，慕攝生理，然未之有得也。後以生事不振，投故人於新淦，舍於逆旅。旬餘，故人未徨延致，防疑其忘舊，圖歸甚速，其如匱乏，不能遽去，乃質衣以糊口。時同邸有女冠諸葛氏者，善《易》，以卜筮爲業，年未逾笄，姿色極麗，防數目逆，而未始接談。一夕，忽叩防扉曰：「竊聞公謀歸甚速，恐朝暮成行，某囊篋無他資，適有餘鏹半千，聊助道塗之費。」防喜而受之，意謂諸葛氏顧己悦而賂之也，因此感慕焉。防翌日告别於故人，故人謂防曰：「何去之遽也？容鱸從者而後首途。」乃遷防於邸傍僧舍館之。自是與諸葛聲容無片頃不相接，凡筮卦所得，不計多寡，悉以奉防。又經旬餘，氣語甚洽，防因以他語挑之，諸葛乃正色而言曰：「某家先世自西晉居近侍之職，至今猶有食方伯之禄，某自西吴漂泊江外，鬻薄伎取資，唯以正潔自守，豈敢輒辱門閥爲宗族羞！與君交遊，非結朝夕之好，願無及亂，即旅身之幸也。」防曰：「前言戲之耳，非有他心，冀爲情照也。」忽一日，謂防曰：「公歸有期，然故人所贈不腆，難逾五萬。」翌日，賮至，果不滿五十千。防乃理棹北歸，時以故人相餞，不得與諸葛相别，深以爲恨。防歸數月，忽夢諸葛執而言曰：「當日不得一别，迄今怏怏，願君無忘舊好，豈敢以睽阻爲恨？」防亦悽惻，因贈防詩一首。其辭曰：

常嗟前會夢中身，今夕相逢豈是真。願得君心堅舊好，年周四十復相親。

防既寤，吁悒不已。明年詔下，防預鄉薦，乃挈家之都下。是歲，南宫不利，棲止俟門，以俟再戰，自此累舉不捷，蹭蹬迨三十餘年，食口嗷嗷，京師不能僑處，乃拂袖南歸，届揚楚之間，因循萍寄。又七八載，遂抵儀真，因遊市肆，忽逢諸葛，相見愕然，各敘間闊，遞相歔欷，不勝悲喜。防始憶夢中之詩，有「四十年復相見」之語，因問曰：「子何寓此？」諸葛曰：「知君遠來，故奉迎爾。」防大異之。復問所居何在？乃指一小坊曰：「此去數十步，循牆而東，即某所居也。」防曰：「隔闊雲水，今四十年矣，願得就謁少攄平昔之懷可乎？」諸葛曰：「固所願也。然某適爲一士族見召，今日未暇，君來日相過，則幸矣。」乃别去。防詰旦攜醞一壺往焉，既入小坊，皆荒榛野蔓，人迹不到之地。躊躇欲返，忽於壞垣間見一舍，欹側將仆，支以數木，懸一牌曰「諸葛氏貨易卦」，宛然新塗所攜之牌也。防乃褰衣擇步，緩抵其舍，諸葛出迎，相揖而入。防視舍中，唯有土榻，弊席破薦相覆。諸葛衣著不甚鮮華，亦無膏澤之飾，然而眉翠緑髮，丹臉朱脣，光彩射人，芳香襲鼻，宛若神仙，頓異於前所見也。榻之東有茶鐺酒榼、陶器數事而已。乃與防偶坐於榻，徐謂防曰：「僦舍傾頹，家徒四壁，寢無幃帳，爨乏樵薪，衣服苟完，鉛華不御，玆皆嫠婦之所羞，甚乖故人之所望。雖蒙枉駕，必悔其來矣。」防曰：「某迹同萍梗，年俯桑榆，邂逅故人，敦敘契闊，事出望外，餘何足道哉？」防乃開醞同飲，因謂諸葛曰：「相別四十年，韶顏不謝，無異曩昔，豈非常餌丹藥乎？」諸葛曰：「吾父避永嘉之亂，隱於茅山，至天興中，有方外士教吾以默朝之道、漱嚥之方，力行有効，所以年齡雖邁，而華色不衰者以此。又安知丹藥之説乎？」防默計永嘉之年，即西晉懷帝之世，逮今淳化，已逾七百年矣，不知諸葛之甲子又幾年也。乃詰其端，但雜以他語，竟不之答。復問曰：「默朝之道何如？」諸葛曰：「去華室而樂茅廬，賤歡娱而貴寂寞。謹默沉靜，不動不摇，《南華真經》曰：『愼汝内，閑汝外。』此其理也。」「漱嚥之方何如？」曰：「仰吸五氣，嗽嚥入胃，自致五臟和適，顔色光華，則邪不勝正矣。《黄庭經》云：『漱嚥靈液災不干，體生光華氣香蘭。』此其理也。」防曰：「某幼爲科舉所迫，不知保身養命之術，應當骨化形消，沉爲下鬼。今聞玄旨，如剖棺布氣，生枯起朽。如能哀其沉迷，憐其淪喪，使得仰希萬一，則天地之賜，無以過矣。」諸葛曰：「某謬聞緒餘，不達奥妙。方且修爲，誠難傳□。公蕭史之遠孫也，夙注仙籍，生鍾道骨，壽當□□，何俟於某？况君前境中自當棄俗，因故害物命，致隔一塵。」防曰：「何謂一塵？」諸葛曰：「儒謂之壯，釋謂之刦，道謂之塵。」防曰：「世傳蕭史與弄玉爲夫婦升仙，事有之乎？」諸葛曰：「有之。」防曰：「仙家夫婦何如？」諸葛曰：「不生淫心而亂其匹也。」防曰：「子安知我爲蕭史之遠孫？」諸葛曰：「凡升仙之人，各有職任。以後世子孫賢不肖第其階品。蓋諸天皆有世系譜牒，常得其詳觀而備究之，由是而知之。」防曰：「蕭史後世之子孫，賢不肖可得聞乎？」諸葛曰：「既辱見詢，不能概舉。自歷代以來，或君或臣，或佛或老，好尚不同，可略道五七人矣。漢丞相蕭何，上爲蕭史十三代孫，下爲蕭望之八代祖。何小子延，避吕氏之禍，遯居蘭陵，由是蕭之苗裔，或居中原，或居江表。居江表者，則前梁蕭叔達，始以清淨得民，後屈一國之尊，爲寺家奴；居中原者，則後梁蕭詧，始以德望禪位，後荒於酒色，爲閹宦所廢。至唐，洛陽蕭曠，出於南齊鬱林王，始因遊蕩棄親，後隱於玉峰洞，至大和中，以辟穀升仙。鍾陵蕭洞玄，出於後梁明帝，始以一獵破家，後師事馬湘，至開成中，以煉丹得道。此四人或善於始，或善於終，若論其終始完具，則不若蕭望之。望之自少小性樂雲水，去慕清虛，起自布衣，參佐帝室，以忠正立朝，以孝義居家。外則矜孤恤貧，扶危拯弱；內則鳴天鼓，飲玉漿，蕩華池，固金鎖，行之累年，道業成就。至元帝時，閹尹用事奪去政權，人勸其自裁，望之飲酖自殺。當時非不能依阿取容，恃禄固寵，蓋心厭濁世而乘釁委脱者也。比蕭何無社稷之功，亦一代之名臣也。」防曰：「望之果死否？」諸葛曰：「非真死也。道法之中，有尸解，有水解，有火解，其門實多。若嵇康、郭璞之受刃，乃劍解耳。李太白投江捉月，水解也。介子推抱木甘焚，火解也。望之飲酖自殺，尸解也。至唐末，又有蕭頃登進士第，至朱梁得天下，高祖重其器識，擢居近侍，未幾入相，經綸之才，有足稱道；後遇異人傳服氣法，棄家入少室山。頃於昭明太子爲二十八代孫，於公爲九代祖，此數人者，於仙籍人世，皆有功行可録。餘無足道，然某先人仲君，與公遠祖蕭真人有金石之契，與君相遇，豈偶然哉，由冥合也。不久當自知矣。」自開樽同飲，語論極洽，防之醞不覺告竭，諸葛曰：「某有百花醞一榼，願繼之以盡今日之歡。」乃於榻東取醴就席，懷中出二大葉，紺潤如玉，傾酒葉中，滿□數四，其甘香不可名狀。諸葛氏之色，轉加温麗，漸覺醺酣，如花欹玉側。防之情雖無惜再訪也。」防揖而出，行數步許，反視舍前，旌幢羅列，劍佩雍容，中有一女子，頂鳳不能禁，然不敢正視，酒闌徹器，顧謂防曰：「君可歸舍，兒有東隣之會，勢不得止，來日髻，衣銖衣，綽約若諸葛氏，登羽車升虚而去，仍有珍禽異獸，飛躍前後，慶雲瑞彩，輝耀方隅，羽葆漸高，没於空碧。防大驚駭，復入舍中，果不見諸葛氏矣。防不勝悵然，翌日乃行，不逾仞，遂達南昌。防自飲百花醞之後，日覺髭髮青鬒，肌體紅潤，如三十許人，時皆疑其得道。

華陽仙姻下

防次年再預鄉薦赴闕，又爲春官見黜。防頃刻無生意，忽聞有旨應治平元年兩經省下者，並令赴殿試。次日出榜曉喻，□者百餘人，防其數也，遂於牓尾登第。釋褐，授許州長史，待次一年，調江寧府句容縣簿。竹書報妻子，令赴金陵相待。未及發，乃收家信，報妻子繼踵而亡，防不勝悲悼，乃獨之任。到官後，塵緣世事，俱不介懷，唯以訪幽尋勝爲心。縣境内有三茅宫、九錫亭、白鶴觀、玉晨觀、桃花塢、瑞芝館、碧奈澗、白李溪，皆仙跡顯著處。防遍遊之，唯有玉晨觀乃許真君上升之地，觀中塑九天真聖八洞神仙，殿宇崢嶸，樓閣歧嶷，頗極華麗。防遂齋戒而往，到觀中朝拜三十餘處，甚爲困乏，憩於道院。食頃，萬寧觀主召茶，仍具靴簡而往，到一齋廳，幽邃雅潔，不類凡俗。有一紫衣道士，龐眉巨脣，神氣超逸，相揖而坐，遽有一青童至，謂防曰：「東方大夫相召。」防問道士曰：「何人也？」道士不答。青童促曰：「此去稍遠，請速行。」防揖別而去。青童相引，出觀後門，見煙靄葱蒨，景色妍媚，與觀前甚殊。約行十餘里，至二大門，上有金書牌曰「華陽洞」。入門，又行百餘步，至一樓，名曰「排霄樓」。前東廡有瑶臺，西廡有玄圃，樓之北又至一門，名曰「蕊珠門」，内曰「蕊珠殿」，階陛崇峻，儀衛森嚴。右偏一室，名曰「明珠閣」，内有一人，紫袍金帶，屹立相竢。童指曰：「此東方大夫也。」防致恭而前，大夫勞之曰：「倏途之來，想亦勤動。」乃揖防就坐，觀其出入侍御多參鸞駕鶴，頂冠佩劍。防不知其所以，乃問曰：「某塵世之人，大夫緣何相召？」大夫曰：「公豈不知漢有東方朔者乎？」防曰：「知之。」大夫曰：「某即是也。今夕爲華陽洞主董侍御有姻事，命某爲贊引者。」防曰：「某何預焉？」朔曰：「公之遠祖，蕭史真人。晉董侍御女雙成與公爲婦，所以相召。」防曰：「某前妻已死，不願再娶。況某凡朽之軀，安敢奉命？」朔曰：「匹偶之事繫天，豈可辭也？」防曰：「誠如此，即乞暫還，少備羔雁幣帛之禮，復來可乎？」朔曰：「此禮過之久矣。」頃之，有一美人擕鮮服一篋出，曰：「請蕭郎易衣。」易畢，朔引至殿西隅一室中，見供帳如貴戚家焉。俄又一美人□曰：「吉期將至，請蕭郎成禮。」朔問：「禮堂儐相者已擇定否？」曰：「定矣。」朔曰：「試爲我詳言之。」美人曰：「扶侍者雲英夫人，巫山神女。秉扇者吴綵鸞、許飛瓊。執障者明星玉女、雲華夫人。接引者梁玉清、衛承莊。姮娥結縭，麻姑合巹，此其大略也。」朔謂防曰：「婚姻之禮，與人世不殊，請無懼也。」至中夜，有二美人，乃梁玉清、衛承莊也，夾引防而去，朔隨至蕊珠殿，謂防曰：「某只此相待。」北有一堂，名曰「雙景」，即禮堂也。堂之上下，花燭相照，爛如白日，金童玉女，拖雲曳霞，各相往來，莫知其數。防入禮堂，西向而立。少頃，徹障去扇，見一女子，年可十五六，頂雙鳳髻，衣綵絹衣，天姿掩靄，儀容絶世，與防相對而立。防竊覘之，乃諸葛氏也。防驚喜交集，不敢詰其所以。梁玉清致辭曰：「華陽玉女，聖世才郎，仙凡契合，如鳳如凰，今夕相偶，和鳴相鏘，壽等天地，慶衍無疆。」辭畢，男女交拜，女回身之帳，男接踵而往，姮娥、麻姑擁入帳内，偶坐於床，姮娥結縭，麻姑進巹，交互三飲，乃撤巹解縭下帳而退。樂部奏《雙合鳳》曲，仙眷亞肩而立，屏息而竢。防曰：「昔新淦儀真之遇，何不預言之？」雙成曰：「蓋以時之未至，不得與君爲偶，故託以諸葛爲氏，每得見郎，用慰思渴，而郎不知也。」須臾曲罷，一美人傳聲曰：「蕭真人遣胡奴賚禮物至，玄雲錦一百段，鳳紋綃五十疋，夜光珠二斛，葡萄酒百壺，以酬儐相者。」朔乃促防出立於堂下，俄自東偏有一人冠遠遊冠，衣鶴氅衣，出坐堂上，朔唱曰：「晉董侍御，即君之妻父也。」防鞠躬致辭曰：「俗世從宦，久食腥羶，愁慾之火，焰於胸中。今者得攀仙援，脱去塵緣，百生厚幸。」乃拜之。又一人至，頂七星冠，衣紫道袍，面如瑩玉。朔唱曰：「蕭真人，乃君之七十二代祖也。」防拜之。真人目之曰：「虚薄之人，得見遠孫娶婦，實爲門第之光。」復一女子至，年可十六七，頂雲霞冠，衣金翠衣，朔唱曰：「七十二代祖母弄玉夫人也。」防拜之。夫人慰勞甚勤。餘二十人皆辭而不肯出，朔引防至蕊珠殿，乃張筵之所也。几案罇俎優伎□□□□□焕仙宫就坐，董侍御主席，蕭真人次之，防與朔坐於東，□□□□穆王、漢武帝、大茅君、奉策使者、紫陽真人、費長房□□□□元文張道陵、安期生，外有十餘客，皆不記。酒行樂作，曲奏《宴瑶池》，金石絲竹之音振動天地，沈檀龍麝之氣紛馥庭除，羣仙劇飲，言笑盡洽。又有二美人各執樂器，防問朔曰：「此誰氏也？」朔曰：「抱緑綺琴者蔡文姬，抱雲和瑟者湘靈妃。」乃奏《鳳吟鸞》曲，曲終，有女童召防曰：「雙成夫人請君暫起。」防避席，恍如夢覺，躊躇久之，已失蕊珠殿矣，但見深林茂草，飛禽噪集，行數里復至玉晨觀，道衆謂防曰：「主簿何往？半月不返。」防但唯唯而已，尋歸縣署，僚屬窮叩，竟不少言。自此疏棄凡俗，無仕宦意，乃申陳乞歸大葬，幾兩月得請，促裝而去。方出境，有牧人持書遺防，啓緘，乃雙成書也，及黄金十斤。舉首，牧人已不見矣。防到里社，貨金備葬，餘鏹分惠貧親，託疾休官，遯入茅山，後幾半載，乃變服爲道士，詣玉晨觀求宿。翌日，題詩于壁，其詩曰：

超俗離塵世所稀，華陽高宴衆焉知。桂宫露冷鶴歸早，琪樹風清鸞去遲。星斗夜明三尺劍，洞天秋靜一枰碁。自從飛步朝元後，忘却鰲頭舊賦詩。

適會句容縣尉徐起自外至，謂防曰：「豈非舊同事蕭公乎？寧忍不相認也。」防曰：「吾亦知汝來此。」遂握手敘舊，因説得道之由，飲宴通夕。留贈徐黄金百兩美玉五斤而去，自後無有遇防者。

居士遇仙

南唐居士郭智，汾州平遥人也。爲人有標致，喜怒不形于色，鄉閭高之。其父嘗曰：「起家者，必此子夫。」無何，有白犢之戚，居士處之自若也。其妻向氏憂之，忽夜夢神告曰：「若無憂，起家之事，將□□自此始。」遂投以金文一帙，向發而視之，惟「僬僥兩子御史巖叟」八字而已。明日以告居士，居士莫究其旨。會皇宋龍興，太祖、太宗削平僭亂，河東底平，朝廷以河東負嵎，最後歸化，遂遷其民於河南，居士既至河南。數月，忽有窶者款門，其容甚瘁，已乃箕踞而坐，曰：「與吾取水。」居士呼從者進之，窶者怒而起，曰：「飲長者水而不能親授！乃使從者進之乎？」遂不顧而去。明日，復來索水，居士蹶然親起進之，窶者亦不飲而去。如是者三，居士之意愈勤，不少怠也。窶者曰：「此子可教。」即探囊以藥一瓢遺之，曰：「用此藥可愈子疾。」居士拜而受之。既用之，其効若神，居士以衣一襲爲謝。明年，復具冬夏時服，他歲亦如之。數稔，朝廷復其民，居士將有河東之行，即奉幣以別。曰：「今朝廷詔還，得奉先人之丘壠，固厚幸也，然不能擁篲以從先生爲方外之遊，斯爲不足。」窶者歎曰：「吾閲人多矣，未有如郭君之賢者。」於是始以方授之，居士尚未神其事也。後至平遥之初夕，夜未央，忽有呼居士者，居士自念曰：「吾方抵此，寧有識之者耶？」意甚疑之，蒼黄未有以應。俄見紅光如線，自外透入，須臾，明照室中，秋毫可數。又見一異人頭出屋楹間，大約數斗，目圓而碧，光彩射人。居士驚且走，異人曰：「若無恐也，吾即河南之窶人爾。若尚能記汝室昔日之夢乎？即河南相會之□也。吾以宿世負子鏹三兆緡，未有以報，向所遺書，切宜寶之。」言訖，忽不見，光亦漸斂。居士因悟昔八字云「僬僥」者，小人也，小人「尒」字；「兩子」者，二人也，二人「夫」字；「御史」者，直人也，直人「值」字；「巖叟」者，山人也，山人「仙」字。居士自是方神其術，後有目疾者，無問遠近，咸被其賜焉。先是，居士之祖以子孫不競，令日者筮之，遇坤䷁（坤上坤下。）之謙䷎。（坤上艮下。）日者喜曰：「是殊遇之卦也。夫坤，順也，衆也。謙，致和而卑以自牧也。六爻無犯，而三爲陽，陽爲德，爲報，爲朋，其於人也爲真仙。君之子孫，久將蕃盛，上下協睦，六世同爨乎。才及三世，將遇真仙，三者，八之牡也。逮八世亦然。君其誌之。」至居士果有河南之遇。居士曾孫壽從，兄弟七人，家百餘口，尚同釜而食，竟如日者語。初，居士與友人冀使君樂郊居，遂卜居於平遥之東，人景慕之，相繼而居者百有餘家，遂成里第，人因號其居曰「冀郭里」。或曰「南唐」者，蓋亦由居士之號也，其使人愛慕，大率如此。余初聞此說，未甚然之。後因見居士四世孫述【一】，復詢其事，合若符節，方知其不誣云。述字祖聖。

【一】後因見居士四世孫述　「四」字原闕，據金刻本補。

校勘記

卷九

盈盈傳

皇祐中，龍圖閣學士田公節制東海。予是歲不中春官氏選，杖策間行謁公，有吳女盈盈來遊，宕豔甚冶，十四，善歌舞，尤能箏，喜詞翰，情思綿緻，千態萬貌，奇性殊絶，所謂翹翹煌煌，出類甚遠。少臺多出金僦驩，盈盈必遴柬，然後一笑。公嘗召在宴，盈盈便巧，能用意賈公愛。公貴，寵愈篤。盈盈頗快飲，予與之遊僅月，盈盈酷愛予尚情，頗學詞於予，每花色破春，老葉下柯，閑幌涼月，青樓夏風，往往沈吟章句，多敘幽怨，流涕不足，久之忘歸，必援箏一彈，幺絃孤韻，瞥入人耳，能喜人，能悲人。予嘗憫其情之太極，雖元憑賞金之十八疊，似未能多也。予因語通倅王公曰：「此子弟恐不復永年。」公亦以予言爲然。予既戢東西歸，盈盈泣啼別予不能止。明年夏，客有自東海過魏者，攜盈盈所寄《傷春曲》示予。予讀其詞，愈益嘆感，詞曰：

芳菲時節，花壓枝折。蜂蝶撩亂，欄檻光發。一旦碎花魂，葬花骨。蜂兮蝶兮何不來，空餘欄檻對寒月。

予尋撰一歌勉之。又一年，予寓游淄川，通倅王公秩滿西歸，遇予於郊舍，首出盈盈簡示予。開讀，召予偕遊東山，紙尾復有詞一首，曰：

枝上羗羗緑，林間蔌蔌紅。已歎芳菲盡，安能罇俎空。君不見銅駝茂草長安東，金罏玉勒雪花驄。二十年前是俠少，累累昨日成衰翁。幾時滿引流霞鍾，共君倒載夕陽中。

時夏，會予病，不果去。秋中再如山東，盈盈已死。予訪王公，公具道盈盈事，公曰：「子歸一年後，盈盈若平居時醉寢，忽夢紅裳美人手執幅紙字示盈盈曰：『王女命汝掌奏牘。』及覺，泣以告母曰：『兒不復久居人間矣。異日當訪我於東山。』遂嗚咽流涕，永訣其母。母亦泣下，但勉之而已。既夕，母更召巫覡善祝者守之，竟卒。」公與予共感其事，歔欷不已，公命予作詩吊之，曰：

燭花紅死睡初醒，一枕孤懷病客情。海上有山應大夢，人間無路可長生。乾坤意入憑欄闊，風月人歸似舊清。漢殿香消春寂寂，夕陽無語下西城。

又

絃絶銀箏鏡任塵，細腰休舞鳳凰茵。一枝濃豔埋香土，萬顆珠珍滴繡巾。行雨不歸魂夢斷，落花難伴綺羅春。漢皇甲帳當年意，縱有香魂不似真。

又

小巷朱橋花又春，洞房何事不歸雲。三年前過曾攜手，今日重來忽見墳【一】。香魄已飛天上去，鳳簫猶似月中聞。縱然却入襄王夢，會向陽臺憶使君。

後至嘉祐五年春，予遊奉符，偶與同志陟泰山，歷水簾，攀援而登，箕踞以遨，披奇究異，至於絶頂，有玉女池在焉，石罅潺湲，湛然鏡清，州人重之，每歲無貴賤皆往祠謁。予恍然追思疇昔盈盈之所夢，徘徊池側，心憶神會，泣然感愴久之，因題於石，曰：

浮世繁華一夢休，登臨因憶昔年遊。人歸依舊野花笑，玉冷幾經墳樹秋。風月過清須感慨，江山多恨即遲留。如今縱擬誇才思，事往情多特地愁。

又

柳條黄盡杏梢新，山翠無非昔日春。花色笑風春似醉，寂寥惟少賞花人。

又

憶昔閑粧淡苧衣，一枝紅拂牡丹微。無端不入襄王夢，爲雨爲雲到處飛。

予既歸就次，忽夢游日觀峰北，石上有大字甚密。予就閲，則詩一章，筆迹類盈盈，竟不究其意何也。詩曰：

絳闕琳宫鎖亂霞，長生未晚棄繁華。斷無方朔人間信，遠阻麻姑洞裏家。浩刦易番滄海水，濃春難謝碧桃花。紫臺樹穩瑶池闊，鳳懶龍驕日又斜。

予讀畢，忽寤，益大駭。是夕昏醉惘然。忽有女奴召予，予乘醉偕行約十許里，至一

【一】今日重來忽見墳　「今日」原作「手令」，據《夷堅三志》改。

予立門下。俄有溪洞，洞門重樓，綵檻雕楹，橋環溪水，花木繁麗，風香襲人。女奴先入，予立門下。俄有碧衣女短鬟出迎予。予既趣入，至一宫殿，飛樓連閣，帷幕珠翠，燈燭明列，中有一女子，年可二十四五，玉冠黄帔，衣絳綃曳地，長眸昳容，多髮而不妝。予欲趨拜，女遽起止之，揖予升階，予既就坐，曰：「予非嗜詩者，雅聞子風韻才思，吟諷之際，真有可喜。奉屈，且欲一相見。」指碧衣女奴召盈盈輩來。少選，盈盈與一女子偕至，年可十七八，古鬟髻，薄妝，衣淡黄輕綃，長蛾多態。時復好顰，女起迎，盈盈見予，翳袖微笑曰：「爲雨爲雲到處飛，何乃尤人如此也。」二女泫然，淺笑不禁。既坐，多道陳隋間事。又曰：「每諷子南朝懷古，髣髴如見吾家之遺臺老樹，使人未嘗不惋憤悽惻之不已也。今夕良會，可賦一篇。」遂命進酒，侍女環立，笙簫間雜，珠璫玉珮，相鳴琅琅。酒既數行，女奴授予紙筆，予不得辭，書詩二章曰：

兩行紅粉霧爲衣，畫燭香噴翠幕垂。烏鵲橋危星過晚，鳳凰簫冷曲成遲。鱗生酒面東風信，春入花枝半夜知。可惜歡悰都一瞬，白雲峰外玉繩歌。

又曰：

蓬萊珠翠隔星津，半夜驂鸞國姓秦。羅扇不開花似織，忍遮瓊樹兩枝春。

女詩曰：

春慵一枕夕陽山，珠箔無風盡日閑。不覺武陵溪下水，直流花片到人間。

又曰：

水聲寒隔洞天深，帳殿雲閑少客尋。門外路歧春色斷，老霜秦樹謾蕭森。

次女詩曰：

繁華如夢指堪彈，故國空餘萬疊山。簫管寂寥無處問，越江依舊水聲閑。

又曰：

絳綃春薄夢魂醒，對酒淒涼舊國情。一夜月華溪上水，潺湲猶作渡江聲。

盈盈詩曰：

亂山無數水聲東，鶯弄花枝恰恰紅。愁見緑窗明夜月，一場春夢玉樓空。

諸女被酒，驚離吊往，愁豔幽寂，啼笑玄生，情若不勝致。夜既深，二女曰：「盈盈雅故，便可就寢。」須臾，酒輟，盈盈召予寢，頃聞雞聲。女奴曰：「可起。」二女復置酒勞予，曰：「珍重，珍重。異日慎無相忘。」予辭歸，命女奴送予，盈盈持予泣別。二女亦泫然。予遽行，怳然出一洞，但蒼崖古木，水聲山色，皆非向來所歷。予徘徊感愴，足不能去。後衣袖粉香，彌月乃已，不知何也。嗚呼！盈盈女娼也，幼以高情妙翰，見愛於人，其風態奇怪，卓出常輩，幸能爲神用事，豈誣也乎？惜翦翦没身於娼，世無可道説。至二女之會，日觀之題，仙凡茫茫，精神會遇，是邪非邪？不可致詰。又可怪也。

寄盈盈歌

東風豔豔桃李鬆，花圍春入酴酥濃。龍腦透縷鮫綃紅，鴛鴦十二羅芙蓉。盈盈初見十五六，眉試紅膏鬢垂緑。道字不正嬌滿懷，學得襄陽大隄曲。阿母偏憐掌上看，自此風流難管束。鶯啄含桃木燕時，便會郎詩風動竹。日高一丈羅窗晚，啼鳥壓花新睡短。膩雲織指攏還偏，半被可憐留翠暖。淡黄衫袖仙衣輕，紅玉闌干妝粉淺。酒痕落腮梅忍寒，春羞入眼水半豔。上聲。一縷朱綃山枕紅，斜睇整衣移步懶。才如韓壽潘安亞，擲果竊香心暗嫁。小花靜院酒闌珊，别有私言銀燭下。簾聲浪皺金泥額，尺六牙床羅帳窄。釵横啼笑兩不分【二】，歷盡風流腰一搦。若教飛上九天歌，一聲自可傾人國。嬌多必是春工與，有能動人情幾許。前年按舞使君筵，睡起忍羞頭不舉。鳳凰簫冷曲成遲，疑醉桃花過風雨。盈盈盈盈聽我語，勸君休向陽臺住。一生縱得楚王憐，宋玉才多惟解賦。洛陽無限青樓女，袖攏上聲。紅牙金鳳縷。春衫粉面誰家郎，只把黄金買歌舞。就中薄倖五陵兒，一日憐新玉如土。雲零雨落止堪悲，空入他人夢來去。浣花溪山海棠灣，薛濤朱户皆金鐶。韋畢簫逸玳瑁落，張祐盞滑琉璃乾。壓到念奴價百倍，興來奇怪生毫端。醉眼覷紙但一掃，落花飛雪聲漫漫。夢得見之遽起撫，樂天況敢尋常看。花門不敢下翠幕，竟日烜赫羅雕鞍。掃眉塗粉迨七十，老大始頂菖蒲冠。濤七十始頂菖蒲冠，學謝自然上昇之術，竟卒於錦江者也。至今愁人錦

【二】釵横啼笑兩不分　「笑」字原脱，據《夷堅三志》補。

江口，秋蛩露草孤墳寒。盈盈大雅真可惜，爾生此後不可得。滿天風月獨倚欄，醉岸濃雲揮逸墨。久之不見予心憶，高城去天無幾尺。斜陽銜山雲半紅，遠水無風天自碧。望眼空遥沈翠翼，銀河易闊天更北。瘦盡休交帶眼移，忍向小樓清淚滴【三】。

【三】忍向小樓清淚滴　「忍」原作「除」，據《夷堅三志》改。

佚文

風和尚

邢州開元寺僧法明，落魄不檢，嗜酒好博。每飲至大醉，惟唱柳永詞，由是鄉人莫不侮之。或有召齋者則不赴，有召飲者則欣然而從，酒酣乃謳柳詞數闋而後已。日以爲常，如是者十餘年，里巷小兒皆目爲風和尚。一日，忽謂寺衆曰：「吾明日當逝，汝等無出觀吾往焉。」衆僧笑曰：「豈有是哉！」翌日晨起，法明乃攝衣就坐，遽呼衆曰：「吾往矣。當留一頌而去。」衆僧驚愕，急起以聽，法明曰：「平生醉裏顛蹶，醉裏却有分別。今宵酒醒何處，楊柳岸，曉風殘月。」言訖，跏趺而逝。衆嘆異之，因以厚葬焉。

僧惠圓

僧惠圓，俗姓干氏，開封酸棗人也。本田家子，幼出家於本邑建福寺，禮德光爲師。性椎魯，寡語言，衆以奴隸畜之。然執勤不懈，久之，主僧乃爲出鏹鬻度牒，俾爲僧。居數歲，乃辭師出遊，師初不許，已而諾之。惠圓幼依佛教，未嘗知有禪宗，故聞南方禪刹甚盛，乃詣江州東林，欲學其道。既至而惠圓舉止山野，辭語鄙俚，貌極不揚，衆莫不指以爲笑。一日，乘間問其衆曰：「如何是禪？」衆見其愚戇，戲謂之曰：「樹間鳴者乃禪也。」

惠圓不悟其旨，己遂面壁深思，至於骨立。後數月，出行殿庭間，忽足顛而仆，起乃釋然有悟，乃謂一行者曰：「吾不習筆硯，欲以一頌，汝能書乎？爲我題之壁間。」行者笑而許之。其辭曰：「這一交，這一交，萬兩黄金也合消。頭上笠，腰下包，一輪明月杖頭挑。」翌日，徑離東林，後長老法總因過惠圓留題之所，驚謂左右曰：「誰作此頌？」一人前白曰：「向一村僧題之於此。」法總曰：「又被這漢打了一竅。」乃迹其所往，莫能知之。後紹聖間有鄉人見之於餘杭，視其容貌，無驚人處，真得道之士也。見《雲齋新説》。（江少虞《皇朝類苑》卷四十四）

⊙朱勝非撰

秀水閑居録

史泠歌　整理

點校説明

《秀水閑居録》，朱勝非撰。朱勝非（一〇八二—一一四四），字藏一，蔡州（今河南汝南）人。崇寧二年（一一〇三），上舍登第，靖康元年，爲東道副總管，權應天府。建炎元年，試中書舍人兼權直學士院，建炎二年，除尚書右丞，后遷中書侍郎。建炎三年，任短期的控扼使後，歷任尚書右僕射、兼御營使，觀文殿大學士、知洪州，江西安撫大使、兼知江州，兼侍講，尚書右丞等，官至尚書右僕射、同中書門下平章事，即右相。紹興十四年（一一四四）卒，謚忠靖。《宋史》卷三六二有傳。朱勝非在歷宦州郡和兩次任相的政治生涯中，展現了他機敏多謀、沉穩的政治才能和智慧。

陳振孫《直齋書録解題》卷一一《小説家類》載：「《秀水閑居録》三卷，丞相汝南朱勝非藏一撰。寓居宜春時作。秀水者，袁州水名也。」《宋史》卷二百三《藝文志》載：「朱勝非《秀水閑居録》二卷。」《文獻通考》卷二一七所載，引自陳氏《直齋書録解題》。《秀水閑居録》原書今已散逸不傳，宛委山堂《説郛》本《秀水閑居録》僅有殘編八條。

幸運的是，南宋史籍對此書多加引用。例如存於李心傳《建炎以來繫年要録》注中有七十一條，存於徐夢莘《三朝北盟會編》有二十九條，存於《中興小紀》有十八條，存於《皇朝中興紀事本末》有十八條，存於《宋史全文續資治通鑑》有十一條，其他書中則有十五條，全爲佚文。從今見諸書引録情況看，《秀水閑居録》所記不限于南宋初年朝野諸事，更廣及北宋甚至前代。又從體例看，該書也不宜與李綱的《靖康傳信録》、《建炎進退志》、趙鼎的《丁巳筆録》、《辨誣筆録》等一體看待。朱勝非《秀水閑居録》雖然也有大量作者當國時的朝事記載，但總體來看内容駁雜，應歸入筆記類。

李心傳在大量引用《秀水閑居録》的記録時，還對少數記載進行了考辨。《建炎以來繫年要録》引用的《秀水閑居録》，最後一條記録爲紹興十二年五月辛丑條，可知其成書最早也應在紹興十二年五月後。從以上各書的引用條目看來，《秀水閑居録》記載了南宋初的政治、軍事、經濟、選舉制度等，宋金對峙形勢，尤詳於建炎三年苗劉之變，以及南宋初宰執政治觀點、施政措施等。朱勝非特别在《秀水閑居録》中，多處揭露秦檜的姦惡，表明朱勝非在秦檜專權，勢燄囂張，文字獄禍迭興之際，仍有私自直書的膽量，與《宋史》的記載頗有異同。因此，對於研究南宋初期歷史而言，此書有相當高的史料價值。

值得注意者，朱勝非《秀水閑居録》記載有失公允之處。如《朱子語類》卷一三一《本朝五》：「雪川朱魯公丞相著《秀水閑居録》，一編之内，於南渡諸公行事貶駁殆無全人，其公論耶？私意耶？必有能辨之者。」朱勝非在《秀水閑居録》中，亦有詆訐李綱之文字，李心傳在《建炎以來繫年要録》中作了部分辨駁。《宋史》卷三六二《朱勝非傳》載：「然李綱罷，勝非受黄潛善風旨草制，極言其狂妄。再相，忌趙鼎，鼎宣撫川、陝，欲重使名以制吴玠，勝非曰：『元樞出使，豈論此耶？』蓋因事出鼎而輕其權。人以此少之。及著《閑居録》，亦多其私説云。」元朝史官之評論，似亦失公允。雖然《秀水閑居録》的記載有偏頗之處，卻不能因此否認其重要的史料記載。

本書整理，首列宛委山堂本《説郛》八條，次列佚文。佚文採自《續資治通鑑長編》、《三朝北盟會編》、《中興小紀》、《鄂國金佗稡編》、《建炎以來繫年要録》、《建炎以來朝野雜記》、《舊聞證誤》、《宋宰輔編年録》、《皇朝中興紀事本末》、《清波雜誌》、《齊東野語》、《文獻通考》和《宋史全文》、《竹譜》。其中《三朝北盟會編》使用上海古籍出版社影印本作底本，校以清光緒刊本和文淵閣《四庫全書》本，《建炎以來繫年要録》使用中華書局標點本作底本，校以文淵閣《四庫全書》本，《中興小紀》使用文淵閣《四庫全書》本，而以清雍正景鈔宋本《皇朝中興紀事本末》校勘。因原條目先後已不可考見，今略以時間先後爲次，編附於後。諸書所引《秀水閑居録》記載同一事，而文字有異，以一較詳者作正文，餘可補充者作小字附文，如内容意思相同而文字有異者，則不取。在對《三朝北盟會編》和《建炎以來繫年要録》等書中引用的《秀水閑居録》進行參校時，對避清諱字及忌礙字，如「虜」改「金」、「敵」之類，一律回改而不出校。

本書的整理，得到了高紀春等先生和導師汪聖鐸先生的幫助和指導，在此謹致謝意。

《西門豹傳》説河伯，而《楚辭》亦有河伯詞，則知古祭水神曰「河伯」。自什氏書入中土，有龍王之説，而河伯無聞矣。

張華《博物志》止十卷，事多雜出諸書，或本書久失，後人掇拾爲之耳。

喻陟明仲，睦州人，持節數部，政績藹著，雅善散隸，尤妙長笛。每行按至山水佳處，馬上臨風，快作數弄，殊風流蕭散也。

薛許州，能以詩道爲己任。《還劉德仁》卷有詩云：「百首如一首，卷初如卷終。」譏劉不能變態也。

「中庭淡月照三更，白露洗空河漢明。莫遣西風吹葉落，只愁無處著秋聲」。此陳與義《秋夜詩》也，置之唐音，不復可辨。

彭祭酒，學校馳聲，善破經義，每有難題，人多請破之，無不曲當。

成中令鎮荆南，請道士梁威儀行法事，俯伏奏章，頓首存想，因之不起，乃醉睡也。成公斥之，因而毁廢道場。

《瘞鶴銘》，潤州揚子江焦山之足石巖下，惟冬序水退，始可摸打。世傳以爲王逸少書，然其語不類晉人，是可疑也。

佚文

蘇軾既貶黄州，神宗每記憐。一日，宣諭曰：「國史大事，朕欲用蘇軾成之。」執政有難色，帝曰：「軾不可用，則用曾鞏。」鞏不能副帝意。又有旨，軾以本官知江州。蔡持正、張粹明皆稟命，禹玉以爲不可。又令與江州太平觀，禹玉亦以爲不可。其後，禹玉作相，帝語及軾，復欲用之，禹玉曰：「軾有詩云『此心惟有蟄龍知。』方陛下飛龍在天而不知敬，反求蟄龍乎？」章子厚曰：「自古言龍，非獨人君之稱，人臣亦有稱龍者。」帝曰：「然。如荀氏八龍，孔明卧龍是也。」既退，子厚謂禹玉曰：「相公乃欲覆人家族耶？」禹玉曰：「此舒亶語耳。」子厚曰：「亶之唾亦可食乎？」（《續資治通鑑長編》卷三四二神宗元豐七年正月辛酉注）

陳瓘上書言：「王安石塑像於學殿，方至尊拜謁先聖，本朝功臣坐視拜伏，傲慢不恭。自有天地以來，庠序規制，未有如此。」安石自崇寧間配享孔子，列坐孟軻之次，靖康初論其非，自瓘始。（《宋史全文續資治通鑑》卷一四崇寧三年六月癸卯引）

崇寧三年，用黥徒魏漢津言鑄九鼎。至政和八年，又用方士之説作神霄九鼎，遂有十八鼎。嗚呼！黄帝鼎成升仙，夏禹以貢金鑄鼎，事不見於《詩》、《書》，司馬遷好奇，取他

説載之《史記》，而後世羡慕不已。此皆蔡京相業，敢爲怪誕如此。（《宋史全文續資治通鑑》卷一四重和元年二月辛酉引）

政和間，汝、蘄等州芝草以萬計，予每見邸報，則疑之。四年春，予爲京東學司，行縣至密州界，縣令、尉監采芝草，邀予往觀，彌漫山谷，皆芝菌也。五色俱有，或附木石，或出平地，有一本數十葉，層疊高大，衆色咸備者。至郡，見太守李文仲曰：「已采及三十萬本矣。」始知諸郡所貢，未必不實。但過多不可爲瑞，適爲妖異耳。（《宋史全文續資治通鑑》卷一四政和五年十月引）

政和末，知雄州和詵奏，契丹益發燕、雲之兵，燕民日離叛【一】，有董龐兒者，率衆爲劇寇，契丹不能制。蔡京時領三省事，僥倖一切之功，遂招龐兒，許以燕地王之。龐兒上表，自號「扶宋破虜大將軍」。董才後歸朝，賜姓名趙詡者是也。乞遣兵爲援，期取中國故地。京大喜，乃更戍朔方、陝右之兵，命江外州軍製袍帶，欲以冠帶新民。鄧洵武子常知樞密院，爲京言：「南北通好久矣，今信一叛虜之言，而欲敗百年之盟，不可。」京不聽。是時，童貫以太師、樞密院總邊事，洵武又爲貫言：「西、北虜勢强弱不同，度我之力，能制彼乎？恐兵連禍結，卒無已時。」貫亦不聽。洵武乃疏伐燕利害二十七條，名曰《北伐問》，目皆有注。其一云「出師之名」，注云：「恃此盟誓，百年不見兵革，絶之必有名，以令吾民，以告敵國。」餘類此。又録趙普《諫太宗北征疏》同奏。上皇頗嘉納【二】，此議爲

【一】燕民日離叛　「離叛」，光緒本作「亦叛」。

【二】上皇　光緒本作「皇上」。

之綏。至宣和初，竟出師矣。董才者，易州淶水人【三】，少貧賤，沉雄果敢，號董麗兒，募鄉兵戰女真，敗績。主將欲斬之，才由是亡命山谷，遂爲盜，剽掠州縣，衆至千人。契丹患其蹂践【四】，才踰飛狐、靈丘，入雲、應、武、朔，斬牛欄監軍，函其首來獻。政和七年，知嵓嵐軍解潛招降之【五】，并其黨以聞。其表有云：「受之，則全君臣之大義；不受，則生胡越之異心。」上召見董才，陳契丹可取之狀甚切，賜姓趙，名詡。（《三朝北盟會編》卷一引）

上皇自政和以來爲微行，每出乘肩輿，並無呵衛，前後數内臣導從，而民間指目爲「小轎子」。置行幸局，主供帳、飲膳等。局中人遇出，即稱「有排當」。次日不歸，即傳旨稱瘡瘍不坐朝。閤門等處日有探候，聞有排當，即知必出；聞不坐朝，即知不歸，卒以爲常。始猶外人未盡知，因蔡京草表云：「輕車小輦，七次臨幸」，邸報傳，四方盡知之矣。靖康初，召輔爲言官，遷簽書樞密院。次年，卒於南都。（《宋史全文續資治通鑑》卷一四宣和元年十二月引）

契丹將亡，有劇寇董麗兒者據雲中。代州副帥王機請招納之，久不至。金人既逼，始歸欵。朝廷以十數萬衆來附，賜名才，後更姓曰趙，名詡【六】，官以承宣使，俾居河東，計口給食。數年間，蠶食邊儲，倉廩一空，其徒散處諸郡，屢謀竊發。宣和末，金虜犯邊【七】，首亂晉州，即叛去。河東失守以此。（《三朝北盟會編》卷二三宣和七年十二月九日引）

宣和初出師，以童貫、蔡攸爲宣撫使，劉延慶爲總帥，翰林學士宇文虚中叔通參謀。

【三】易州淶水人　「淶」原作「潦」，據《宋史》卷九〇《地理志》改。

【四】契丹患其蹂践　「蹂践」，光緒本作「殘賊」。

【五】解潛招降之　光緒本無「降」字。

【六】後更姓曰趙名詡　「曰趙名」原作「趙」，據光緒本補「曰」與「名」兩字。

【七】金虜犯邊　「犯」原作「入」，據光緒本改。

既至境上，虚中度事勢不可爲，乃以劄子示貫、攸，謂當罷兵。其略云：「昨者耶律延禧失國，淳輒篡立，國家以兄弟之義，不得不問，舉兵巡邊，招納其人，仍絶歲賜，是爲義舉。今天祐宗社，全中國之恩威，昭盛德於殊俗，顧諟明命，恐不可緩。正宜明下詔書，謂前日之役，以淳篡立，今淳既亡，其國無主，幸災伐喪，非中國之義，仰邊臣按兵，不得出討。乃令雄州移文對境，喻以歲賜已到，不知交與何人。如此可黜契丹忿戾之心，寬我邊計，遷延歲月，得以爲備。又於仁義恩威，一舉兩全。如女真責我夾攻，亦當喻以元約止謂耶律延禧無道【八】，今彼國再易主，不伐喪，義禮所在，人情所同，雖云夷狄，亦必心服。」貫、攸不能用。叔通，靖康初副樞。（《三朝北盟會編》卷二一五紹興十五年十月引）

童貫、蔡攸奏至，宰相王黼率百官稱賀。表中多符瑞语【九】，云「陛峻明堂，既揭平朔之號；軒藏石鼓，仍題復古之名。鍾簴銘金【一〇】，則應牧野誓師之時；印章篆玉，則示漢將破胡之兆。承九清之命，而整神霄陰相之旅；建三辰之旗，而向太一下臨之方」云云。（《三朝北盟會編》卷一六宣和五年四月二十二日引）

童貫奏中云：「不受蕭后納欵者，先與金虜有約【一一】，不敢受也。」又云：「金國入居庸關，與王師夾攻者，劉延慶爲殘虜所敗，約金人取燕城也。」又曰：「女真既破契丹，駐軍于燕山之北，約本朝自以兵力取燕地。」於是童貫、蔡攸與大帥劉延慶將十五萬衆，進屯瀘溝河【一二】。時虜后蕭氏與四軍大王者居燕城，有衆纔數千，遣使人韓昉歸欵，仍

【八】耶律延禧　「延」字原闕，據《遼史》卷二七《天祚皇帝紀》與光緒本補。

【九】表中多符瑞语　「符瑞」原作「得意」，據光緒本改。

【一〇】鍾簴銘金　「簴」，文淵閣《四庫全書》本作「鼎」。

【一一】先與金虜有約　「虜」原作「人」，據光緒本改。

【一二】瀘溝河　「瀘」，光緒本作「盧」。

請罷歲幣，貫等不納。延慶分兵往取，爲殘虜擊，還盧溝，大軍聞風遂潰。王黼爲相，因此嫉貫等，且欲自以爲功。會虜酋耶律淳死，乃議遣使，召女真取燕城，厚許金幣，以贖其地。女真果入燕，恣爲劫掠，以空城歸我，而厚索歲幣，且知中國兵弱，自此有南牧之意矣。師還，童貫封廣陽郡王，蔡攸領樞密院，王黼加太傅、總三省，賜玉帶，如唐裴度故事。始議贖地，但求石晉故疆，不思營、平、灤三州乃劉仁恭遺虜【一三】，虜不肯割，於此三郡聚兵窺伺【一四】，爲内侵之計，黼之疏謬如此。（《三朝北盟會編》卷一六宣和五年四月二十二日引）

宣和七年，童貫爲宣撫使【一五】，至河東，聞契丹主天祚皇帝者匿於近塞，報金人取之。乃露章稱賀，云：「耶律氏滅亡。」表既傳報，有識之士無不歎息。其詞中書舍人王雲作，或云翰林學士宇文虚中作，時二公俱在貫幕中故也。金人既得虜主，即謀南侵，遣人使三輩，初曰報謝通好也【一六】，次曰告慶得天祚也，三曰賀天寧節也【一七】。使傳繼來，河朔至京，州縣供億迎送，固已疲弊，且窺覘道路，及使我不疑。十一月，三使皆歸，即舉兵。有郎官陳桷爲送伴使，至境上，虜人已宣言大舉，公爲攘奪，無復常儀。桷語燕帥蔡靖，靖怒曰：「安有是事？請示傳言之人，當斬之以徇。」桷懼，馳還，不復敢言，但懇求外補，除福建提刑而去。（《三朝北盟會編》卷二一宣和七年二月引）

燕山初爲金人所侵，契丹金吾將軍郭藥師率萬衆來附，即授承宣使。未幾，殘虜號四軍大王者遣人招之，藥師不從，表上其事。四軍大王以兵來【一八】，藥師又擊敗之，遂加節

【一三】劉仁恭遺虜　「遺虜」原作「所遺」，據光緒本改。

【一四】於此三郡聚兵　「於此」原作「此於」，據光緒本乙正。

【一五】童貫爲宣撫使　「使」原作「司」，據光緒本改。

【一六】報謝通好也　「報」原作「都」，據光緒本改。

【一七】三曰賀天寧節也　「三曰」原作「次即」，「節」原作「節使」，據光緒本改與删。

【一八】四軍大王　「大王」二字原闕，據《三朝北盟會編》卷九補，按蕭幹稱「四軍大王」。

鉞，專付兵柄。三、四年間，所領常勝軍等至十萬，皆給家口食，河北諸郡收市牛馬殆盡。至四萬餘騎，朝廷竭力應副，自京師漕粟泛大河，轉海口以給之。內地所遣戍兵，初亦數萬人，衣糧既爲常勝所先，皆饑寒失所，或逃或死，不能久駐，於是藥師一軍獨擅邊柄。藥師本凶狡，叛歸雖久，不改左衽，日肆暴横，漸露逆節。議者謂必復叛去，不可獨任。惟燕帥王安中、副帥蔡靖，監司呂頤浩、沈琯、黄翼等蔽匿之。有張令徽者，亦契丹將，舊官藥師之上【一九】，至是反爲副，居常怏怏不平，言行乖惡，藥師亦憚之。宣和七年秋，安中召還，無所論奏，但薦令徽，遂除節度使。至冬，金人寇邊，藥師率兵去燕城七十里，與令徽分兵以禦之【二〇】。既接戰，藥師猶與之馳逐，令徽則仆旗滅鼓，望陣而降，大軍遂潰。藥師馳還，盡執羣僚，並劫其家以降，金人與之合從犯闕【二一】。（《三朝北盟會編》卷二四宣和七年十二月引）

宣和間，經營燕地，虜將郭藥師首來歸附，既得燕山，授以節鉞，專付兵柄，继加檢校師、傅官，賜第都城，寵數無虚日。藥師喜飲酒，尚醖絶品曰「小槽真珠紅」者，日賜一罇，置驛傳送。嘗至京師，召赴禁中，凡寢殿奥密珍奇之物，悉令縱觀，眷待優異如此。金人南侵，藥師率大將張令徽、劉舜仁俱叛，與之合從犯闕。既議和解，虜酋須索犒軍金帛數千萬，雖極竭力，不能充足。虜使云：「藥師嘗至宣和殿，見庫中金一塊數千兩者，何謂不足？」（《三朝北盟會編》卷二九靖康元年正月九日引）

【一九】亦契丹將舊官藥師之上　「將舊」，光緒本作「舊將」。

【二〇】分兵以禦之　「兵」原作「軍」，據光緒本改。

【二一】與之合從犯闕　「闕」原作「關」，據光緒本改。

金虜既破契丹，至燕地駐軍，約本朝自取幽州。於是童貫、蔡攸爲宣撫使、副【二二】，劉延慶爲大將軍。至盧溝，距燕城一舍，虜相李優約降延慶，遣鋭兵同郭藥師先入，蕭后並四軍大王者，尚守燕城。藥師等既入城，縱兵四掠，無復紀律。一夕，四軍大王以殘虜擊【二三】，王師奔亂而還，盧溝大軍聞之，亦潰。金人遂攻燕城，四面登堞，填壕撅城，爲纏道【二四】，徙樓櫓，反臨城中，須索掠取人物俱盡，乃還。靖康初，虜衆再犯闕，既登城，亦用此術。朝廷不悟，傳諭四方云：「金人登城，按甲不動。」以爲恩德。嗚呼！予尚忍言之哉！此事，傳記、兵書皆不載也。（《三朝北盟會編》卷九六引）

蔡京四入相。崇寧元年拜相，四年罷，大觀元年復入，三年又罷，政和元年復入，宣和初又罷。六年冬，王黼罷相，白時中、李邦彦並拜太、少宰。未幾，京東盜起，京黨閧然，以謂宰相望輕，乃詔京復總三省，許私第治事，三、五日一造朝。時京已八十，目盲不能書，足蹇，不能拜跪矣。其子絛用事，凡判筆皆絛爲之，仍代京禁中奏事。於是肆爲姦利，賞罰無章，黜陟紛紜。絛外兄韓梠者，驟用爲户部侍郎，密與謀議，貶逐朝士，殆無虚日。絛每造朝，侍從以下皆迎揖，附耳與語，堂吏抱文案，數十人從之。遣使四出，誅求採訪【二五】，喜者，令荐之，不喜，令劾之。中外縉紳，無不側目。先是，王黼作應奉司，總四方貢獻之物，以市權寵，於是效之，請置宣和庫。庫中置式貢司，司分諸庫，如泉貨、幣帛、服御、玉食、器用等，皆其名也。上自金玉，下及蔬茹，無不籠取。元豐、大觀庫及榷貨務

【二二】爲宣撫使副　「使副」原作「副使」，據光緒本改。

【二三】四軍大王　「大王」二字原闕，據本條補。

【二四】爲纏道　「纏」，光緒本作「踏」。

【二五】誅求採訪　「採」原作「探」，據光緒本改。

見在錢物，皆拘撥收椿，專事供進。次年四月，絛惡日著，二相不能舉職，絛兄攸發其奸狀，京罷，絛亦被譴。是年冬，金虜犯闕，得非將亂之兆耶！

蔡京久在相位，植黨擅權，無敢言其罪者。惟大觀中，再罷政後，中丞張克公一疏，及内翰林張閣一制，粗能數其過惡，天下傳誦。張克公疏曰：「臣先嘗論奏前宰相蔡京罪惡顯著，宜加嚴責，上答天戒，下慰人心，未蒙睿旨施行。苟依阿不言，非特負陛下之責，天下之人，皆有以責之矣。義當竭力，不敢但已【二六】。京頃居相位，擅作威福，權傾中外，濫錫予以蠹國用，輕爵禄以市私恩。謂財利爲有餘，皆出誕慢；務誇大以興事，肆爲騷擾。援引小人，以爲朋黨；假借姻婭，布滿要途。以至交通豪民，廣興産業，役天子將作，營葺居第，用縣官人船，般運花石。曾無尊主庇民之心，惟事豐己營私之計。若是之類，其事非一，累有臣僚論列，臣更不敢具陳。若乃名爲祝聖壽而修塔，以壯臨平之山勢；托言灌民田而决水，以符興化之讖語。致姪倍之告變【二七】，而繆爲心疾；受孟翊之訛言，而與之官爵。趙真欲輔之以妖術，張大成竊議其姦意，駭動遠邇，聞者寒心。此皆足以鼓惑天下，而爲害之大者。稽之古人，有一於此，必加嚴刑，而京兼有之，乃獨泰然，忽視朝廷，無復畏懼，人臣强盛，莫甚于兹。去歲東南諸路，皆罹旱暵之災者，乃其應也。聖恩寬貸，爲之保全，人心不平，而忿嫉之氣，充塞海内，星文變異，豈無意耶！蓋京之罪戾，積稔滋久，上賴聖德昭格，皇天眷祐，爲宗社之盛福，

【二六】義當竭力不敢但已　「已」原作「依」，據光緒本改。

【二七】致姪倍之告變　「倍」，光緒本作「俣」。

幸天下之生靈，於是星文再昭示其意，既嘗罷京相，消弭於前，則正京罪，誠有待於今日也。雖天之垂象，不當其事【二八】，應而當無所不戒【二九】。然京之罪未正，乃事之最可戒者也。始者，京再罷相，士民稱慶，以謂京去朝廷必矣。既寵以宫祠，又許其致仕，賜以蘇州南園，尚無去意。然以哲廟實録未畢，猶可爲説；今書已成，而去計杳然，是終不可去也。非天有以警悟陛下，則人力何能爲哉！臣聞之《書》曰：『天視自我民視，天聽自我民聽。』又曰：『天討有罪，五刑五用哉！』蓋天之視聽，因民而已，君之用刑，視天而已。臣願陛下順民心以奉天，體天道以用刑，暴正京罪【三〇】，以釋天下之疑，以爲人臣之戒，則和氣集【三一】，而災沴消矣。干冒天威，罪當萬死，伏望聖慈深察愚衷，特賜聽納，早降睿旨。」

張閣行責官詞曰：「政事所寄，尤嚴誤國之誅；人臣之奸，莫重欺君之罪。我有常憲，揚於大庭。太師致仕、上柱國、楚國公、食邑一萬二千六百户、食實封四千四百户蔡京，頃以時才，久膺柄任。兩冠臺衡之峻，三登公衮之崇。庶圖爾庸，以弼予治。而總秉衆務【三二】，出入八年。事寖紊於後來【三三】，謀悉違於初議。擅作威福，妄興事功，輕爵禄以事私恩，濫錫予以蠹邦用。借助姻親，密布要途，援引凶邪，合成死黨。以致假利民田【三四】，以決興化之水；託祝聖壽【三五】，而飾臨平之山。豈曰懷忠，殆將邀福，屢有告陳之跡，每連狂悖之嫌。雖謹上於印章，猶久留於里第。偃蹇弗避，傲睨罔悛，致帝意之

【二八】不當其事　「其」，光緒本作「具」。
【二九】應而當無所不戒　「當」原作「常」，據光緒本改。
【三〇】暴正京罪　「正」字原闕，據光緒本補。
【三一】則和氣集　「集」，光緒本作「格」。
【三二】而總秉衆務　「而」，光緒本作「乃」。
【三三】事寖紊於後來　「寖」原作「寝」，據光緒本、《宋宰輔編年録》卷一二與《宋大詔令集》卷二一二《蔡京降太子少保制》改。
【三四】以致假利民田　「田」字原闕，據光緒本補。
【三五】託祝聖壽　「託」原作「托」，據《宋大詔令集》卷二一二《蔡京降太子少保制》改。「壽」字原闕，據光緒本補。

未孚，垂星文而申譴。言章繼上，公議靡容，顧欲用恩，難以屈法【三六】。其褫師臣之秩，俾參宫保之官。姑慰群情，尚爲寬典。於戲！上天垂相，明罰所以彌災；人道惡盈【三七】，省躬所以引咎。往欽善貸，無重後愆，可特授太子太保致仕，依前楚國公，勳封食邑、實封如故。在外便任居住，仍放謝辭。」（《三朝北盟會編》卷五〇靖康元年七月二十日引）

王黼作相，初賜第相國寺東，又賜第城西竹竿巷。窮極華侈，壘奇石爲山，高十餘丈，便坐二十餘處【三八】，種種不同。如螺鈿閣子，即樑、柱、門、窗、什器，皆螺鈿也，琴光、漆花、欏木、雕花、鑲玉之類悉如此。第之西號西村，以巧石作山徑，詰屈往返數百步，間以竹籬茅舍爲村落之狀。都城相第乃有村名，識者以爲不祥。黼侍妾甚衆，有官封者十八人，八夫人，十宜人。（《三朝北盟會編》卷三一靖康元年正月二十四日引）

太學感化齋堂後，貯廊東西，各有叢竹，勢無不曲，自是一種也。（《竹譜》卷六《異形品下》引）

宣和間，王黼急於財用，以燕山免夫爲名，徧率天下，所得纔二千萬緡，而結怨四海矣。又令州縣取鹽課一年最高者，立爲定額，不許通融。虧欠及分釐，監司、守、令，一例黜責，於是計户索錢，猶不能給，羅織告訐，無所不至。犯法者不復行刑，但令買鹽，厚利悉歸大商，楚毒被於良民，逃移逋負，不可勝計。（《三朝北盟會編》卷三一靖康元年正月二十四日引）

宣和間，大閹李彦按行京西，始呼詔使，蓋唐敕使之稱。今以稱士大夫，誤矣。（《建炎

【三六】顧欲用恩難以屈法　「顧」，《宋宰輔編年録》卷一三與《宋大詔令集》卷二一二《蔡京降太子少保制》作「固」。「用」，光緒本作「留」，「難以」，光緒本作「用難」。

【三七】人道惡盈　「盈」，《宋大詔令集》卷二一二《蔡京降太子少保制》作「刑」。

【三八】便坐二十餘處　「坐」，光緒本作「作」。

以來朝野雜記》乙集卷一二《宣相詔使稱謂不典》引)

宣和末，虜寇既犯郊畿，淵聖既内禪，時予爲都司，詣堂白事。宰相白時中謂予曰：「方議改元，可撰數名。」予曰：「凡年號須有主意，今以何意爲主？」白曰：「當以和戎爲主。」予曰：「漢與匈奴和親，改元竟寧是也，然和戎止是一事。昔唐德宗遭變，議改元，李泌以謂唐家最盛如貞觀、開元，宜各取一字以爲法。本朝最盛者在仁宗朝，若於慶曆、嘉祐各取一字，以慶祐名年，則和戎在其中矣。」中書侍郎張邦昌曰：「此論固佳，但慶字頗類宫觀名額。」予曰：「自古以慶字名年者甚多。」中書舍人席益在座，曰：「祐字，亦類元祐。」予因作色，曰：「今外敵憑陵，國勢危弱如此，當丕變政事，純法祖宗，奈何尚拘元祐之禁！」右丞宇文粹中曰：「公但見示文字。」遂退。後數日，乃改靖康。

先是，上皇即位，改元建中靖國，諫官任伯雨疏，論以爲内難曰靖，不當紀元，譏宰相之不學。此近事，諸公豈不知耶！然淵聖登極，至都城失守【三九】，十二月，立康王【四〇】，乃今上受命之符，自康邸繼統故也。(《三朝北盟會編》卷二六靖康元年正月一日引)

靖康元年正月七日，金虜至都城，軍於城西十餘里，既稱和議。十一日，今上以康邸，故相張邦昌副之，出寓虜營，右丞李綱爲親征行營使，聚兵欲戰。二月朔，遣將官姚平仲等夜劫虜營，不捷。次日，綱罷政。五日，太學生陳東率其徒數十人，拜伏端門之下，獻書丐留綱，且有人唱言道路曰：「綱罷，虜入城矣。」軍民稍集，至午聚萬餘人，舁登聞鼓，擊

【三九】都城失守　「守」原作「實」，據光緒本改。

【四〇】立康王　「王」字原闕，據光緒本補。

之。中使朱拱之出宣問，即殺之。宰執李邦彦等自禁中歸都省，衆詢罵，欲毆，皆奔避，凡殺内臣三十餘人【四一】，亦劫數十家。六日，以綱知樞密院事。副樞耿南仲奏言：「率衆詣闕者【四二】，乃綱使令東輩數人【四三】，宜下御史府根治。」不從。虜既退，上遣大兵十餘萬，援太原，以綱爲宣撫使，固辭不行，至以告身納榻前，上怒甚，事叵測。簽書密院許翰與綱皆蔡京交黨也。翰執政，綱頗有力，密書「杜郵」二字以寄綱，綱即日承命。遷延久之，僅能渡河，居覃懷，去太原七百里，遥制軍事，多失機會。大將种師中世家宿將，黜其言不聽，師潰，种師中戰没【四四】，國兵自是不能復振矣。綱竟罷去，虜益無憚，再舉犯闕，二聖北狩。嗚呼！痛哉！（《三朝北盟會編》卷四〇靖康元年二月十八日引）

靖康元年，予守宋城。閏十一月初，虜騎既破拱州，初七日，遂抵郡城。前一夕，予夢有執盜於庭下者，形質魁岸，左目插矢，流血被體，既覺，頗異之。未曉，報虜寇至，既登城督戰。虜人以大車三乘裝載芻膏，縱火，逼南門，賊首被金甲，仗劍往來指呼。予於要地伏弩俟之，果爲效用邵曇者射中酋目，墜馬死，正如所夢。虜知不利，乃退。自是經月不近南門。其後得異龜於城隍廟中，大若車輪，高及三尺，蓋穹龜也。有骨尾九條，甲色正黄如蜜蠟，每甲刻一字，可辨者八，云「郭負放生，千秋萬歲」，餘不可讀。目光射人，頸鱗如錢，顧視不凡，真靈物也。始置之城隍廟中，郡人連日聚觀，予慮其惑衆，因言：「龜不食，豈思水乎？」投之南湖。繼又雷萬春廟有大赤蛇盤于香爐中，累日不動，時或舉首，

【四一】内臣三十餘人　「人」字原闕，據光緒本補。

【四二】率衆詣闕者　「衆」原作「中」，據光緒本改。

【四三】乃綱使令東輩數人　「令東輩」三字原闕，據光緒本補。

【四四】黜其言不聽師潰种師中戰没　「聽師潰种」，光緒本作「用」。

人莫敢近。予作文遣吏祭之，切責其賊犯城，不爲陰助，更出異物以怖人，何也？即日蛇出。與賊對壘，踰半年，城境獲全。實神之助也。（《三朝北盟會編》卷二一三紹興十四年正月引）

張邦昌以中書舍人使高麗。至明州，謁海神廟，夜夢神告曰：「他日當爲中國侍郎，但不可爲秉國大夫。」後十餘年【四五】，累拜少宰【四六】。靖康改元，金虜犯闕。正月九日，拜右相，後兩日，出質於虜營，與之俱回燕山。次年，都城失守，虜人立之，爲僞楚。（《三朝北盟會編》卷一〇五建炎元年六月三日引）

上皇於宮城東北起景龍門復道通禁中，每歲冬至後，即放燈，自東華門以北並不禁夜，徙民市行鋪夾道以居，縱博群飲，至上元後罷，謂之先賞。又於次東建寶籙宮，宮後累石爲山，以其在艮方也，號「艮嶽」，又改稱「壽嶽」。運四方花、竹、奇石，積累二十餘年，山林深高，千岩萬壑，麋鹿成群，樓、觀、臺、殿，不可勝計。最後，朱勔於太湖取巨石，高廣數丈，載以大舟，挽以千夫，鑿河斷橋，毀堰拆閘，數月，方至京師，賜號「昭功專慶神運石」。是年，初得燕地故也。勔緣此授節度使。靖康元年冬，騎虜再犯闕，圍閉日久，折屋爲薪，鑿石爲砲，伐竹爲笓籬，惟大石基址存焉。（《宋史全文續資治通鑑》卷一四宣和六年九月庚寅引）

靖康二年三月，金虜僞立故相張邦昌爲楚帝，師回，二聖北狩。四月初，范訥以北宣撫【四七】，趙野以北道總管，翁彦國以東南經制，趙子崧以宛丘太守，各提勤王兵，會於襄

【四五】後十餘年　「後」字原闕，據光緒本補。

【四六】累拜少宰　「少宰」原作「小鳳」，據光緒本改。

【四七】北宣撫　上當有脱字，范訥職爲河北、河東路宣撫使，《宋史》卷二三《欽宗本紀》有稱「河東北」者，疑上脱「河東」二字，至少當脱「河」字。

邑，邦昌皆以手書與之。時予留守南都，亦皆得一封【四八】。其外用内侍省印，不書名，内只一幅，云：「國家之變，可謂非常，昧陋所遭，亦云奇禍。」又稱「予堅守南都，力保鴻慶宫」。其末敘時令，云「某上」。予即收投書使臣繫獄，以狀繳書於大元帥府。（《三朝北盟會編》卷二一三紹興十四年正月引）

主上登極恩，視前爲厚者，不欲令赦恩薄於僞赦故也。（《建炎以來繫年要録》卷四建炎元年四月丁亥注）

建炎二年春夏之交，政府闕員。周武仲憲之吏書，予在翰林，王賓元將中司，同司讀講。元將經營甚力，至一旬九對，或一日再對。早朝以中丞職事，午間經筵留身。予與憲之累遭指摘，不敢求對。如是兩月，元將忽遷刑部，頗不樂，謁告十餘日，上遣人敦諭，始起。又數日，予忝右轄之命。（《建炎以來繫年要録》卷一三建炎二年二月辛酉注）

（建炎三年）正月間，王淵自揚州發大船十隻，皆是囊槖。杭人指言，淵去年平陳通等，先令供郡中富民所寄贓物，既盡誅之，悉取其家貲，又以所供文字一一追來，違拒者亦殺之，所取不可勝計。今船中皆其物也。内侍官搬家，舟亦數十隻，相繼到此，頗不循理，强占民居，强市民物，衆皆怨憤不能平。及聞車駕渡江，諸軍潰亂，張逵建議誘説諸軍，曰：「王淵爲都統制，不能捍賊，致此狼狽。前日先發金玉百船來，便有不守揚州之意。今車駕幸杭州，王淵必來，行見杭州又似揚州矣。若能殺淵，而取其物，及取内臣家計，可

【四八】皆得一封　「皆」字疑衍或誤。

人人致富。衆人共爲之，朝廷必不能偏罪。」姦謀蓋自此始。（《建炎以來繫年要録》卷二一建炎三年三月壬午注）

上初四日离镇江。（《建炎以來繫年要録》卷二〇建炎三年二月癸丑注）

三月一日至臨安，以晡入見。（《建炎以來繫年要録》卷二一建炎三年三月庚辰注）

劉光世下統制官王德、張和尚二軍合攻和州，城垂破，蠟丸先至德軍。是夜，德並殺張和尚而歸。（《建炎以來繫年要録》卷二一建炎三年三月丙申注）

（建炎三年三月）初四日，留身，奏葉夢得方除执政纔旬日，何为遽罷？上曰：「提领财用亦有例。」余曰：「頃在揚州，張慤以中書侍郎兼此事，至於自作酒肆，人以爲非體，遂罷。」上曰：「數日來，尚書論夢得知杭州過失三四十封，其間進士姓周人及其闔門，其言可駭，恐臺諫聞之不便。姑罷政事，且留他在此，待降出書本，令卿看。」余曰：「果如此，夢得豈敢復留？」上曰：「待他有請，卻與一郡。」夢得果請，除帥江西。尋降出士民所陳三十七書，歸堂。（《建炎以來繫年要録》卷二一建炎三年三月辛巳注）

建炎三年己酉二月三日，余爲中書侍郎，從車駕自瓜州渡江。四日早，宰執、侍從朝於鎮江府治中。上因諭召從官、諸將，同入堂議事。有中官來，云：「急宣兩府，即復馳詣行宮。」上曰：「適王淵奏來，乞速幸餘杭。云鎮江暫駐，止是照管得一處，若虜人自通州對岸過江，先據蘇州，奈何？不若錢塘有重江之險。適已議定，徑往杭州，此中諸事暫留卿處置。事定即來，更無文字。朕即今上馬，卿便治事。」余頓首曰：「臣敢不承命。」車駕既行，王淵在江下，遣人報之，令差三百人入城防守，三鼓方至，語部將楊沂中詰旦分差守倉庫諸門。時郡官皆不至【四九】。午間，聞通州梁永祖在近郭竹林寺，招之即來，付以郡事。六日，官吏、百姓稍稍入城，余率永祖，徧走坊市告諭，衆情遂安。十日至蘇臺，車駕未行，即作奏，有旨晚對【五〇】，具述鎮江事。上喜見眉采，差充平江府、秀州控扼使。

上曰：「卿是執政官，行事並如朝廷，不須更具晝一，卿必無過舉。」余拜謝。是日，車駕進發，繼得省劄，余加御營副使。月末，忽被召，抗章力辭，且請渡江之罪。至嘉禾，不敢進，又辭。王淵自平江來，云即被召，遂先去。中使高琳等三輩繼至，皆賚御筆趣行。

三月初一日，至臨安，黄、汪二相皆罷。是日，以晡時入見。初二日，告廷，除右相。初三日，朝退，方聚堂，得御批，王淵除簽書樞密院事，仍兼都統制。是夕，聞諸將不樂。初四日，留身，奏言：「王淵除命，諸將有語，陛下聞之否？」上曰：「如何？」余曰：「臣記得武臣作樞，有免進呈及書押劄子故事。今淵又兼都統制，於諸將尤有利害。臣欲罷淵兼官，免進呈、書押於故事，庶彌衆論。」上皆以爲然，即行之。歸堂，少頃，内臣康履來，傳宣既見，請屏人，出黄紙一小卷，展視字兩行：「統制官田押、統制官金押。」余謂：「此何謂也？」履曰：「軍中有謀變者，以此爲信號，從之者書其名於前，履家僕使有得之者，密以告。」余曰：「知其謀否？」履曰：「略知，期以來早即於天竺寺。適得聖旨，令朝

【四九】時郡官皆不至　「時」原作「防」，據光緒本改。
【五〇】有旨晚對　「有」原作「覆」，據光緒本改。

廷召王淵商議，爲備事作。方諭其意，田即苗也，金則劉也。詐言謀於城外以誤淵，使部曲出外耳。即召淵告之。」至暮，淵報曰：「已遣精卒五百人，使臣十人，將一員，今夜伏於寺側。」

初五日，早朝，右丞張澂留身曲謝【五一】，候於殿門。未久，澂倉皇至閤子，曰：「方奏事，內臣康履遽前，云街市軍士邀截行路，履馳馬獲免。」上見，詰問，傳旨復召二府至榻前。上令履說，履說如初，且戰慄不退。余曰：「宰執奏事，其他臣僚不當預，乞令履退。」余奏曰：「方今國步艱危，人情憂懼，正是姦宄作過時節，履說必有之，要須審於處置。中軍統制官吳湛嘗委伺察非常，今有報否？」上曰：「無報。」余曰：「湛在行內北門下營，乞遣人鞫問。」方令閤門官呼快行，召湛。忽報湛遣人奏急速事，令取文字，曰無文字，來人乞面奏。即呼入，云：「苗傅、劉正彥今早率手下人擐帶器甲，將爲教閱，忽把截街巷，不放人行。王樞密朝退，與正彥相逢，正彥手殺淵，鐵其首，與諸軍同來內前，要奏事，已閉門拒守。」上大駭愕，不覺起立。余曰：「既殺王淵，反狀已著，臣請往問之。」上曰：「卿即遣報。」既至門首，湛迎，語曰：「人已逼門，不可開。」遂登門樓，傅與正彥在前，張逵【五二】、王世修次之，諸校又次之，皆被甲，以長竿梟淵首，甲士擁其後。余抗聲曰：「汝等皆世受國恩，身爲將帥，一旦如此，欲何爲也？」傅、正彥仰首曰：「王淵渡江敗事，當誅，卻除樞密，黄潛善、汪伯彥作相誤國，行遣極輕。康履、曾擇陵侮諸將【五三】，

【五一】右丞張澂留身曲謝　「曲」原作「申」，據光緒本改。

【五二】張逵　「逵」原作「達」，據光緒本改。

【五三】陵侮諸將　「諸將」原作「將帥」，據光緒本改。

人人切齒。」余曰：「王淵誠有罪，安得專殺？黄、汪二相貶責，自有次第，見議再貶。二內侍作過，上不知耳，知之不容。今當奏陳，重作行遣，速率諸軍歸營。」二凶相顧未行，語管軍王元登樓。大呼聖駕來，黄繖遽前，二凶拜，諸將軍士皆唱喏。余退，迎上具奏。上曰：「何不退？問更有何事。」余又問之【五四】，二凶曰：「請誅履、擇。」上令吴湛呼康履，少頃至，王押出門【五五】，衆校即殺之，亦梟其首，與王淵首相對。擇下直，不在禁中。二凶又曰：「聞欲遣使金人，乞請太后垂簾聽政。」上曰：「太后意如何？」余曰：「自無此理。」門下侍郎顔岐曰：「若太后自諭之，則衆無辭矣【五六】。」上語岐曰：「卿往奏太后。」少頃，太后乘小輿至，不肯登樓。內侍報上，密語上曰：「太后欲出門諭諸軍。」執政皆以爲不可，曰：「方有此請，若爲邀出，奈何？」余奏曰：「必不敢，臣請從太后出，傳導語言，且觀羣凶之意。」上以爲可，即下樓，步從小輿出，至樓前。太后呼二凶至，講諭久之。二凶但言乞垂簾，庶於和議可成，使回無成，捲簾可也。忽聞上傳旨曰：「可依請。」衆皆羅拜稱謝。太后回，亦不登門，只於廊廡安置，諸軍尚不退。二凶復請，曰：「太后既許垂簾，乞尊主上爲太上皇帝，請皇子魏國公攝政，庶便和議【五七】。」余因垂泣而言曰：「凶逆之謀，一至如此，臣備員宰輔，義當死國。」指樓下曰：「此臣死所也。臣乞下樓面語二凶，開諭三軍，二凶所恃人衆耳，三軍見從，即無事，不然，不過殺臣。」上俛首沈思，曰：「卿欲如何開諭？」余曰：「臣今先問，所請何意，彼必曰爲和議，又問，出於二將

【五四】余又問之　「余又」，光緒本作「令余」。

【五五】王押出門　「王」字原闕，據光緒本補。

【五六】則衆無辭矣　「無」字原闕，據光緒本補。

【五七】庶便和議　「便和議」，光緒本作「使和議可成」。

與幕府耶【五八】？或出於軍衆耶？彼必曰出軍衆。則答曰如出諸軍，當親往徧問，既入其軍，則可以忠義利害諭知之矣。」上曰：「凶焰如此，卿往，必不全。既殺王淵，又害卿，將置朕何地？」余即雨泣，伏地曰：「事變如此，臣無解紛之策，欲盡死節而已，不能保死後事也。」上揮左右稍卻，附耳曰：「朕今與卿利害正同，宜復圖之【五九】，不成，死亦未晚。」余嗚咽不能言【六〇】。上令傳詔從議【六一】，復令李邴取紙筆，親書數字與之。樓下皆呼拜，諸軍欲退。余揮淚奏曰：「臣終當下樓，一問諸軍。」上曰：「卿勿輕發。」余曰：「臣不敢不慎。」即趨出，呼諸軍近前。二凶先至，余因更喚幕官【六二】、將佐、使臣、軍校等，來者數百人，駢首爭聽。余曰：「二將此举，諸軍知之否？」應曰：「知。」又問：「此事出於忠義爲國耶，或别有所圖？」應曰：「忠義爲國，欲定和議。」余又曰：「金人興兵，近在江岸，和議成與不成，固未可知。」衆曰：「更在朝廷措置。」參議官王鈞甫欲前，復退。余曰：「王參議有何説？」鈞甫出曰：「今日之事，二將忠有餘，而學不足。」余曰：「果是忠於國家，别無奸謀，自今已後，循守法令，聽朝廷指揮。若有强横鼓衆不法之人，不得容庇，諸軍共誅之。」皆曰：「諾。」衆遂退。

初九日，鈞甫來，與語。余遽問曰：「前日樓下言『二將忠有餘，而學不足』，何謂不足？」鈞甫逡巡，曰：「如劉將，手殺王淵是也。」余又曰：「此事，軍中以爲是爲非【六三】？」鈞甫曰：「亦有以爲非者。」余曰：「賢言學不足，必是以爲非。」鈞甫致謝。余曰：「道君

【五八】出於二將與幕府耶　「耶」，據光緒本補。

【五九】宜復圖之　原作「若復國」，據光緒本改。

【六〇】余嗚咽不能言　「余」，光緒本作「於是」。

【六一】上令傳詔從議　「議」原作「謀」，據光緒本改。

【六二】余因更喚幕官　「因」原作「曰」，據光緒本改。

【六三】軍中以爲是爲非　「以」字原闕，據光緒本補。

皇帝待燕士如骨肉，一旦兵難，此輩無一人能效力者【六四】。古人云『燕趙多奇士』，殆虛語耳。」鈞甫曰：「不可謂燕無人，只謂朝廷未劄得脚。」余曰：「未劄得脚，只未可與虜角力【六五】，自治豈無策乎？以主上天資英睿，春秋鼎盛，尚劄脚未得。虜營近在江北，太后抱負聽朝，將來秋深，事當何如？」鈞甫曰：「這箇則甚可憂。」余曰：「賢與馬參議皆燕中知名，曾獻策要滅契丹。今金人所任信人，多是契丹舊人，若能渡江，必首先來取賢二人，須早爲朝廷協力，爲劄脚之謀。」鈞甫唯唯。

是日，上幸别宫故相劉正夫第也。繼有旨，稱睿聖太上皇帝仍以睿聖爲宫名，宰執、百官皆從，侍衛如儀。

十四日，張浚自平江遣進士馮康國持奏并申都省【六六】，乞主上貶損位號，柔服虜情。次日，二凶白：「當遣使議和，不可緩。」余曰：「已議定，朝夕行出。聞得虜砦有在淮、揚之間者【六七】，未知酋長何在？須遣小使尋訪報信。今欲外召二使，先遣一小使報信【六八】，如何？」皆曰：「善。」遂擬定，召王孝迪、盧益，枢密院准備差遣小使。

次日早朝，奏陳遣使事，極有可慮。太后曰：「豈能便和？」余曰：「今虜騎留於江北，秋中必謀渡江。近日事，彼必探知，虜意欲國家安治乎？危亂乎？必欲其亂，可以乘隙吞噬。若不遣使，二凶必謂元請和戎【六九】，既未遣人請和，安知不可？若遣使，虜必僞許，挾二凶之變，劫持其事。二者皆害反正。臣曾深慮，昨日與執政共議，託以不知

【六四】此輩無一人能效力者　「此輩」原作「至此卒」，據光緒本改。

【六五】只未可與虜角力　「只」字原闕，據光緒本補。

【六六】馮康國持奏并申都省　「奏并」原作「文」，據光緒本改。

【六七】虜砦有在淮揚之間者　「淮揚」，光緒本作「揚楚」。

【六八】今欲外召二使先遣一小使報信　此句原闕，據光緒本補。

【六九】元請和戎　「戎」原作「我」，據光緒本改。

虜酋所在，先遣小使，則臣之謀也。」太后曰：「吾未曉，卿但説。」余曰：「所召二使，皆在近處，見行在新遭事變，必未敢來，必有辭免，遣人來朝廷體問，臣當諭使力辭。先遣小使，擇一可委人，令到平江，訴於吕頤浩等，曰朝廷硬差來，實不願往，乞留軍中，頤浩等必欣然留之。如此則名爲遣使，其實不行，可以杜塞二凶之謀，免墮虜人之計。」太后喜。

已而盧益果遣人來問召意，余諭使力辭。孝迪不辭而來，依舊除中書侍郎。遣迪功郎胡樞充小使，密戒之，至平江，果不行。（《三朝北盟會編》卷一二五建炎三年三月五日癸未引）

（建炎三年）三月十四日，張浚在平江，遣進士馮康國持奏，並申都省，乞主上貶損位號，柔服虜情。康國參曰：「本蜀人，張侍郎相從多年，今蒙勤王所差，賫奏狀。」余曰：「想見平江傳報不一，今得賢來，見城中次第，可以歸報。」翌早，簾前留身，奏言：「張浚遣進士馮康國持奏狀來。」太后曰：「已見狀中無事，昨夜降出。」余曰：「奏狀固無事，意欲令康國偵伺城中。浚僚屬甚多不遣，遣布衣來，且康國自言與浚皆蜀人，相從日久，或欲成就官爵耳。」太后曰：「有何功勞，便要官爵？」余曰：「昨夕思之，賊氣已讋，大事有緒，所乏者英威，正當張大外援。今召康國引對，太后面加慰勞，優與恩數，二凶知外援之盛。康國回，賜浚優詔，使平江知時事之順，中外合勢，事乃易圖。」太后曰：「與何官？」余曰：「乞授通直郎，仍除郎官，賜緋章服。」太后曰：「甚好。」明日引對，悉與之，除兵部員外郎，遣回。（《建炎以來繫年要録》卷二一建炎三年三月癸卯注）

三月十五日，二凶堂白曰：「某等日前有二劄子，乞改年號，移蹕建康，未蒙施行。昨晚再入奏，今納副本。」余曰：「聞平江勤王所乎？」皆云聞之。「馮康國來，頗知其詳，今若往建康，諸軍相遇如何？」二凶不語。余問執政，皆曰：「必不靜。」余曰：「如此，則又是一重變。」二凶曰：「若不動，江上防秋如何？」余曰：「此則已有愚見，正要與諸將議定。某欲以見任官職，乞充都節制使，乞於行在諸軍中，取二萬人至平江，更揀一萬人，將至江上，於建康上下分布屯守，以爲藩籬。相度事宜，徐議行止。」正彦曰：「建康用武之地，願得從行，留苗統制防護行在。」余曰：「公豈可行？適來説平江相遇必不静，正慮諸將不相下，某獨往，必無事。」二凶唯唯。復曰：「遣使議和，不可緩。」余曰：「已議定，朝夕行。雖聞虜呰有在揚、楚之間者，未知酋長何在，須先遣小使尋訪報信。」二凶又曰：「年號莫須早改。人言建炎多盜，炎字是兩火，況亦只是虚名，無甚利害。」余曰：『既無利害，何必改正？恐後卻有利害。」遂退。食後與執政聚議，因問：「早來二將白事，某應答無錯否？」皆曰：「無錯，惟年號事，彼似不曉。」余曰：「遣使議和，雖是樓前假託之言，若無以塞之，亦慮藉口惑衆。今後外召二使，先遣一小使報信，如何？」皆曰：「善。」遂擬定，召王孝迪、盧益，密院準備差使中差小使。

次日，早朝，奏陳批旨，班退，留身，奏言：「昨日二凶到堂，催幸建康、改年號、遣和議使事。適已得旨，尚有曲折，更合條陳。移蹕事已如此答之，彼恐奪其軍，必不敢復言。年號亦不曾許。」太后曰：「再有奏狀，方待降出。三事中，惟年號稍輕，若全然不從，卻恐别致生事。」余曰：「賊已無能爲，反正事今則人人能言之，朝夕王世修等來，必見底裏。惟遣使事，極有可慮。」太后曰：「豈能便和。」余曰：「今虜騎留於江北，秋冬必謀渡江。近日事，彼必探知，若遣使，虜必僞許，挾二凶之變，皆害反正，其將奈何？」太后泣曰：「老身豈能處置如此難事？天若未絶吾宋，相公必有謀畫。」余曰：「事誠可憂，然不必煩涕泣。臣曾深慮，昨與執政共議，託以不知虜酋所在，先遣小使，即臣之謀也。」太后曰：「吾未曉，卿但説。」余曰：「所召二使，皆在近處，見行在親遭事變，未必敢來，必有辭免，遣人來朝廷體問，臣當語使力辭。先遣小使，擇一可委人到江，訴吕頤浩等曰：朝廷硬差來，實不願往，乞留軍中。頤浩等必欣然留之，如此則名爲遣使，其實不行，可以杜塞二凶之謀，免墮虜人之計。」太后喜曰：「天生相公，救此患難。」已而盧益果遣人來問召意，余諭使力辭，孝迪不辭而來，依舊除中書侍郎。遣迪功郎胡樞充小使，密誡之，至平江，果不行。（《建炎以來繫年要録》卷二一建炎三年三月戊子注）

晚朝，留身奏言：「自事變以來，今十餘日，能爲朝廷之助者，從官中惟兵部侍郎、直學士院李邴，諫議大夫鄭瑴。邴舊爲内翰，今乞再除，瑴乞遷御史中丞。」太后俱以爲可。復奏曰：「遭此異變，士大夫在朝者，固是不幸，然須蒙恥奮身，共濟艱厄。如中書舍人林遹、刑部侍郎衛膚敏，皆杜門不出，意欲坐觀成敗，是何用心？所以乞稍遣二人，以爲激勸。」（《三朝北盟會編》卷一二五建炎三年三月五日癸未引）

三月十六日【七〇】，王世修見余曰：「事已有成，容子細稟覆。累日與二將、諸幕議論，大抵以軍中人情、中外公論，反復曉諭朝廷。若舉反正之義，無敢不從，惟是二將所陳，未有一事得請，頗以爲言，如年號等事，昨日再入文字。」語未畢，呈内降文字，乃二凶所奏，紙末批云：「第三奏，可改元明德或明受。」以示余【七一】，余即示世修曰：「已從請矣。」世修曰：「且告少留此奏，來日降下，今還軍中，言已爲論改元事【七二】，庶於世修無疑。」後兩日，改年明受。又曰：「二將甚愚，不難制，惟張逵最乖。」因議及請復辟，言上還宫，乃曰：「本爲議和，今使猶未遣，豈可輕議迎請。」余曰：「虜人近在平江，比日已遣小使，使路若通，非久便見可否。」胡樞密遣人賫狀來云：「至平江府，爲勤王人所拘留，文字亦取去。」余令徧呈執政，及二凶與幕官到堂，示之，自此使議遂息。

十三日，余留身，奏曰：「六人者已引遍，奏對何如？」太后曰：「問勞勸勉，皆如卿言。」苗傅劄子乞改年號，劉正彦劄子乞移蹕建康，待降出文字。」余曰：「移蹕豈可遽議？虜人皆在對岸，沿江並無準備。臣前離平江，有兵四千餘

【七〇】三月十六日　「十」字原闕，據光緒本補。

【七一】以示余　此三字原闕，據光緒本補。

【七二】言已爲論改元事　「已爲論改元」原作「以論改年」，據光緒本改。

人，不敢擁兵赴召，並留與張浚。後來王淵歸，卻令張俊去，將得千餘人去。余聞吕頤浩、張浚糾集勤王兵馬，即是此數，更有續添人如劉光世部曲，共不過萬人，此時正賴他外援聲勢。苗傅等一軍，恰有二萬五千人在杭州，歇泊日久，舟檝、器械甚備，若移蹕相遇，必致交戰。萬一勤王以人少不利，則賊勢益張。既在道路，奸謀叵測。」（《建炎以來繫年要録》卷二一建炎三年三月己丑注）

臣期以旬日復辟，必有次第。乞因张夫人密奏主上。（《建炎以來繫年要録》卷二一建炎三年三月己丑注）

余語執政曰：「已備下，昨夕先與老母别矣。」諸公曰：「何謂也？」余曰：「他日當知之。」親兵將官徐建者，引首屢探堂中，余曰：「此即下策所用之人也。是日，宫中、堂門皆密爲備，二凶若敢不從，闔兩重門盡行剿戮，然後單騎至諸寨招附。儻或見害，其爲死所，不亦大乎？不敢遽如此者，慮既誅之後，招附既定，固無事，萬一更有變亂，不可知耳。」諸公皆曰：「非所及也。」（《建炎以來繫年要録》卷二一建炎三年三月丁未注）

三月十六日，王世修見余於私第。余謂曰：「賢能辦此，便取旨除六部侍郎。」诘旦早自留身，具奏世修语，太后曰：「若能成功，何止侍郎？雖執政亦可除也。」

二十八日，世修持奏狀來。余奏曰：「事已成。世修先許除從官，欲令次日除工部侍郎，晚朝引見，面賜金帶，使來早立本班，以示迎請之人。」太后欣然從之。（《建炎以來繫年要録》卷二一建炎三年三月丁未注）

十六日，王世修見余於私第。诘旦，早朝留身，具奏世修语。是日午間，二凶到堂曰：「闻韓世忠領千餘人來秀州，出言不善。」余曰：「出何言？」二凶曰：「欲屠戮杭州一城人。今欲遣統領官苗瑀將三千人，拒之於崇德縣。」余曰：「瑀是何人？」傅曰：「舍弟。見充軍前將官，極驍勇，平日不伏世忠，願去對敵。設使交兵，必擒世忠來。」余大笑曰：「公等何言之誤也！世忠誰家將？所部誰家兵？豈可苟聽少年輕鋭之言，而不顧國家大利害乎？平江勤王兵馬甚盛，聞此中寧静，朝廷經畫軍中聽順，故遲遲其來，借使瑀能勝世忠，大軍必繼進，彼此疑阻，玉石俱焚矣。」少頃，瑀至，問：「何故欲出兵爲國生事？」瑀曰：「世忠向日揚州統兵四萬餘人，運糧十餘萬石，三軍戰馬往往奪去，行至淮陽軍，聞金兵南來，不戰而潰。近日將四千餘人自蘇州界渡江來，敗事如此，自當誅戮，尚敢妄言毁辱諸將！瑀實不平，欲往擒之。」余曰：「國事既平，方可正罪，彼方稱勤王，遽遣兵擊回，即賢先有罪矣。」瑀曰：「若突至城下，豈不驚擾？」余曰：「朝廷當任責，賢無慮。」左右報已迫晚朝，遂揖退。（《建炎以來繫年要録》卷二一建炎三年三月辛丑注）

二十日，上下人情翕然和同，軍民皆言當反正。

二十一日，世修至，云：「軍中已定，便可下詔。」余曰：「事固已定【七三】，亦當速行【七四】，然迎請車駕，須有禮儀及奏章、書詔之類，先須執政議定，又須擇一吉日。」忽平江傳檄，指名二凶之惡，來人以數十本傳城中。二凶得之，忿怒，相從至堂，出檄文曰：「某等前日之請【七五】，欲和金人，以息兵革，本期大使回【七六】，見得虜情如何，別作商議，無何大使不來，小使不通，方聽朝廷措置，今勤王傳檄，直以某等爲逆賊，實不能堪。欲率本軍徑至平江，與諸將理會了，卻來迎請，庶顯本心。又聞此檄出張浚之意，辭氣忿戾，與常日不同。」余曰：「既知是張侍郎之意，渠便可罷之，以兵權付呂樞密【七七】，必無事矣。」於是衆退。晚朝，具奏批旨云：「罷浚禮部侍郎。」後浚來，首語余曰：「前降罷命，知非朝廷意，即時毁卻省劄，棄之江中。」余曰：「方是時，反正事垂成，凡有益於此者皆爲之，不特此命也。如黄、汪二相再貶，亦是此意。」浚與黄潛善深知，故併告之。於是，召李内翰邴、張直院守分作宰執、百官奏章，三奏三答詔，及率百官迎請詔、太后手詔並赦文。（《三朝北盟會編》卷一二六建炎三年三月引）

【七三】事固已定　「已」字原闕，據光緒本補。

【七四】亦當速行　「行」字原闕，據光緒本補。

【七五】某等前日之請　「前」字原闕，據光緒本補。

【七六】本期大使回　「大使」原作「使人」，據光緒本改。

【七七】渠便可罷之以兵權付呂樞密　「之以」原作「彼」，據光緒本改。

平江檄書至，二凶怒，此時檄書猶未草，蓋因浚答書爾。若檄書，則吕頤浩自爲盟主，賊不應言吕樞密曉事矣。（《中興小紀》卷五建炎三年二月丙申，《皇朝中興紀事本末》卷八下）

二凶言韓世忠自江北敗歸，部曲無百人，卻於張俊處借得雜兵五、七百人。（《建炎以來繫年要録》卷二一建炎三年三月戊戌注）

三月二十日，上下人情翕然和同，軍民皆言當反正。二十一日，王世修至，云：「軍中已定便，可下詔。」余曰：「事固定，亦當速爲之。然迎請車駕，須有禮儀及奏章、書詔之類，先與執政定議，又須擇一吉日，大抵事垂成，當内急而外示閑暇。公自此每日來相見，余思之，二凶雖已聽順，未曾於都堂顯白指揮。迎請合有章表，二凶亦須自作一狀語執政，皆曰善，方議擇日。」忽平江傳檄，指名二凶之惡，來人以數十本傳城中，二凶得之忿怒。蓋自遭變故，五日而得鈞甫，八日而得世修，半月事定。二凶雖不敢違，中心不無疑懼，洎得此檄，便作事端，欲遲留迎請大事。六人相從出檄文曰：「某等前日之請，欲和金人，以息兵革。本期人使回見，得虜情如何，别作商議。無何大使不來，小使不通，方聽朝廷指畫。今勤王所傳檄，直以某等爲逆賊，實不能堪。欲率本軍徑至平江，與諸人理會了，卻來迎請，庶顯本心，及欲先作一檄以答之。傳聞勤王所於民間率斂錢物，不可勝計，以犒設爲名，恣行分受，朝夕飲會，無憂國之心。既言大軍已集，何不來？韓世忠向自江北敗歸，部曲無百人，卻於張俊處借得雜兵五六百人作前軍，來秀州，意欲反正後，自以爲功，掩其前過，今已多日，恐人議論，故作此檄，且做行遣。又聞此檄出張浚之意，辭氣忿戾，與常日不同。」余大駭，且難爲答辭，沉思而諭之曰：「公等方以此檄爲非，卻作檄文報答，朝廷在此，而軍中以檄相罵，國亂可知矣。二統制可謂名將世家，與起行伍不知事體者不同，先太尉所爲各如何？能遵家法即是報國。」二凶稍有悦色，傅曰：「乞朝廷回此檄。」余曰：「何必回，既知是張侍郎之意，渠便可罷以兵樞付吕樞密，必無事矣。」世修進曰：「檄文詆罵實不堪。朝廷若行遣張浚，爲軍中雪恥，勝如答檄文也。且吕樞密極曉事，又是執政官。」余曰：「今晚奏太后，取旨行遣。」於是衆退。晚朝具奏，太后亦大駭，曰：「事已成，觸動後怎奈何。」批旨，罷浚禮部侍郎。（《建炎以來繫年要録》卷二一建炎三年三月辛丑注）

二十六日，執政聚議，召二凶【七八】。二十七日，令行守司發帖子【七九】，請召諸公，皆危之。少頃，人回，曰：「皆來。」既見，余曰：「反正事已定，擇日迎請，朝内百官皆有章奏，公等可便作之。」傅面頸發赤，慚恧無語，回顧正彦。正彦起曰：「前日所請，本爲和戎。今雖平江使命不通，未曾別差人【八〇】，別路前去，首尾及一月，卻請反正，與前後事體相違【八一】。」余厲聲曰：「如公之説，正不相違。本爲和戎，而不可通使，更何所待？若不由平江，他路遣使，緣事已張露，其誰不知！州縣亦必邀留，虜人只在江北，今已二十餘日，彼必探知子細。平江日稱勤王，餘杭尚未反正，兩相疑阻，虜若乘隙，不待秋冬，徑渡衝突【八二】，諸軍奔潰，國家束手受斃，皆二將爲之也。又安知内外無忠義豪勇之士攘臂唱義，立定亂之大功者乎！前日王淵不當爲簽書，人情尚能如此。今日事，孰爲輕重哉！若前後相違，今能因衆以請，猶是救得一半。招諸公説諭，乃是要得上下和同。不然，下詔率百官、諸軍請主上還宫，公等六人措身何地乎【八三】？平時爲將帥者，皆賴國家官爵、俸禄、號令、法度，故能使人，一旦是非曲直既明，雖三尺童子亦知去就，將校、軍士今則必難誑惑，今日之事不可旋踵。請於幕次草奏。」日已高，令堂廚具食。前一日，預於廊下設幕次，紙劄皆備，食畢送茶。且覘之人回云，世修草奏，張逵共看，二將無

【七八】召二凶　「召」原作「詔」，據光緒本改。
【七九】令行守司發帖子　「行守司」，光緒本作「有司」。
【八〇】未曾別差人　「曾」原作「會」，據光緒本改。
【八一】與前後事體相違　「與」字原闕，據光緒本補。
【八二】徑渡衝突　「衝突」二字原闕，據光緒本補。
【八三】公等六人措身何地乎　「乎」字原闕，據光緒本補。

語，少頃持來。

二十九日，下詔即朝别宫。累日陰晦，至是開晴，人情大和悦。申後，二凶來私第，稱有稟覆事。見之，云：「某等自初五日樓下陳請【八四】，後來未曾見上，來早當迎請。即今欲隨相公一到别宫，見上謝過。」

三十日五更，赴睿聖宫。比曉畢集，率文武百官數百員伏殿下，餘人立殿門外，三奏進封，三賜批答，答詞前一日所進也。久之，上方御殿，拜舞山呼，聲聞數里。二府升殿，余奏曰：「日已巳時二刻，乞駕興還行宫。」上猶遲遲。余又奏曰：「導從侍衛自五鼓集此，已過進膳，乞趣駕，未審乘輦，乘馬？」上曰：「乘馬。」就西廊，余搢笏，掖上就鞍，軍民從觀，往往登屋，夾道歡呼，焚香如雲。至行宫，御殿閣門，以次引班，拜訖，皆退。是夜，二府宿堂。

四月初一日，百官早朝，奏曰：「二凶未有以處，欲與遷官，除淮南西路制置使，令將部曲赴任。」上曰：「淮南有金人否？」奏曰：「東路有之，指揮内便與説破【八五】，如所部州縣有金人占據，但於沿江駐軍【八六】，相度渡江，仍不候授語起發【八七】，二將許入辭，餘悉免。」上皆可之。（《三朝北盟會編》卷一二六建炎三年三月引）

四月初一日，奏二凶欲除淮南制置使。命下，即遣人説諭云：「勤王兵馬，朝夕必來朝見，恐手作人住閙，須是速行，但得離此百里，正其罪以討之。」上曰：「待喚來敦遣。」余曰：「極善。」（《建炎以來繫年要録》卷二二建炎三年四

【八四】樓下陳請　「請」，光緒本作「情」。

【八五】指揮内便與説破　「内便」原作「内使便」，據光緒本删「使」字。

【八六】但於沿江駐軍　「但」，光緒本作「俱」。

【八七】仍不候授語起發　「授語」原作「受告」，據光緒本改。

月庚戌注）

初二日，早朝，捲簾，上獨斷如故。

至晚，二凶來見，云：「昨日已入辭，蒙恩賜金，軍伍已發。乞今夜勿閉城門，庶得一日發絶。」是夜，數處縱火，而大雨傾注，火不能起。復出一劄子，乞賜鐵券。余曰：「故事有之，不講久矣。」取筆面判，奏待給賜，令所屬檢詳故事，如法鑄造，不得住滯。又曰：「王世修尚可從軍否？」余曰：「渠爲從官，豈可復參謀。」又曰：「兩日並不相見。」余曰：「恐是拉行【八八】。」是夜三鼓後，人馬出盡。（《三朝北盟會編》卷一二六建炎三年三月引

初二日，余出劄子，乞將三月初五日已後，四月初一日已前，應朝廷行事，並取索看詳，可行者存之，不可行者罷之，可疑者推治之。上曰：「俟如卿所請。」批旨行下。至晚，二凶來見，三更後，人馬出盡。（《建炎以來繫年要録》卷二二建炎三年四月庚戌注）

初二日，捲簾，上獨斷如故。余留身奏曰：「復辟之功，盡出太后，宜有尊崇。」上曰：「如何？」余曰：「宜尊爲皇太后，皇子亦合有恩禮，宜立爲皇太子。」次日俱有詔，如所請。（《建炎以來繫年要録》卷二二建炎三年四月戊申注）

初三日，押赴朝，郎官傅宿來漏舍，白急速事。宿曰：「昨夕得省劄，給賜二將鐵券，此禮本以待有功，今可給乎！」余展劄子，請執政同看，問宿曰：「檢詳故事，檢得否？」曰：「無可檢。」又問：「如法製造，其法如何？」宿曰：「不知也。」又问：「如此可給乎！」執政皆笑，宿曰：「已悟矣。」（余既去朝，後數日見邸報，宿論功遷一官。）上曰：「昨日城上，望郊外水際有舟船火炬，朕遣人墜城探之，乃韓世忠部下先鋒陳思恭船，泊

【八八】恐是拉行　「恐是」原作「是恐」，據光緒本改。

水中，不敢近岸。去人問之，但云：『苗統制去也未？』勤王兵乃如此。」余曰：「勤王兵不爲無助，只要他作聲援，如遣馮康國來，及拘留小使之類皆是。儻或兵至城下，勢必交戰，勝負固未可知。設使戰勝，二凶必生奸謀，以保護爲名，分守兩宫，勤王兵雖勝，如何措手？相持不勝，則禍變叵測矣。此國家利害也。如論臣寮利害，則在城者甚危，而難爲功；在城外者甚安，而易取名。檄云：『當與天下共誅之。』此雖大義，然事若至此，雖誅何救？度諸人朝夕必來，臣則去矣。望陛下試以此意諭之，看有何説。仍望速令分路襲擊，勿令過江，既過江則難討也【八九】。」

初四日，求罷。午間，報韓世忠部將佐陳思恭、孫世詢等至，皆以塵土蒙面，破裂衣裳，亦有面頰封藥如金瘡者。州人指笑曰：「舟行未嘗有塵，不曾戰鬬，何故傷損？」皆奔趨禁門，欲直入，衛士呵止，遂大呼，毆擊而入。倡言曰：「韓太尉使來拆簾。」徑至殿門【九〇】，呼叫不已。上大驚，遣人引至殿廷，望殿上無簾，慚怍而退。至晚，吕頤浩等皆至。

初五日，二府奏事方退，留身奏曰：「陛下既許臣罷去，乞早賜處分，臣自此不復敢赴朝。」上曰：「卿拜相方三日，事變遽作，賴卿之力，二十五日【九一】而事平。以卿平難之謀，用圖恢復，必有所濟。」余曰：「臣若不去，人必謂有所蒙蔽，臣去之後，公議乃見。今中司闕官，乞陛下選除從官知事者爲之，庶幾議論得實。」上曰：「誰可？」余曰：「中

【八九】既過江　此三字原闕，據光緒本補。

【九〇】徑至殿門　「殿門」原作「門殿」，據光緒本改。

【九一】二十五日　「五」字原闕，據光緒本補。

書舍人張守，見直學士院，自李邴遷執政以後，書詔皆出其手，日至都堂，頗聞謀議。且臣累聞聖訓，謂守作言官，論事得體。」上曰：「即有除命。」上又曰：「朕與卿相知，今暫聽卿去，然孰可繼卿者？」余曰：「以時事言之，須吕頤浩、張浚。」上曰：「以謂勤王有功耶？城中安靜數日方至。」余曰：「嘗論奏外援不爲無益，不必先到城下。若以二人作相，則諸將必喜。」上曰：「且除一人，二人孰優？」余曰：「知臣莫如君。況命相大事，臣何敢優劣！」上曰：「第言之。」余曰：「頤浩練事而粗暴，張浚喜事而疏淺。」上曰：「俱輕，浚太少年。」余曰：「陛下若以浚爲少年，且除近上執政官。向日臣自蘇州被召，軍旅錢穀，悉以付浚，後勤王所事力皆如此【九二】。此舉浚實主之。」上曰：「然。」又曰：「卿欲何往？」余曰：「聽命而行，不敢有擇。」上曰：「除卿藩帥【九三】。」奏曰：「臣聞命，即出城，乞免謝辭。」上曰：「莫不當免否？」余曰：「除目内帶下合免，即是責命，若奏陳乞免，即是從請。」上曰：「甚好。」又兩拜辭上，將退，上曰：「即今便押卿赴都堂。」余曰：「蒙陛下恩遇之厚，體貌已全，乞免此禮。」上曰：「有説。卿到堂少待，令吕頤浩、張浚、劉光世、韓世忠、張俊皆參堂，以正朝廷體面。前日將佐直撞入内，毆打衛士，叫呼無禮，皆不知道理，此風不可長也。」余曰：「頤浩自是赴堂供職【九四】，陛下既以朝廷禮法爲訓，臣不敢違。臣聞唐李晟平朱泚之亂，奏云：『謹以肅清宫禁，祗奉寢園。』當時寇汙宫禁，晟擊出之，故云『肅清』。今陛下還宫已數日，將士直突呼叫，至入殿門，誠是不知道

【九二】後勤王所事力皆如此　「所」字原闕，據光緒本補。

【九三】除卿藩帥　「藩帥」原作「帥藩」，據光緒本改。

【九四】頤浩自是赴堂供職　「自」字原闕，據光緒本補。

理。」上曰：「極是。」余曰：「臣至堂，只見諸將畢，便去。」須臾到堂【九五】，諸人皆至。光世曰：「禮合公參。」世忠云：「金人固難敵【九六】，苗傅處只有些箇漢兒，怕他做甚？」余曰：「請太保急追討，無令過江。」歸，得御筆：「張浚除中大夫、知樞密院，張守除御史中丞。」

至晚，鎖院，宣召直院王綯，翊日宣制，頤浩右相，余觀文殿大學士、知洪州。即奏乞免謝辭，徑之城外接待院。先因渡江，盡棄囊橐，一簪不存，至是隨行，惟一布囊，負之而趨。路人皆笑，又有歎息見憐者。中書省吏賚機密文字黄袋來納，余令當面開示，有二凶請劄子不曾施行者十八紙，具奏繳納。

次日，内臣康谞來傳宣曰：「謝辭，依奏已免。」又出手詔獎余，令繳劄子，且改除知平江府。即作奏，乞依前守洪。隨行親兵七十人，以道路尚難，乞將至新任。附谞代奏，并别作一劄子，謝賜獎諭。手詔云：「朕覽卿所奏苗傅等申請朝廷不曾施行事十八紙，卿任宰司之三日，變起倉卒，方群凶肆虐，刦制上下，圖謀爲逆。卿在廟堂，能折姦言，拒而不行，保安兩宫，卒以無虞，雖曰在外大臣、將帥提兵入援，實卿謀慮周密，終始保護之功，朕甚嘉之。已除卿觀文殿學士、知平江府，蓋朕將幸建康，以援中原，倚大臣爲屏翰，委任重矣。故兹親筆示諭【九七】，想宜知悉。」

初八日，閤門官張泰送詔來，依舊守洪。遂過錢塘江，於越州治行。繼聞遺給事周望

【九五】須臾到堂　「須臾」，光緒本作「頃之」。

【九六】金人固難敵　「敵」字原闕，據光緒本補。

【九七】故兹親筆示諭　「諭」，光緒本作「謝」，應以「諭」爲宜。

督諸將討賊，又聞諸將擅殺工部侍郎王世修、中軍統制官吴湛，皆掠其家。先是，歲前聞金虜既破鄆州，黄相約諸執政曰：「六宫先度江，侍從、百官家屬亦聽從便，惟吾曹骨肉不可動，動即軍情不安。」至是皆狼狽，徒步登舟，塞河而下，江水未應，閘不可出。余有大船，稍工夏立先泊真州閘外，謾遣一介告之，令彼放船至瓜洲。又以告小子唐卿，余從駕渡江，不敢顧家。詰朝報至，云：「骨肉乘夏立船【九八】，已過江。」少頃，唐卿來，云：「是夜三鼓後，去江岸十數里，船不可行。持火炬，江上尋夏立船，一問得之，骨肉徒步行蘆葦中，欲曉發舟徑渡，復遣舟取行李，則火起人散，虜騎至矣。」（《三朝北盟會編》卷一二六建炎三年三月引）

（建炎三年七月庚子，張）浚出使，賜錢百五十萬緡。（《建炎以來繫年要録》卷二五建炎三年七月庚子注）

元祐末，哲宗方擇后，京師里巷作打毬戲，以一人擊入窠者爲勝【九九】，謂之「孟入」。於是，孟在女應入宫之選。至紹聖間，禁掖造纈，有匠者姓孟，獻樣兩大蝴蝶相對，繚以纈帶【一〇〇】，曰「孟家蟬」。民間競服之。未幾，后廢處瑶華宫，號華陽教主、玉清妙靜仙師。議者皆以爲讖，蟬者，禪也，出家之兆也。元符三年，徽宗皇帝嗣位，欽聖向后同聽政，詔后還宫，號元祐皇后。次年，向后崩，復出居瑶華如故。政和七年，加號希微元通知和妙靜仙師。靖康初，京師失守，徽宗、淵聖、皇族、近屬皆詣虜營，虜中議亦取后。淵聖

【九八】骨肉乘夏立船　「肉」原作「屬」，據光緒本改。

【九九】打毬戲以一人擊入窠者爲勝　「毬」下原衍「獻」字，「人」字原脱，據許刻本校勘記、《四庫全書》本删、補。

【一〇〇】繚以纈帶　「繚」原作「绳」，據光緒本改。

意張邦昌必不能久僭，欲留孟后以爲興復基本。因遣人入城取物，紙尾批庾辭，與府尹徐秉哲云：「趙氏注孟子，相度分付。」會虜人以后廢歲久，無預時事，不復取。邦昌請后入宫，詔云：「遵少帝之玉音。」湖州士人石茂良在圍城居將官姚友仲家，嘗親見批字【一〇一】。虜既退，邦昌請后入居延福宫，號宋太后。既請垂簾，號元祐皇后。今上踐祚，迎后至睢陽，上尊號曰隆祐太后。建炎三年，車駕渡江，至餘杭，有苗、劉二賊之變，后復垂簾，以平内難。四月五日【一〇二】，復辟，又上尊號曰隆祐皇太后。紹興元年，崩于會稽。初上謚號曰昭慈獻烈，後更謚曰昭慈聖獻。至是，前讖乃驗焉。「孟入」者，兩復入也；「蟬」者，禪也，兩御簾帷之應也。大統中絶而復續，天位暫傾而復正者，后之力，可謂異人矣。（《三朝北盟會編》卷一四六紹興元年四月十四日引）

紹興改元，范宗尹獨相，方三十許歲，自謂有奇器【一〇三】，而政事殊未練也。方群盜擾五、七郡，小盜擾三、兩郡，於是公然剽掠，民力既竭盡，皆渡江縱刦，卻又於沿江易置帥藩，創立安撫大使。但約每帥相去七百里，不問形勢，如池州僻陋，乃置江東大帥，事同戲劇。又欲治崇寧、大觀以來濫冒恩賞，條目實繁，謂之討論。人皆以爲非，独參政秦檜力贊之。命既下，參政李回非次改官，諸大將皆嘗隨童貫被賞，並令貶削沿邊，死事之人所得恩數，亦令追奪，物議誼甚。檜復以此擠宗尹，遂罷相。揆席久虚，檜欲得之，倡言曰：「我有二策，可以悚動天下。」或問：「何以不言？」曰：「今無相不可行也。」未幾，檜

【一〇一】嘗親見批字　「字」原作「子」，據光緒本改。

【一〇二】四月五日　「四月」原作「二十」，據光緒本改。

【一〇三】自謂有奇器　「奇」原作「其」，據光緒本改。

果相。

次年，植黨以排吕頤浩，上乃悟，盡逐其徒，檜亦罷政。前一日，召當制學士綦崇禮，諭以檜二策，仍出其元奏云：「以河北、河東人還金虜，以中原人還劉豫。」如斯而已。令載之制詞。至四年虜使李永壽、王翊來聘，首言此事，正與檜語合。蓋檜自京城隨虜北去，爲彼大酋撻懶郎君任用。虜騎渡江，與之俱來【一〇四】，回至楚州，遣舟送歸。檜，王仲山壻也。仲山別業在濟南府，爲取數千緡，賮其行。其後撻懶統兵犯淮甸，朝廷遣魏良臣、王倫奉使至其軍中，數問檜，且稱其賢。乃知檜之策出於虜意也。檜之初歸，自言殺虜人之監己者，奪舟來歸。然全家同舟，婢僕亦如故，人皆知其非逃歸也。逮其輔相，力薦良臣，入爲都司，繼除從官，欲弭其言耳。（《三朝北盟會編》卷二二〇引）

宣和以來，宦者童貫弄兵，蔡攸並竊樞柄，邊帥大率皆小人，以賄賂用之，軍政盡廢，非徒士卒驕惰不可用，且零落盡矣。金虜大舉南牧，不復可以支持。靖康初，淵聖下令，河朔欲令郡將世守，事不果行。今上駐蹕維揚，獻言者甚衆，宰相黄潛善以謂非急務，悉寢其奏。建炎三年，南渡至於餘杭，潛善既罷，余謬當柄途，而士大夫復以藩鎮爲請，余爲擇熊虞卿等十九疏奏之，且間陳【一〇五】，以爲宜儆藝祖初，議時制宜【一〇六】，行在爲京西【一〇七】，淮北爲藩方，淮南爲郡縣，會余罷去，事亦不行。次年六月，范宗尹爲參政，申其説，置鎮撫使，遂以爲相。降詔施行，然規模參錯，多寡不均。李成以舒、蘄、光、黄四州

【一〇四】與之俱來　「之」字原闕，據光緒本補。

【一〇五】且間陳　「間」原作「問」，據光緒本改。

【一〇六】議時制宜　「議時」原作「時議」，據光緒本改。

【一〇七】行在爲京西　「西」，疑作「畿」。

叛，徑擾江西【一〇八】。孔彦舟授鼎、澧、辰、沅、靖五州，不赴，遂犯湖南。劉綱授濠、泗，岳飛授通、泰，趙立授承、楚，薛慶授天長，郭仲威授真、揚，王彦授金、房，皆不能守。惟桑仲以宗尹之兄宗禮在其中故，授以襄陽、鄧、隨、郢、金、均、房、信陽八郡，地大人衆，稍稍爲患。仲爲其徒所殺，裨將李横代之【一〇九】，横爲僞齊所逐，鎮遂廢。（《三朝北盟會編》卷一四〇引）

范宗尹爲相踰年，南宋沈與求論其過惡二十事【一一〇】，而贓墨居其四焉。於是罷相宫祠。彈疏既傳，無不駭愕。繼有詔旨：「官吏犯贓，依祖宗舊典誅戮，仍籍其家。」因宗尹也。（《建炎以來繫年要録》卷五〇紹興元年十二月丁丑注）

紹興二年，吕相頤浩，秦相檜同秉政，檜引傾憸浮躁之士【一一一】，列於要近，以爲黨助，謀出吕而秦專政。其黨建言：「周宣王内修政事，外攘夷狄，故能中興。今二相宜分任内外之事。」於是降制除頤浩江、淮、荆、浙都督諸軍事，總兵江上。制詞云：「玩歲苟安，非拯溺救焚之意；待時自定，豈興衰撥亂之圖？」又云：「盡長江表裏之封，悉歸經略；舉宿將王侯之貴，咸聽指呼。」都省置修政局，議更張法度，檜領之。五月，頤浩出師【一一二】，羣小亂朝，紛然競進，無復彛敘。上乃覺悟。頤浩至潤州，兵潰不能進，引疾求罷，召還。八月，檜貶而局廢，侍從、臺諫往往坐媚竄逐去。余守會稽，忽除同都督軍事，上章力辭，極論利害，至數千言。後旬日，改除參政孟庾，時庾同韓世忠湖外討賊回，

【一〇八】徑擾江西　「徑」字原闕，據光緒本補。

【一〇九】李横　「横」原作「宏」，據《建炎以來繫年要録》卷五三紹興二年四月己未條改。後一「横」字亦同。

【一一〇】南宋　「南宋」，應是「南床」之誤。

【一一一】秦相檜同秉政檜引傾憸浮躁之士　「同秉政檜」四字原闕，據《建炎以來繫年要録》卷五三紹興二年四月乙卯注補。

【一一二】頤浩出師　「師」原作「帥」，據光緒本改。

就用以代頤浩也。九月，余復相，而頤浩猶帶都督。余因進呈奏言：「此官當罷。」同列皆言：「方防秋，未可。」余又言：「庚姑存之，頤浩所領可罷。」

三年正月，余又奏：「適虜使來，執政皆言江上不可無應接，宜待使回。」三月，使人回。余又奏，始得旨，庚赴闕，都督府罷。是歲九月，頤浩罷政。

四年夏初，張浚被罪，陜、蜀無大帥。言者有章云：「若無大帥，必失西蜀。」六月，蒙上宣諭曰：「西帥難其人，朕欲以參政趙鼎知樞密院，爲川、陜宣撫處置使，如張浚故事。」余曰：「聖謀如此，臣不敢不奉詔。」自是言者益力，而踰月無處分。八月，余以瘡瘍謁告十餘日，忽奉宸翰如前旨。翌日，執政見訪問疾。鼎語余曰：「今川、陜兵柄皆屬吴玠，大帥無他，能制玠足矣。然玠見爲宣撫副使，若官與之同，豈能制乎？」余曰：「公意如何？有所見，胡不奏？且公以元樞出使，豈論宣撫耶！」鼎曰：「願得一使名在宣撫上者，方爲之。」余心知鼎欲都督，即曰：「偶拙病未愈，不能造朝，公不欲自言，即同官亦可言也。」鼎唯唯。後兩日，再奉宸筆，改命鼎都督川、陜、荆、襄諸軍事。是時，余起復居位，已累上十二章，丐持餘服。鼎窺宰席甚急，被命，殊不樂，申請數十條，皆不可行。如隨軍錢物，須七百萬緡之類。余參告進呈，指此一項奏言：「昔聞玉音，趙鼎出使，如張浚故事。」上曰：「然。」余又曰：「浚自建康赴蜀，朝廷給錢一百五十萬緡，今鼎所需三倍以上，今歲郊恩所費不貲。」上曰：「奈何？」余曰：「欲支三百萬緡，半出朝廷，已如浚數，半令所部諸路漕司應副。」上悦之。既退，鼎怒語云：「令我作乞兒入蜀耶！」遷延久之。郊後，余得請，鼎果相，不復議帥蜀【一一三】。

五年春，鼎遷左相，張浚右相，並帶都督諸路軍事。浚統兵往來江、湖，號都督行府，權勢甚盛，便宜行事，關送三省、密院，奉行内外，無敢違者。更易大將軍，移徙諸軍，科歛之重以千萬計，軍民胥怨。浚方大言進復中原，欲獨任國事。七年正月，逐鼎於會稽。至八月，淮淝兵變【一一四】，浚貶，鼎復相，然都督府竟罷矣。(《三朝北盟會編》卷一一六紹興十七年九月二日引)

祖宗舊制，宰執子弟，例不堂除，只於銓部注擬，罷政不以罪，則推恩遷擢。蓋二府號表則之地，不阿其親，當以身率也。至蔡京作相，不數年，子六人、孫四人爲執政、侍從。鄭居中、劉正夫、余深、王黼、白時中、蔡卞、鄧洵仁【一一五】、洵武之子，並以曲恩倖，例列於從班。至建炎二年，中丞王賓論列，始鐫職。建炎以後，子弟得職名者，汪伯彦子召嗣直徽猷閣，吕頤浩二子抗、摭，秦檜兄梓並爲直秘閣，張浚兄滉亦直徽猷閣，李綱弟維亦直秘閣。倖門復啓，蓋諸公不爲國家計也。(《建炎以來繫年要録》卷五五紹興二年六月辛卯注)

秦檜作相，力引翟汝文參預，纔數月，失歡，對案相訴。秦斥翟曰狂生，翟詈秦曰濁氣，左右堂吏，至今能言之。唐相鄭畋、盧攜議備禦王仙芝、黄巢，爭論不叶，擲硯相擊，識者謂唐室衰亂之兆。今方圖中興，豈當爾耶？(《建炎以來繫年要録》卷五五紹興二年六月壬寅注)

【一一三】鼎果相不復議帥蜀　「帥蜀」原作「蜀帥」，據光緒本改。

【一一四】至八月淮淝兵變　「八月」原作「五月」，《宋史》卷二八《高宗紀》，淮淝兵變爆發於八月，據改。

【一一五】鄧洵仁　「仁」原作「文」，據《建炎以來繫年要録》卷九十紹興五年六月甲子條，《宋史》卷三二九《鄧綰傳》改。

朝廷承堂陛之勢，宰相號表則之官，動遵典禮，不容妄作。故事：每見客，無迎送之禮，無燕聚之私。建炎以來，車駕巡行，典禮雖不備，然大體尚存。三年，渡江至臨安，有苗、劉二賊之變，副樞呂頤浩、禮部侍郎張浚同爲勤王之舉，聚兵吴門，日與諸將議事，或犒勞偏裨，置酒高會，必至夜分，款狎無所不至，如是四十日。事定造朝，呂拜相、張拜樞，與諸將會集不已，酒酣箕倨，以至嘲謔，喧閧紛拏，無復禮儀，至呼諸將第行，以兄事之云「幾哥」。故事悉廢，識者深惡之。（《建炎以來繫年要録》卷六〇紹興二年十一月戊午注）

黄庭堅，豫章人，善詩律、書法，蘇軾薦入舘，仍兼史院，又薦修《起居注》。而蘇轍方秉政，以爲庭堅無行，不可。建中靖國中，除吏部郎官，亦不及赴。紹興初，今上偶喜其字畫，呂相頤浩因薦渠族弟叔敖，徑登瑣闥，終於版書。其甥洪炎以聵疾久廢，亦降召命，至不能對，除中書舍人，行詞乖繆，改授待制。有徐俯者，亦黄出也，嘗任省郎，附内臣鄭諶，入拜大諫，又拜内相，又拜簽書樞密院事。黄氏親族以至外姻，或遷官，或白身命官，殆無遺餘，皆云以庭堅之故也。（《建炎以來繫年要録》卷六二紹興三年正月辛未注）

唐制，不經鳳閣鸞臺，不得謂之敕命。今兩省録黄，是今人所受之敕，乃尚書省敕牒也。故前云「奉敕云云」，後云「准敕故牒」，然則三省奉行聖旨之書也。張丞相浚頃以知樞密院，爲川、陝宣撫處置使，得旨，以便宜行事，事多出敕。余在朝廷日見之，前云「某司」以述事，因右語云「奉敕」如何，末以使銜押字，黄紙大字，皆過於敕。席參益、徐副樞俯大不平，指以爲僭。余曰：「川士性誇侈，意以劄子爲不尊，故用便宜作敕。初不思奉何敕。」聞渠向自建康出使，未出國門，已行便宜。事亦類此。（《建炎以來繫年要録》卷六五紹興三年五月辛巳注）

秦檜自初相，奏以河北、河東人還虜，以中原人還劉豫。至是金使李永壽、王翊來聘，議七事。第一事，欲盡取北人，與檜二策正同，乃知檜之策出於虜人也。（《中興小紀》卷一五紹興三年十一月丙辰注）

時世忠於平江府私第建閣，寶藏御書，乞賜名。有旨，賜名「懋功」，學士綦崇禮奏罷之。（《中興小紀》卷一六紹興四年正月丁未注）

（紹興四年）是夏，樞府全闕，胡松年爲吏部，綦崇禮爲内翰，辛炳爲中司。炳欲遷，數言胡、綦之失，捃摭細故，毫髮必聞。未幾，炳病，踰月論奏二公不已。疾小愈，未能造朝，乞先供臺職，有旨從之。議者紛然，謂從官治事，而不赴朝參，爲不恭。中司如此，何以掌朝儀？即日，出知漳州，怏怏而卒。（《中興小紀》卷一六紹興四年秋七月注，《皇朝中興紀事本末》卷三〇引）

紹興四年，趙鼎以元樞爲川、陝、荆、襄都督，須錢七百萬緡，有旨半與之，兩浙運司、臨安府又取二十萬緡。行有日矣，會鼎拜相，使事即罷，不復差官。鼎爲姦利，效尤京、黼。因淮上用兵，遂以三百萬緡入三省激賞庫，自是得事進獻，因以侵漁，内結諸宦，外交諸將，養交持禄，首尾五年。御史謝祖信論鼎過惡數章，内一事云：「盜官錢八十七萬緡」，蓋此錢也。（《建炎以來繫年要録》卷八四紹興五年正月戊午注）

舊制，御膳日進一百二十品，淵聖減作四十品。上即祚，又加裁省。其後早晚共止一羊，不過數品而已。巡幸東南，駐蹕郡廨，兵火之後，屋宇闕陋，雖久駐亦不增葺。中宫未還，妃嬪有名位者，纔二三人，其餘宫監並有職掌者，通不及百人。雖大禹之勤儉，不是過也。大臣密侍帷幄，目覩盛事，固宜仰體德意，而三丞相則不然。李綱私藏，過於國帑，乃厚自奉養，侍妾歌僮，衣服飲食，極於美麗。每饗客，餚饌必至百品，遇出，則廚傳數十擔。其居福州也，張浚被召，綱贐行一百二十合，合以朱漆鏤銀裝飾，樣致如一，皆其宅庫所有也。

吕頤浩喜酒色，侍妾十數，夜必縱飲。前户部侍郎韓梠家畜三妾，俱有殊色，名聞一時。梠死，諸大將以厚賂取之。吕力爭，用數千緡得一人，號三孺人，大寵嬖之。初則專其家政，既而頤浩爲留守，兼判臨安，權勢甚盛。三孺人者，遂預外事，公然交通韓氏，中外因以媒進。時頤浩六十七歲矣。

趙鼎起於白屋，有樸野之狀，一旦拜相，驟爲驕侈。以臨安相府爲不足居，别建大堂【一一六】，奇花嘉木環植周圍，堂之四隅，各設大爐，爲異香數種，每坐堂中，則四爐焚香，煙氣氤氳，合於坐上，謂之香雲。又艱難以來，堂饌菲薄，鼎增厚十倍，日有會集，侍

【一一六】別建大堂　「建」原作「處」，據《建炎以來繫年要録》卷八六紹興五年閏二月丁未注改（四庫本《中興小曆》正作「建」字，《三朝北盟會編》所引作「起」字）。

從、將帥，下逮省寺官，所喜者次第召食。堂廚、公吏云：「日費香直數十緡，酒饌尚不計也。」其後鼎坐臺疏落職守泉，累章數千言，而乾没都督錢十七萬緡，竊用激賞庫錢七十餘萬緡，掩有臨安府什物三千餘件，乃章中一事。命下，人皆謂鼎必辯，而不辯也。（《中興小紀》卷一八紹興五年三月乙酉注）

堂饌自艱難以來，至爲菲薄，趙鼎增厚十倍，日有會集。侍從、諸將，下逮省寺官所喜者，次第召食。堂廚、公吏云：「日費香直且數十緡，酒饌不計也。」如執政折彦質、劉大中輩，從官范沖、朱震、胡寅、魏矼輩，每酣飲，必抵暮方出省。創爲巨盃，號升斝，一杯容酒一升。謂盞爲斝者，俚語也。至是宰相不逮郡守，都堂成酒肆矣。（《建炎以來繫年要録》卷九八紹興六年二月甲寅注）

程頤，西京人。熙寧、元豐間，司马温公退居洛下，修纂《資治通鑑》。頤乃鄉儒，嘗與之論文。元祐改元，公入相，薦頤於朝，授幕職官。公薨，擢授侍講，終於通直郎、直秘閣。方在講筵，蘇轍爲言官，屢有弹奏，至謂：「譬之虵虺，豈宜蓄於階庭？」當時公論與否，可知也。紹興四年，趙鼎作相，姻家范沖亦洛人，以其父祖禹元祐從官，召沖爲宗正少卿。沖云家有頤書，鏤板傳布，謂之伊川學。鼎主之，凡習讀者，往往進用。未幾，沖除待制、雜學士、翰林學士、侍讀學士。尹焞年七十，沖薦之，云：「舊識伊川」。併進焞《論語解》，云：「得頤餘論」，即授京官、崇政殿説書，歲内除待制。

張九成，錢塘人，急於進，自言篤好頤學，頗能誦説，由館職三遷爲禮部侍郎。温人周行己，頃嘗與頤游，政和間，交結道士林靈素，得正字。林敗，行己貶死。至是州人言嘗轉授頤學於行己者，如林季仲輩數人，皆作要官。殿試策，不問程文善否，但用頤書多者爲上科。是年狀元汪洋。然所謂頤書者，小編雜語，淺陋乖僻之説。初則惟沖爲之，已而其徒皆爲之。嗚呼！元祐誠多賢，程在當時，非卓然傑出者，小人乘間爲姦利，不可不察也。（《建炎以來繫年要録》卷八八紹興五年四月注）

紹興初，范宗尹作相，建議討論濫賞名色，物議大喧，即罷。次年再降旨，惟文臣審量鐫減，武臣特免。趙子湞尋古物諂事梁師成，官至雜學士；耿自求朋附孟昌齡父子冒河賞，官至中大夫；劉大中任秀州教授，因童貫入浙討方寇，與其司屬交結，特改京官；周綱嘗知梁縣，燒造假秘色甆器，以事蔡攸，改京秩，除察官，正應審量之法。趙鼎作相，皆其親厚，子湞除江西都漕，仍復職；自求除中書檢正；大中驟遷兵部尚書，遂參知政事；綱除都司，並不審量。於是此法止行於孤寒無援之士，而人始不服矣。（《建炎以來繫年要録》卷九一紹興五年七月壬辰注）

李綱，字伯紀，閩人，蔡京之子攸黨也。宣和末，淵聖受禪，綱與吴敏以攸詭計取執政。未幾，貶黜，或謂主議用兵【一一七】。建炎初，首拜輔相，再閲月，繆戾乖刺，大拂衆心，亟黜之，以黄潛善作相。殿中侍御史張浚，潛善所引用，力攻綱，至貶海南軍。車駕南渡，始駐餘杭，有苗、劉二賊之變，浚以卒兵赴難【一一八】。自春官二卿徑執鴻樞，出使陝、

【一一七】主議用兵　「議」字原闕，據光緒本補。
【一一八】浚以卒兵赴難　「卒」光緒本作「率」。

蜀，便宜除官至節度使、學士，权出人主之右。竭蜀人之膏血，悉陝服之甲兵凡三十萬衆，與虜角，一戰盡覆。用其屬劉子羽謀，歸罪將帥趙哲、曲端，並誅之。將士由是怨怒，俱叛。浚僅以身免，奔還閬州。关、陝之陷自此始，至今言敗績之大者，必曰富平之役也。追還薄譴，俾居福州。而綱自南遷回，亦寓是州焉。先是，綱百計求復用，富於財，交結中外而未效。及浚至，綱謂此奇貨可居，傾心結納。浚亦自云，深悔前日之言，相與驩甚。

紹興四年冬，劉齊、金虜合兵犯淮、泗，朝廷震恐。宰相趙鼎嘗失身於僞楚【一一九】，初無敢薦者，而浚獨薦於言官，鼎德之，至是乘急變，召浚復秉樞機。召命下，綱賮行百餘奩，皆珍異之物，又以《論時事疏》託之。浚至，即日進綱疏，且降詔獎諭。明年，寇退，鼎左相，浚右相，并兼都督，即起綱帥豫章，許其入覲。綱見上，盡以前朝所得書詔、犀、玉帶及家藏寶玩，次第進獻，上皆不納。延留浹旬，賜廄馬、金帶、飲饍而已。綱既去，殊怏怏。浚以報之未至也，擢其弟維，及其腹心鄒柄等，皆列于朝，又以所薦陳公輔爲諫官【一二〇】。居頃之，議者謂靖康伏闕之變，乃公輔爲綱謀，不當在言路。綱聞而懼，抗章丐罷【一二一】。浚又思有以安之，謬言江西盜息民安，轉綱官，爲金紫光禄大夫。是時虔、吉盜熾，旁郡亦擾，欺罔如此。

七年春【一二二】，鼎、浚爭權，浚自謂有卻敵之功【一二三】、興復之策，當獨任國事，諷侍從、臺諫及其黨與攻鼎，出之會稽【一二四】。逐大將劉光世，以吕祉代帥其軍，屯於合淝。

【一一九】宰相趙鼎嘗失身於僞楚　「嘗」原作「常」，據《建炎以來繫年要録》卷八一紹興四年十月癸未注改。

【一二〇】又以所薦陳公輔爲諫官　「薦」原作「屬」，據光緒本改。

【一二一】丐罷　「丐」，光緒本作「乞」。

【一二二】七年春　「春」字原闕，據光緒本補。

【一二三】浚自謂有卻敵之功　「謂」原作「爲」，據光緒本改。

【一二四】出之會稽　「之」字原闕，據光緒本補。

捃荆、襄帥岳飛過失，以張宗元監其軍【一二五】。謀取内外兵柄，天下寒心。秋七月，合淝兵亂，執祉以入齊【一二六】，傳報紛紜。綱意浚之必敗，即條十五事，奏浚措畫之失，又貽書于浚，痛詆其過，以副本傳示遠近，欲擠浚而釣奇，且示於浚不厚也。浚既貶永州，綱亦坐貶，尋及暴横【一二七】、貪墨而罷。鼎復相，窮治浚事，至今未已。嗚呼！勢利之交，古人羞之，其三相之謂歟！浚，蜀人，字德遠，鼎關中人，字元鎮。八年正月記。（《三朝北盟會編》卷一九九紹興十年正月十五日引）

李相與張相書：「月日【一二八】，具位某再拜，致書于張都督、特進、僕射相公閣下：綱建炎初，蒙上擢任宰相【一二九】，自以材力淺短，議論迂疏，不足以任天下之責，丐罷機政，得請宫祠。既而言者交攻，以罪去國。是時閣下爲言事官，附會時宰，以取世資，但以爲趨時巧宦，喜富貴人耳。及明受之變，綱遠在嶺海，乃聞閣下奮發忠義，糾合師旅，取日虞淵，洗光咸池，回六龍以中天，然後知閣下真一世之奇材，因事乃見，而獨恨未之識也。數年前，綱寓居閩中，杜門不出，以養衰疾。適閣下自樞廷均逸，彌節海邦，謙光過人，惠臨衡宇，因從容樽俎間，奉談笑而款襟抱，側聽緒餘。追悔昔日之非，深明當世之務。每言帝德、王功、霸略，皆在人主心術中，顧所以致之者何如耳！竊自慶抃，以謂炎運中微，天心悔禍，光輔聖主，恢復祖宗之大業，非閣下而誰？未幾，閣下被召還廟廊，綱亦蒙恩起廢，承乏帥守，踰年于此，獲窺廟謨之一二，以成去冬卻敵之功，綱切深嘆仰。

【一二五】張宗元　「元」原作「堯」，據《鄂国金佗稡編》卷二一《建儲辨》改。

【一二六】執祉以入齊　「以」原作「已」，據光緒本改。

【一二七】尋及暴横　「尋」原作「薄」，據光緒本改。

【一二八】月日　《梁谿全集》卷一二六《與張相公第二十六書》作「九月初二日」。

【一二九】宰相　光緒本和《梁谿全集》卷一二六《與張相公第二十六書》作「宰司」。

然自今春閣下專任大政以來，薦進人材，調護將帥，措置邊防，均理財用，皆未聞卓然有任天下之心者。聲譽損于前時，規模爽于舊説，論中興氣象【一三〇】，邈未有期，不知何爲而然耶？且以近日淮西叛將之事觀之【一三一】，官吏、軍民二十餘萬，一朝相率而北去，將佐遇害者甚衆。閣下平日信任，以爲可屬大事如吕祉者，被執以往，挫威辱國，中外震驚，于誰責而可乎？綱輒不自揆，激于憂憤，上疏指陳朝廷措置失當，深可痛惜，乃鑒前失【一三二】，以圖將來者十有五事，達于冕旒之前，情迫言切，抵忤必多。其知我者，以爲見危納忠【一三三】，嫠不恤緯，而憂宗周之隕；其不知我者，以爲出位侵官，汲黯之戇，又復妄發。知與不知，是曲是直。今日國家危急存亡之秋，尝爲大臣【一三四】，歷事三朝，懷孤忠而同休戚者，苟有所見【一三五】，其可緘默而不言乎！恭惟聖上登用閣下，委任之專，聽信之篤，古所未有。往年富平之役，三十萬衆一戰而潰，恕而不問。去春綱入覲軒墀，親聆玉音，張浚自富平敗，始練軍事。嗚呼！雖秦穆之於孟明，光武之於鄧禹、馮異，何以加此！閣下所宜益務慎重，諮諏良策，圖不世之功，以蓋前愆，以報知遇，使後世稱之，視古無愧。今乃以措置失當，坐失二十萬人，使僞、虜得之，增其氣焰，此豈小變？雖聖度兼容，未以此罪閣下，天下謂何？閣下材識高遠，自任以天下之重，前無古人，而事有出意外者。愚謂所以致此，知任而不知所以爲任之道故也。

今有人於此，力足以舉百鈞，而益之以萬鈞，則力必不勝矣。然有可勝之理者，與人

【一三〇】論中興氣象　光緒本和《梁谿全集》卷一二六《與張相公第二十六書》無「論」字。

【一三一】淮西叛將之事　「叛」原作「敗」，據光緒本和《梁谿全集》卷一二六《與張相公第二十六書》改。

【一三二】乃鑒前失　「乃」，標點本《李綱全集》卷一二六《與張相公第二十六書》作「及」。

【一三三】以爲見危納忠　「見危」原作「出言」，據光緒本和《梁谿全集》卷一二六《與張相公第二十六書》改。

【一三四】尝爲大臣　「尝」字原闕，據光緒本和《梁谿全集》卷一二六《與張相公第二十六書》補。

【一三五】苟有所見　此四字原闕，據光緒本和《梁谿全集》卷一二六《與張相公第二十六書》補。

分之也。今閣下以一人兼將相之權，總中外之任，而無與人共功名之心，軟美者進，鯁諒者疏，逆耳苦口之言不聞，曲突徙薪之謀不至，變生所忽，不足怪也。柳子厚作《梓人傳》，謂斲削尚於衆工，而成功收於梓匠。此最知宰相職業者耳。時平猶如此，而況艱難之際乎！蕭何相高祖，而腹心謀畫則有良、平，牙爪攻戰則有信、布。房、杜相太宗，而善諫則有王、魏，善戰則有英、衛。持衆美而效之若此，所以成創業開基之功也。李林甫、盧杞搆亂危國，其咎安在？忌嫉而已。綱願閣下爲房、杜之亞，以穆天祚；不願閣下爲杞、林甫之流，以私寵利。天下之事，庶幾可爲也。老子曰：『非以其無私耶？故能成其私。』以公滅私者，忘身與家，而其國與家俱安；背公營私者，不過爲子孫計，而其家與國俱危。不復引古爲喻，請以近事明之。當宣和末，如王、蔡之徒，其所以謀爲自安之計者，深根固蒂，可謂至矣。一旦事變，往往不能自保首領。然当承平無事【一三六】，禍故未作之時，謂富貴可以長保而爲此，猶可恕也。至靖康間，禍故作矣。如唐恪、聶昌之徒，其所爲有甚於宣和之末，然尚可恕者，禍作而未之大也。建炎之初，承靖康之變，禍故大矣，然黄潛善蠹國欺君，又甚於恪、昌輩。今其身、其家又復安在？天理昭然，所以未之思者，寵利誘於前，而禍患藏於隐也。

方今國勢日蹙，人心不寧，强虜憑陵，僭竊窺伺，加以旱魃爲災，財物殫竭。而閣下獨斡化鈞【一三七】，佩天下之安危，豈可使措置多失，以蹈覆車之轍哉！因淮西之變，痛自

【一三六】然當承平無事　「當」字原闕，據《梁谿全集》卷一二六《與張相公第二十六書》補。

【一三七】獨斡化鈞　「斡」原作「幹」，據標點本《李綱全集》卷一二六《與張相公第二十六書》改。

懲創，輯睦將帥，博詢衆謀，唯其是之從，幡然改圖，則未必不轉禍而爲福也！《語》曰：『過而不改，是謂過矣。』雖古聖人不稱其無過，而稱其改過。閣下誠能知措置之多失，而圖所以改之者，豈惟宗社安而生靈蒙休！閣下永膺多福，而綱將歸老山林，亦有莫枕之安【一三八】。閣下不知其爲過【一三九】，而無改之之意，豈惟宗社傾危【一四〇】，而生靈告病；閣下之禍，可立以待之；而綱雖欲退休，亦莫知税駕之所矣。安危休戚，綱與國家及閣下同之。荷遇之深，敢忘忠告，以致朋友責善之義乎【一四一】！綱素愚直，私憂過計，其言激切，閣下亮而恕之，非獨綱之幸也，天下之幸也。不然，無所逃罪。所有奏疏副本，敢呈之鈞覽。惶恐無地。不宣。」（《三朝北盟會編》卷一九九紹興十年正月十五日引）

李綱靖康初以右丞充御營使，謀劫虜砦失利罷政，遂興伏闕之變，京城大亂。淵聖大懼，除綱知樞密院事。綱堅卧不出，衆益亂，淵聖益懼，於是賜予無度，晝夜絡繹，擁集門巷，行路不通。有人約計物價，不啻百餘萬緡。三月，太上皇歸自江浙，以綱爲迎奉使，上皇畏之，群閹尤畏之，日加重賜。隨行珍奇既盡，至解御服犀带賜之，宸翰褒嘉，其實懇告，聞者扼腕。至於拜綱宣撫使，往援太原，賜予金二萬兩，他物稱此。由是綱之私藏，過於國帑多矣。乃厚自奉養，侍妾歌童，衣服飲食，凡資身之具，極於美麗。每饗賓客，殽饌必至百品，每出道路，廚傳常至數十擔。其居福州也，張相浚自福被召，贐行一百二十合，合以朱漆縷銀裝飾，樣制如一，皆其宅庫所有也。（《建炎以來繫年要録》卷

【一三八】有莫枕之安　「莫枕」原作「枕簟」，據光緒本和《梁谿全集》卷一二六《與張相公第二十六書》改。

【一三九】不知其爲過　「過」，光緒本和《梁谿全集》卷一二六《與張相公第二十六書》作「非」。

【一四〇】宗社傾危　「傾」字原闕，據標點本《李綱全集》卷一二六《與張相公第二十六書》補。

【一四一】以致朋友責善之義乎　「致」字原闕，據《梁谿全集》卷一二六《與張相公第二十六書》補。

一〇〇紹興六年四月丙午注）

趙鼎復相，植黨亦急，凡凶險刻薄之士，無不收用，使造虚譽，而排善類，張戒其一也。鼎薦常同爲中丞，同即以鼎所善奏爲臺屬。戒自郎官除察院，未幾，遷殿院。紹興八年秋，鼎失眷，丐罷，戒知其決去，即露章請留，以徼後福。其言狂躁愚弄。既罷，猶知泉州，蓋其黨與維持之力也。今録其疏云：「臣本貫河東絳州，趙鼎本貫陝西解州，鄉里相近，士大夫通號曰西人。臣被召，除館職官，除郎中【一四二】，實自聖恩，然人亦或云鼎進擬，是非臣所得而知也【一四三】。今趙鼎求去，議者皆以爲未可，臣欲言之，則形迹如此；欲不言，則大臣進退，國家安危所係，陛下他日必悔之。臣初不知，鼎負陛下者何事？鼎與同列忿爭者何語？鼎不敢自安者何意？臣竊料陛下與鼎君臣之間，嫌疑已久，同列之際，猜間已深，鼎不自安非一日。假使勉强少留，終非可否相濟，聖意已決，臣不復言。但鼎去之後，秦檜先悔，而陛下後悔，理在不疑，此爲可慮耳。鼎去之後，陛下必不獨任，能思事如鼎者絶少，爭權者甚多，後來者不三數月，即與檜爭，必矣。此所謂秦檜者先悔也。陛下即位十二年，而命相凡九人，又前後拜罷以三十數，已試人材可知，使後来者皆大過人，雖去鼎，可也。若但逐斥異己，而遷除附己者，徒爲紛紛，則與鼎何異？萬一緩急之計，又將復用之，使鼎何顔復見士大夫哉！此所謂陛下後悔也【一四四】。臣今爲陛下計有三。其上，可留，則用之。鼎若有負於陛下者，面戒飭之，鼎若與同列不協，則面責以先

【一四二】郎中　「中」，光緒本作「官」。

【一四三】是非臣所得而知也　「得」原作「不得」，據光緒本删「不」字。

【一四四】此所謂陛下後悔也　「此」字原闕，據光緒本補。

國家，後私讐之義。其次，必不可，則姑留之行在。祖宗故事，宰執罷政，多留京師，非特示恩禮，亦以備顧問。近時前宰執遂無復敢留行在者，乃薄俗可歎，非祖宗之意也。未罷相，則如前五日一到朝堂之類；罷相，則置之講筵，少俟期月之間，朝政修明，邊境靜謐，然後聽其遠去，亦未爲晚。進退之間，猶爲有禮。不然，去歲召之，如彼其急，今日去之，如此其遽，時有緩急，事有大小，臣恐天下不無竊議，鼎尚不敢自保，餘人何足道哉！臣之區區所慮者，國家之安危，所惜者，陛下之舉措。陛下若以爲公論，則願聖心更加審處，若以爲跡涉朋附，則罪何所逃，亦惟陛下察之而已。伏候勑旨。」貼黄稱：「臣今爲言事官，進退皆出宸衷，不敢與鼎請留。鼎若去位，則臣事陛下無復嫌疑，迹愈安矣。在臣計【一四五】，則幸鼎之去爲便；在陛下，則衆論以爲未便也。常同初除中丞，以臣姓名薦於陛下，鼎聞之，縮頸吐舌摇首，人傳以爲笑，鼎畏臣如此。」三省同奉聖旨，張戒爲耳目之官，附下罔上，可與外任差遣。（《三朝北盟會編》卷二一六紹興十七年九月二日引）

有潘良貴者，父年九十餘，卧病累年。趙鼎聞其儉薄，欲引爲黨，許以從官。召之即至，自秘少遷柱史，又遷中書舍人，纔旬月間。命未下，而厥父死矣。（《建炎以來繫年要録》卷九七紹興六年正月甲戌注）

鄭相居中，京師人，族叔紳者，開酒肆（俗云正店），負官錢，禁錮開封府，其家窘甚，妻離去，改適張藴，女入端王府。至元符末，徽宗即祚，鄭氏立爲妃，紳驟貴，居中亦進焉。

【一四五】在臣計　「臣計」原作「計臣」，據光緒本改。

崇寧四年，居中爲内翰。是年冬，星變，蔡京罷相。五年，居中探知徽宗有復用之意，頗爲延譽，京師賜第、建閣，以「君臣慶會」爲名。居中作上樑文曰：「丘壑未應容謝傅，衮衣行見命周公。」又曰：「自有薰風來解愠，更無箕舌巧爲讒。」其迎合類如此。大觀改元，京復相，居中除副樞，以椒房之故。朝論不與，即除資政殿學士。未幾，再除知樞密院，繼拜首相，於是賜第、建閣，寵冠廷臣。兩子皆爲官，薦人徑登禁近，權勢之盛，亞於蔡京。

自崇寧、大觀以來，宰執子弟例作從官。居中長子曰修年，次子曰億年。億年思所以自別，假手於門館孫謙亨，獲與薦名，既赴大比試。居中在相位，差試官多其所親，知舉王安中、李邦彦、宇文虛中，參詳檢點官莫儔、黄穎【一四六】、張志、李質、李舜由輩皆是也。余時爲太學官，例差入院。引試日，億年、謙亨並案而坐，以便傳接【一四七】，巡按官亦其所善，嘗有一二員守護，慮爲兵卒所糾也。庭中士人，簾内試官，無不扼腕。既考校，儔、穎等日詣諸位，搜訪億年程文，既得之，即送知舉三公。拆號，億年名在第九。余即就取試卷閱之，議論絶尋常，惟策三篇粗有可取，亦在去留之間，每道頭尾各用祖宗故實一事，疑即暗號也。榜既出，物議殊不平，臺疏論之。有旨，取程文看詳，則試卷已不見。議者益喧。又數日，得於試院井中，污損不全。又有旨，令進入。乃降手詔，稱其文理合在高第，且獎諭居中有義方之訓。恭惟徽宗皇帝天覆海涵，有大恩德於居中父子。億年即授秘書少監，遂遣篋法從其後。居中丁憂罷相，復領樞密院，薨於位，贈以王爵，恩禮寵數，

【一四六】黄穎　「穎」原作「潁」，據光緒本改。後之「穎」字亦同。

【一四七】以便傳接　「接」原作「授」，據光緒本改。

哀榮始終，冠絶古今。以君臣施報之善論之，億年兄弟當如何哉？

建炎四年，虜騎渡江，億年被執北去。逆豫僭立，即臣事之，爲户部、吏部侍郎，户部尚書，遷除執政、尚書右丞、資政殿學士。紹興七年【一四八】，虜既廢豫，以河南地來歸，億年召還。時宰相秦檜者【一四九】，王仲山之壻也，億年母，即仲山親姊【一五〇】，檜子熺復娶修年之女【一五一】，至是頗佑之。初至，除雜學士，繼欲復僞齊所授職名，參政李光榻前面折之，以爲不可，乃止。後數月，光罷政，億年竟復資政殿學士，仍奉朝請。雖士論洶洶，而一時侍從、臺諫，皆檜私黨，不復顧逆順之節矣。嗚呼！億年事逆豫爲執政，掌其機事，預其深謀。而所謂機謀者，欲滅吾宋也，欲危吾君也，欲傾覆趙氏宗社而爲劉氏家國也，欲吞併東南而臣屬之也。在律：叛逆不原赦，不分首從。然則億年與豫，其罪等，舊官其可復乎？唐禄山之亂，既復兩京，陷賊官以六等定罪，最重棄市，次自盡，餘流竄。故相張説二子均、垍，皆當死，肅宗以在東京時【一五二】，説有保佑之功，欲貸之。明皇曰：「均、垍事賊，皆任權要，均仍爲賊毀吾家事，不可赦。」肅宗復請，于是流垍嶺表，而均被極刑焉。徽宗之待居中，厚於明皇之遇張説，億年之事逆豫，親於張均之事禄山【一五三】，而况居中素無援助之力，今失刑如此，何以慰徽宗在天之靈乎！（《三朝北盟會編》卷二二〇紹興二十五年十月二十二日引）

胡寅者，凶慝躁進之士也。趙鼎薦之詞掖，朝士皆畏之，以行詞乖繆，衆論不容，乃稱

【一四八】紹興七年　「七」，光緒本作「九」。按金朝紹興七年廢僞齊，九年歸宋河南地。就前後行文而言，兩字皆可。

【一四九】時宰相秦檜者　「相」字原闕，據光緒本補。

【一五〇】仲山親姊　「姊」，《中興小紀》卷二七紹兴九年七月丙寅作「妹」。

【一五一】熺復娶修年之女　「修」，《中興小紀》卷二七紹興九年七月甲午作「億」。

【一五二】以在東京時　「京」，《中興小紀》卷二七紹兴九年七月丙寅，《皇朝中興紀事本末》卷四九作「宫」。

【一五三】親於張均　「張均」，《皇朝中興紀事本末》卷四九作「均垍」。

父安國老病，遠在湖湘，乞歸省，於是差知永州。寅携妾居婺州，久之不去。有朝士范伯奮貽書責之，寅以妾臨蓐爲辭。伯奮復曰：「妾産與父疾，孰重？」寅訴于鼎，改知嚴州。鼎旋罷，累月復相，欲召寅，議者以不省父，止之。復除永守，星夜南奔，未及到家，召命已下。比見其父疾困不能言，寅留數日，將行，告之安國，攬衣垂淚而已。寅至行朝，除禮部侍郎，又兼經筵，又直學士院。尚未踰月，安國凶問果至。寅匿之，佯爲父書，與交黨翰林學士朱震言：「久疾垂死，寅欲免君命，以時事尚艱，遣之使行。」欲蓋而彰。度其死時，寅尚猶在路耳。（《建炎以來繫年要録》卷一一九紹興八年五月辛丑注）

（紹興六年六月）是月地震，手詔求言。勝非欲以三事應詔，而未敢遽上。有自行朝至湖者，爲勝非言：「大臣無所論。」勝非始不信。後數日，邸報論地震一疏云：「應天以實不以文。今浙江監渡使臣阻節往來，諸軍回易，擅增物價，能去二害，則和氣可召，災異自消，此應天之實也。」於是降旨追使臣送獄，立法禁回易强市。勝非歎駭累日，更不敢奏。時趙鼎作相，植黨如山，無敢言者。（《建炎以來繫年要録》卷一〇二紹興六年六月丁巳注）

先是，章誼、劉大中、朱震皆可遷執政，宰相趙鼎以誼守建康。會當省試，引故事，以震知貢舉。既鎖院，大中遂作參知政事，震聞之，即病，謁告出院，不復供内職。累章求去，詆誚鼎與大中。初章求外祠，次章復求行在宫祠，顛錯可駭。先是，鼎初相，以其姻家范沖與震同兼資善堂，爲鼎求結近闇。鼎罷，沖亦去，震如故。及其復相，震自以爲於鼎有功，意圖執政。至是大失望，怨鼎刻骨。月餘，疾危，猶作詩詆鼎，遣人傳示，遂不起。一執政死二從臣，可歎也。（《建炎以來繫年要録》卷一二〇紹興八年六月丁丑注）

先是，户部尚書章誼、禮部尚書劉大中、翰林学士朱震皆可遷執政，趙鼎知吕頤浩必不赴，乃請以誼權守建康，洎頤浩改命，誼遂即真，悒悒得疾，兩月卒。（《建炎以來繫年要録》卷一一八紹興八年二月己卯注）

向子諲進不以道，交結北司，頗事貢獻。是日，對甚久，論説珍玩之物，云云不已。軒陛侍衞皆聞之。潘良貴不能平，徑至榻前，奏言：「子諲無益之言，不宜久勤聖聽。」因厲聲叱子諲退，子諲駭愕而下。於是良貴罷外祠，子諲出知平江府。中丞常論奏，以謂良貴忠直，不應出。前此同嘗於上前薦子諲，蓋覬望北司也，至是上責其反覆。噫！從官方奏對，柱史遽造前叱下，古未聞也。叱者固非，而被叱者，其人可知矣。（《中興小紀》卷二四紹興八年六月甲申引，《皇朝中興紀事本末》卷四四引）

劉大中素不養父，未嘗同居。與父久别，或責其不省，勉强一詣，見於門首，再拜立談，頃刻而退。大中爲趙鼎黨魁，驟遷禮部尚書，鼎許以參政。父居處州，家信至，報其父病不知人，已具棺斂，大中匿其書。鼎力薦，果參大政。已而父病間，亦不問也。其子不平，操刀逐大中，欲殺之，衆救獲免。事頗喧傳，因罷政，天下聞而惡之。（《建炎以來繫年要録》卷一二二紹興八年九月丁巳注）

撻懶統兵犯淮甸，朝廷遣魏良臣奉使，數問秦檜，仍稱其賢，乃知檜初相時所陳二策，

出於虜意也。逮其再相，力薦良臣入爲都司，繼除從官，欲弭其言耳。（《建炎以來繫年要録》卷一二三紹興八年十一月甲辰注）

初，上駐蹕應天，堂饌頓減，至維揚，又減，至餘杭，又減。宰執每員，日用二千有奇，僅備一食。紹興四年，趙鼎以元樞爲川、陝、荆、襄都督，須錢七百萬緡。有旨，半與之。兩浙轉運司、臨安府又取二萬緡，行有日矣。會鼎拜相，因淮上用兵，遂以三百萬緡入三省激賞庫。先是，建炎初御營使置激賞庫，銀百星、錢千緡爲一料，畫旨支降，專充軍書、警奏、間探之費。其後，司廢，庫存隶於三省，内結諸宦，外交諸將，首尾五年。御史謝祖信論鼎章内一事【一五四】，云：「盜官錢八十萬緡。」蓋此錢也。秦檜繼相，用術尤精。九年，虜人歸河南故地【一五五】，檜託言計備使禮，凡常賦之入，多歸此帑。歲時所獻，日月增厚，而錫賚便蕃，權勢熏灼。綫履每兩二十餘緡，月至數兩，至是庫金出入，輕於州郡公庫矣。用度既廣，賦入不繼。十年下令，云：「舉兵擊虜，須備犒賞，計畝率錢，徧天下五等。」貧民無得免者。所斂號激賞，而兵未嘗舉，百姓尤以爲怨。十一月，火作，首焚三省，庫中所積，一夕而盡。不復根治，悉行除破。蓋侵取既多，見物無幾，幸火以滅迹，無復稽考者也。（《中興小紀》卷二八紹興十年十月己丑引，《皇朝中興紀事本末》卷五四引）

東南諸州解額少，舉子多，求牒試於轉運司，每七人取一名，比之本貫，難易百倍。秦檜於永嘉，引用州人，以爲黨助。吴表臣、林待聘號黨魁，名爲從官，實操國柄。凡鄉士具

【一五四】論鼎　「鼎」，《皇朝中興紀事本末》卷五四作「趙」。

【一五五】虜人　「虜人」，《皇朝中興紀事本末》卷五四作「金虜」。

耳目口鼻者，皆登要途。更相扳援，其勢炎炎。日遷月擢，无復程度。是年有司觀望，所薦温士四十二名，檜與參政王次翁子姪預選者數人。前輩詩云：「惟有糊名公道在，孤寒宜向此中求。」今不然矣。（《建炎以來繫年要録》卷一四四紹興十二年三月乙卯注）

本朝國書嚴奉寶藏，未有如玉牒者也。祖宗以來，用金花紅羅標黄金軸，至神宗朝，以軸大難於披閲，詔爲黄金梵夾。又以黄金爲匣，鎖鑰皆黄金也。進呈畢，安奉於宗正寺玉牒殿，士大夫罕有知其制度者。予頃在朝廷，因宗正丞謝伋白本寺事，論及玉牒，問宰執諸公制度。趙元鎮曰：「不過刻玉如册耳。」予曰：「國家宗支之繁，自古無之。每朝爲一牒，宗室官稱、名、行，女與其夫皆録之，以玉刊，不亦難乎？」（《建炎以來繫年要録》卷一四五紹興十二年五月辛丑注）

圖書在版編目(CIP)數據

全宋筆記. 第 9 編. 1 / 上海師範大學古籍整理研究所編.— 鄭州 ：大象出版社，2018. 3
ISBN 978-7-5347-9435-3

Ⅰ.①全…　Ⅱ.①上…　Ⅲ.①中國歷史—史料—宋代
Ⅳ. ①K244. 066

中國版本圖書館 CIP 數據核字(2017)第 162657 號

全宋筆記 第九編 一

出版人　王劉純
特約編輯　陳　新
責任編輯　郭一凡
整體設計　張　勝
出版發行　大象出版社
鄭州市開元路16號(450044)
製　　版　上海杰申電腦排版有限公司
印　　刷　北京匯林印務有限公司
版　　次　2018年3月第1版2018年3月第1次印刷
開　　本　640mm×960mm　1/16　27印張
字　　數　295千字
印　　數　1—1000册
定　　價　89.00元